JN206447

ヒロシマの
ソーシャルワーク

不条理の是正という本質に迫る

原爆被害者相談員の会・編著

かもがわ出版

はじめに

三村 正弘

　原爆被害者相談員の会（以下「相談員の会」）は、医療ソーシャルワーカー（Medical Social Worker 以下 MSW）の専門ボランティアの組織であり、被爆者と市民、研究者の協働の組織である。

　広島の MSW は、ABCC（現在の放射能影響研究所[注1]）に配置されたのが始まりである。ABCC は、「検査はするが、治療はしない、モルモット扱いだ」と被爆者から反発が強く、それを緩和する手段として MSW が導入されたと思われる。このようにソーシャルワークは負を補完する役割を担わされる側面もある。つぎに広島日赤病院に配置され、1968 年に原爆特別措置法が施行された頃の広島の MSW は 10 人未満であった。しかも多くの医療機関では 1 人配置であった。当時、被爆者からの相談が多く、被爆者健康手帳の申請、原爆症認定申請や年齢・所得制限・疾病制限がきびしかった健康管理手当の申請など、広島の MSW たちは、ABCC の MSW を含め被爆者の相談や権利擁護のために孤軍奮闘していた。しかし、連帯感は強く MSW たちは問題が起きると集まり、悩みを出し合い解決のため協力していた。それが 1975 年の東京、広島、長崎の原爆被害者問題ケースワーカー懇談会につながり、1977 年の NGO 被爆者問題国際シンポジウムの 500 項目におよぶ生活史調査の取り組みとなり、1981 年 6 月 13 日の原爆被害者相談員の会の結成となった。ここで会の名称が「被爆者相談」ではなく、「原爆被害者相談」であることに触れておく。原爆の被害は被爆者のみに留まらない。例えば疎開していて親が被爆死して孤児になった人など欠損家族の悲惨もある。そもそも被爆者健康手帳の申請をしていない被爆者、申請しても却下された被爆者（国の統計上被爆者とされない人たち）など、ひっくるめて「原爆被害者」として我々は捉えている。

　MSW の思想は、「被爆者とともに」歩むということであり、国に国家補償としての被爆者援護法を求めていくことであり、再び被爆者を作らせないための核兵器廃絶のための闘いであった。その理論的支柱となったのは一橋大学の石田忠先生の理論で、被爆者の生活史を時系列的におさえる

だけでなく、「いのち、くらし、こころ」から生活史を捉えて原爆被害の全体像を把握した上で相談援助することであった。この生活史把握という援助方法は広島の MSW に活力を与え、被爆者問題だけでなくすべての問題への相談援助活動に多大な影響を与えた。

1980 年 12 月 11 日に原爆被爆者対策基本問題懇談会が「原爆被爆者対策の基本理念及び基本的在り方について」意見書（以下「基本懇意見書」）を厚生大臣に提出したことに対し、広島の被爆者 20 人とともに MSW は厚生大臣に直訴状を出し、翌年 6 月 13 日に「相談員の会」を結成した。

結成当時から被爆者相談活動は形態を変えながら重視してきた。被爆者援護法制定の活動や原水爆禁止運動にも積極的に参加してきた。「相談員の会」の独自活動としては、1982 年 8 月 6 日に原水爆禁止運動の一環として取り組んだ「原爆被害者証言のつどい」をかわきりに今日に至るまで毎年 8 月 6 日に開催していることである。その証言者の多くは、今まで被爆者運動や平和運動とは無縁であった被爆者が MSW の援助や、被爆者同志の励まし合いによって、最高時には 80 人の被爆者が証言者として活動し、現在も 20 人近くが証言活動に参加している。また、「相談員の会」の息長い活動としては、毎年 12 月のシンポジウム又は講演会の開催がある。この取り組みは、基本懇意見書の「受忍論」を批判、抗議する場であるとともに国家補償としての被爆者援護法制定の意思表示の場としている。

その他、今日まで日本被団協の原爆被害者調査、第 3 回国連軍縮特別総会（SSD Ⅲ）への国連要請国民代表団に参加、広島赤十字病院本館保存運動、平和的生存のためのボランティア講座の開催、被爆者の生活史『生きる』の編集、チェルノブイリ原発事故の被災者との交流、原爆症認定訴訟や在外被爆者裁判への支援、沖縄・長崎へ体験継承のための交流・調査、福島原発事故の被災者や MSW との交流・調査、などの活動を行ってきた。「相談員の会」は被爆者に寄り添った活動であり、被爆者、市民、研究者との協働での取り組みによってなし得た活動であった。このように「相談員の会」の活動は、ソーシャルアクションを抜きには語れない。

今年は、アメリカが 1945 年 8 月 6 日に広島に原爆を投下して 74 年、「相談員の会」を結成して 38 年目である。1995 年に「相談員の会」活動の「中

間総括的」な内容として、相談事例と被爆証言を軸に『被爆者とともに』(中国新聞出版)を発行した。今回、相談員の会の「総まとめ」として本書の発行に取り組んだ。

本書は、3章構成をとっている。第1章の「原爆被害者相談員の会の原点と未来」では、いわゆる総論部分で、「相談員の会」がなぜ生まれ、被爆者に寄り添う意味、被爆者からどう学んだか、ソーシャルアクションとは、今後の「相談員の会」としての果たさなくてはならない課題などを提起している。第2章「被爆者の苦しみに寄り添って」では、MSWとしてさまざまな場面で出会った被爆者たちの事例である。第3章「被爆者とともに行うソーシャルアクション」では、「相談員の会」が歩んできた38年間を振り返り、被爆者相談会、8.6原爆被害者証言のつどい、12.11(基本懇意見書)にこだわる取り組み、被爆者の自分史づくりなど、被爆者や市民、専門職との協働、被爆者とともに成長するソーシャルワーカーを詳細にまとめている。

最後に本書の企画主旨を述べておきたい。「かくも長きにわたり、被爆者も、年長世代も、若者世代も含め、多様な構成員で継続する平和活動はまれであろう。殊に世界的定義ではソーシャルワークの責務はソーシャルアクション(社会変革)であると掲げられているにもかかわらず、日本のソーシャルワークでそれを実践してきた「原爆被害者相談員の会」の存在は稀有である。40年近く被爆者とともに歩んできたソーシャルワーカーから捉えた被爆者の苦悩と強さ、そして彼らに触発され活動を続けるソーシャルワーカーの地道な姿を表し、被爆者理解とともに、他分野のソーシャルアクションのきっかけになればと考える」。

被爆者、福島原発被災者、平和を愛する若者・市民、およびソーシャルワーカーをめざす学生など多くの方々に一読していただきたいと願っている。

注記
(1) ABCCは全米科学アカデミー・学術会議の管理とされているが、そこから送られてくる病理標本等の被爆資料はすべて米陸海軍・軍医総監局が管理する米軍病理学研究所が保管しており、実質的には米軍の管理下にあった。

もくじ●ヒロシマのソーシャルワーク──不条理の是正という本質に迫る

はじめに　1

第1章　原爆被害者相談員の会の原点と未来　7
　1、不条理の是正に挑む道のり　8
　2、原爆被害者相談員の会はなぜ生まれたのか　15
　3、ソーシャルワーカーの役割はどこにあるか　30
　　　── 1990年代から今日まで
　4、被爆者支援の今日的役割　44
　　　―福島第一原発事故被害者に対する健康相談会の取り組み
　5、ソーシャルワークの本質に迫る　51
　　　―ソーシャルアクションを志向して
　6、被爆者を引き受ける　62
　　　―同伴者としての「相談員の会」から継承者としての「相談員の会」へ
　7、次世代による平和と人権の学び　70

第2章　被爆者の苦しみに寄り添って　79
　1、ひたすらに生きる―援護のない被爆後を生きぬく　80
　2、原爆小頭症患者とその家族史　85
　3、孤独な死を選んだ若年被爆者　90
　4、原爆症認定集団訴訟原告の生き様　94
　5、「被爆者」として毎日を生きる　98
　6、ケロイドは放射線に起因しない　101
　7、在外被爆者の原爆症認定申請　105
　8、在外被爆者の被爆者健康手帳申請　109
　9、被爆当時の証人なしで被爆者手帳を取得するまで　113
　　被爆者のための制度と用語の解説　117

第3章　被爆者とともに行うソーシャルアクション　119

①被爆者相談活動

被爆者相談活動前期　120

コラム　日曜日はいつも……　124

コラム　卒業してすぐの相談員は　125

被爆者相談活動後期──次世代の MSW の挑戦　126

「原子爆弾被爆者に対する援護に関する法律」の成立　134

原爆症認定制度のうつりかわり　136

集団訴訟・裁判資料作り──三次高女入市救護実態調査　140

②被爆者証言活動を支えるソーシャルワーカー

8.6「原爆被害者証言のつどい」開催から現在まで　143

コラム　一日カメラマン　151

コラム　私にとっての相談員の会　152

「原爆被害者証言のつどいグループ」の誕生と活動　153

コラム　第3回国連軍縮特別総会への参加　156

被爆証言の場につどうということ　157

③基本懇意見書を被爆者とともに乗り越えるために

12.11「基本懇意見書」にこだわる　163

④自分史

被爆者が書く「自分史」活動を支えて　169

⑤原爆小頭症問題

原爆小頭症患者に医療ソーシャルワークを　180

原爆小頭症患者の専任相談員として　184

⑥同志と手を組む・その1・専門職との協働

本会を構成する多様な人たち　187

相談員、原爆二法研究会、在外被爆者裁判　189

原爆症認定裁判とソーシャルワーカー　191

⑦同志と手を組む・その2・幅広い市民との協働

　幅広い市民（同志）との協働　193

　私のボランティア活動の報告　197

　コラム　爆心地の遺族を訪ねて　204

⑧被爆者とともに成長したSW

　「被爆者」の真の意味を学んだ「相談員の会」　207

　被爆者の願いを受け取って　208

　「相談員の会」で学んだソーシャルワーク　209

　3世として、医療ソーシャルワーカーとして　210

　自分史サポーターの経験を通じて得た学び　211

終章

　「相談員の会」のこれから　212

　被爆者支援ソーシャルワークは私たちの実践モデル　215

おわりに　220

執筆者一覧　222

第1章
原爆被害者相談員の会の原点と未来

1、不条理の是正に挑む道のり

太田 昌克

「コールド・ピース」

　2019 年 5 月 1 日、元号が「平成」から「令和」に変わった。戦争のない平和な時代だった——。平成の 30 年余をこう総括する声が随所で聞かれた。今回の天皇の代替わりが崩御を伴わなかったことで国内各地は祝賀ムード一色、世間は「令和フィーバー」に沸いた。

　そのことの是非をここで論じる余裕はないが、新元号が発表されてから間もなく、尊敬する知己の国際政治学者からメールで次のようなご指摘を受けた。

　　「『れいわ』という発音を『冷和』と呼べば、まさに現代の世界情勢ではないでしょうか。ご存じのように、国際政治の 人たちで言われている "Cold Peace（筆者註・コールド・ピース）" が『冷和』だと思います。『冷和』はまさに日本が直面する現実であり、『令和』は日本の追求する理想、ないしは目的ということになるのでしょう。『冷和』の中で自国の在り方を確保しつつ、現状をより『令和』の方向に変えていく努力をするか、というのがこれからの国の在り方になるのではないでしょうか」

　外務省が「令和」を "Beautiful Harmony（ビューティフル・ハーモニー）" と対外的に説明するのとは裏腹に、冷戦終結から 30 年後の現在、日本を含めた国際社会は確かに、「コールド・ピース」の局面に突入している。

　イラク戦争という米国の国策の誤りが産み落とした「イスラム国」（ＩＳ）の残党やそれに触発された者がアジアを含む世界各地で無差別テロを強行し、国威発揚と強権発動を背景とした一部大国の領土的野心はクリミア半島や南シナ海などに地政学的緊張状態をもたらした。第 2 次世界大戦後、「個」の自由と人権、そして法の支配を重んじる民主主義的価値観をベースにリベラルな秩序形成を主導してきた米国は、トランプ大統領の下で多国間協調主義から一国主義路線へと明確に舵を切り、リベラルな世界秩序

を米国との二人三脚で牽引し続けてきた英国は不戦共同体として出発した欧州連合（ＥＵ）からの離脱を決めた。

核を巡る国際規範の弛緩

こんな荒涼たる「コールド・ピース」の時代をさらに不安定で歪なものとしているのが、1945 年の 8 月、20 万人を超える罪なき民の命を瞬時に奪った核兵器の存在である。2019 年初頭段階において全世界で 9 か国が計 1 万 4000 発弱の核兵器を保有し、うち 3750 発が短時間で運用できる状態にあるとされる（Kile and Kristensen 2019：10-11）。

問題なのは、地球を何度も壊滅できる核兵器の膨大な数量だけではない。核使用や核拡散のリスクを制御するはずの国際規範にかつてない深刻な弛緩が生じ、核兵器を「持つ者」と「持たざる者」の間に走る鋭い亀裂が、世界レベルにおける核問題をより複雑かつ不透明なものとしている。

そのことは、2015 年の核拡散防止条約（NPT）運用検討会議が合意文書の得られない決裂の幕切れとなった爾後の展開が象徴している。NPT第 6 条にある核軍縮努力の義務が履行されていないことへの不信と不満を爆発させたオーストリアやメキシコなどの非核保有国は、「核兵器の非人道性」に焦点を当てながら、核兵器禁止条約の採択へと一気に歩を進めた。

その一方で、米ロ英仏中などの核保有国や「核の傘」の下にある同盟国は軒並み、この動きに背を向けたままだ。嘆かわしいことに、被爆国日本の政府も分断の「橋渡し役」を自称しながらも、2017 年に国連で採択された核兵器禁止条約には冷淡な態度を取り続けている。

2018 年から 19 年にかけては、米国とロシアが特定核兵器の全廃を史上初めて実現し冷戦終結の突破口をも開いた中距離核戦力（INF）全廃条約を破棄する決定に至った。両国は 19 年春の段階において、有効期限が 21年に迫る新 START（戦略兵器削減条約）についても延命策を講じる真剣な外交努力をほとんど行っていない。

「コールド・ピース」の中心的当事者である米ロは、核大国としての道徳的責務に目覚めて新たな核軍縮への気概を示すどころか、小型核や新型核の導入によって核兵器の刷進・近代化にすら邁進している。そして、両

国の巨大な陰影の背後では、中国やインド、パキスタンが自国の核戦力増強を虎視眈々と進める。

モラルの退廃と「核のタブー」

こうして核を巡る国際規範の著しい弛緩が進行する中、「絶対悪の兵器」を統制する者たちのモラル（道徳）やディシプリン（規律）までもが切実な綻びを見せ始めた。

その兆候は、2014 年のクリミア危機の際に自国の核戦力を「臨戦態勢に置く用意があった」としたロシアのプーチン大統領の回想や、17 年に朝鮮半島の軍事的緊張が高まった際、北朝鮮はこれまで見たこともない「炎と怒り」に見舞われる恐れがあると言い放ったトランプ米大統領の発言からも読み取ることができる。

このような核超大国指導者による核威嚇のシグナリングは、核なき世界を志向する国際社会の「一般意思」に背理する核依存強化路線を明示しており、核を扱う政治指導者の prudence（プルーデンス＝熟慮に裏打ちされた政治的技量）の欠如のみならず、人間倫理の退廃をも暗示している。

安全保障上の緊張関係が顕在化する時勢においては、「抑止力の効用」が為政者らによって強調されがちだ。そうした時流においては往々にして、核兵器に依拠した抑止力や「核の傘」といった安全保障概念が、切実な迷いや疑いのないまま正当化されてしまう。そのため、その裏側に潜む核リスク、すなわち抑止崩壊時の核使用の恐れや核兵器の誤作動、悪意ある「内部脅威者」への核流出とそれに起因した核テロといった問題が軽視される傾向がある。

危惧すべきは、抑止力と背中合わせの関係にある核リスクへの無知や無批判、そして思考停止だ。なぜならそれは、21 世紀屈指の戦略家であり「ゲーム理論」でノーベル経済学賞を受賞したトマス・シェリングが終始その重要性を力説し続けた「核のタブー」（Schelling 2000）を足元から揺さぶりかねないからだ。シェリングは生前、筆者とのインタビューで、長崎を永遠に最後の被爆地とし、二度と核を実戦使用しない「核のタブー」という社会規範の重要性をことさら強調していた（太田 2008；15-20）。

核を巡る国際規範の深刻な弛緩と核を持つ者のモラルの退廃、そして「核のタブー」の弱体化が招来する帰結とは何か。それは、広島、長崎に次ぐ3度目の核使用のリスクが大きく高まることに他ならない。

人間性の「原点」への回帰

現代社会が核兵器を取り巻く峻厳で苛烈な現実に直面しているからこそ、人種や国籍、宗教、政治的な思想・信条に関係なく、いつでも理性と知性の機能回復を本来図れる人間は、その「原点」に立ち帰る必要がある。そうした原点回帰は、シェリングの力説した「核のタブー」を持続させ、より強靱な形で次世代へとそれを堅持せしめる。

ここで言う「原点」とは、他でもない、人間として生きることへの執着、しかも「より良き生」への執着である。それは、イギリス経験主義哲学の祖であり、18 世紀啓蒙主義の基礎を築いた思想家、ジョン・ロック（1632-1704）が言うところの、生まれながらにして自由かつ平等な人間全てが享受すべき「生存権」のより良き行使に連なる。ロックの名著『市民政府論 国政二論後編』第 7 版の扉には「人民の福祉は最高の法である」との文字が刻まれており、ロックの精神思想の根本にある「民主主義原則」「公共の善」「ヒューマニズム」を近現代社会が体現していく道標となった。

今この瞬間、読者の皆さまがお手に取られているこの本は、人類史において核攻撃を唯一受けた被爆者に物心両面で寄り添いながら、彼ら彼女らの「生」の根源的回復を図り、「より良き生」「生存権のより良き行使」の実現に心血を注いできた広島の人々が紡いだ実直な記録である。その活動の母体は、今からやがて 40 年前の 1981 年 6 月 13 日に発足した「原爆被害者相談員の会」という医療ソーシャルワーカー（MSW）を中心とした人間性と人間愛の回復装置である。

「装置」と表現するといや応なく無機質な響きを帯びてしまうが、この本を読み進められれば、その内実は決してそうではなく、喜怒哀楽に充ちた人間的な連帯と営為が織りなすヒューマンストーリーであることがお分かりいただけると思う。

なお、本稿の執筆者である私自身は「原爆被害者相談員の会」のメンバー

でも関係者でもない。会の存在自体は知ってはいたものの、その中核的存在である村上須賀子さん（第1章5「ソーシャルワークの本質に迫る」の執筆者）と3年前に出会い幾度か議論をさせていただくまでは、彼女とその仲間たちに宿る思想と哲学に直接触れる機会がなく、彼女らの社会的営みの奥底を覗くこともなかった。

その後、村上さんとのご縁から彼女らの活動の背骨をなす精神思想を次第に吸収するにつれ、溶解の兆しすらある国際的な核秩序の在りようを考える上で「原爆被害者相談員の会」の人間的営為に重要な「解」が潜んでいると思うようになった。

「反原爆」の思想

のべ2万人以上の被爆者の相談を受けてきた村上さんと彼女の仲間が40年近く積み重ねてきた人間的営為、その基軸にあるのは「反原爆」の思想だ。

> 「きのこ雲の下の原体験のみならず、被爆者としてその後の人生をどう歩んできたかを継承していくことが重要。被爆者の生活史を聞いてきた者としてそう強く思う。差別や病、死の恐れを感じながら生きることの不安…。それでも核廃絶を訴えてきた生きざまを伝えていくべきだ」（太田2017年）

国連での核兵器禁止条約採択を牽引した国際非政府組織（NGO）「核兵器廃絶国際キャンペーン（ICAN）」へのノーベル平和賞授与が発表された2017年秋、インタビューした村上さんからこんな言葉を聞いた。自らが師と仰ぐ社会科学者、故・石田忠氏の「反原爆」の思想を伝承する熟達のMSWならではの一節だと思った。

核兵器は大勢の無辜の民を一瞬にして殺戮する。巨大な火球から発せられる熱風と爆風、さらに放射線が近距離にいる生身の人間を襲えば、ひとたまりもない。被爆者の中には、終末を迎えるわが身に一体何が起きたのか全く自覚すらできないまま天空へ旅立たれた方が少なくない。言葉は悪いが、まさに虫けら同然の殺され方をしたのだ。そこには人間の「生」への畏敬の念は皆無であり、「より良き生」という概念すら存在しない。

　さらに本書が示唆するように、原爆投下がもたらした非人間性は、被爆者としての「その後の人生」に重くのしかかった「差別や病、死の恐れ」によって容赦なく増幅され続けた。原爆症の不安と時おり脳裏をよぎる「死の刻印」は、多くの被爆者を人間破壊の過程へといざなう「漂流」へと至らしめた。一方で、原爆という反人間的な絶対悪にあらがい、「生」への望みを決してあきらめない「抵抗」という思想的営為によって「漂流」を超克していく被爆者の生きざまがあり、それが「反原爆」の思想へと昇華していったことも核時代の歴然たる事実である（石田 1986 年。詳細は第1 章 6「被爆者を引き受ける」を参照いただきたい）。

　村上さんは私とのインタビューでこうも語った。

　　「たとえ被爆者から直接証言を得られなくなっても、その子孫や関係者が『伝える側』として脈々と存在する。五感をもって『ピカドン』を伝えてきた被爆者のことを、次の世代が五感で受け継いでいく。被爆者にとどまらず、世界各地で戦火の下にいる人、避難民や虐待を受けた人びとのことを『わが身に同じことが起きたら…』と五感で想像してみる。それが人間性の回復につながる」（太田 2017 年）

　ここ数年、毎年 1 万人前後の被爆者が逝去されている。昭和から平成、そして令和へ。あの「遠い戦争」をより遠く感じる世代が確実に増えている。それでも風化という言葉は私自身、口にしたくない。そんな時代だからこそ、無数の被爆者に寄り添いながら彼ら彼女らが直面し続けた不条理と戦い、それを是正する挑戦を続けてきた村上さんら「伴走者」たちの声に耳を傾けてもらいたい。

参考文献

Shannon N.Kile and Hans M.Kristensen, "World nuclear forces," SIPRI Yearbook2019,Oxford University Press,2019.

Thomas Schelling, *"The Legacy of Hiroshima: A Half-Century without Nuclear War,"* 2000, Institute for Philosophy & Public Policy, University of Maryland, http://ojs2. gmu.edu/PPPQ/article/viewFile/338/266

ジョン・ロック『市民政府論』（岩波書店、1968 年）。

石田忠『原爆体験の思想化』（未来社、1986 年）。

川崎哲『新版　核兵器を禁止する　条約が世界を変える』（岩波ブックレット、2014 年）。

太田昌克『アトミック・ゴースト』（講談社、2008 年）。

太田昌克、土屋豪志「世界の核と非核政策の現状」広島市立大学平和研究所編『アジアの平和と核　国際関係の中の核開発とガバナンス』（共同通信社、2018 年）。

太田昌克「紙面座談会『ICAN にノーベル平和賞』」共同通信社配信記事、2017 年 10 月 14 日。

2、原爆被害者相談員の会はなぜ生まれたのか

若林 節美

　1981 年 6 月 13 日、医療ソーシャルワーカー（以下 MSW）等が中心となって、いわゆる専門ボランティア「原爆被害者相談員の会」（以下「相談員の会」）が発足した。原爆投下から実に 36 年が経過し、この間も被爆者の悲しみや苦しみは軽減されることはなく拡大し、持続していた。

　1980 年 12 月 11 日、厚生省の私的諮問機関は「原爆被爆者対策の基本理念及び基本的な在り方について」の意見書（以下「意見書」）を発表した。しかしそれは被爆者が願い続けた国家補償に基づく被爆者援護法の根拠を示す内容ではなかった。MSW は納得しえない「意見書」に向き合い、「今、広島のソーシャルケースワークに問われていることは何か」と悩んだ。その結論は、MSW たちの苦渋の決断による病院などの枠を超えた、しかも手弁当での開かれた相談活動であった。それは時代の要請、というより人類史的な要請として受け止め、使命感に駆られての出発であった。

　こうして発足から 38 年、原爆被害者相談を軸にしながら、MSW の役割や専門性を模索しつつ、被爆者とともにまさにソーシャルワークと言いうる幅広い活動を展開したのである。そして会の特徴の一つであるメンバーや支えた人は、MSW のみでなく被爆者問題に関心のある被爆者、市民、研究者、弁護士、団体職員そしてジャーナリスト等、実に幅広い市民であった。それは強みであり何よりも MSW の足腰を鍛えた。

　「相談員の会」の発足は、「意見書」が契機ではあるが、それは前史があってのそれであり、その経緯から発足後をたどってみる。

「原爆被害者問題ケースワーカー研究会」発足
――原爆被害の全体像把握のために

　1981 年 6 月 13 日、「相談員の会」が誕生するには、それから遡ること 18 年、この間には三つの大きな節目があった。

一つ目の節目は、1968 年に施行された「原子爆弾被爆者に対する特別措置に関する法律」（以下「原爆特別措置法」）から 1975 年の「原爆被害者問題ケースワーカー研究会」の発足と活動である。

　「原爆特別措置法」施行までの原爆被爆者対策は、1957 年、被爆後 12 年目に施行された「原子爆弾被爆者の医療等に関する法律」（以下「原爆医療法」）、それは被爆者の生活援護ではなく健康診断や医療を目的にしたものであったが、その対象はかなり限定されていた。

　しかも「原爆医療法」施行までには、被爆者たちの粘り強い運動があった。1956 年に結成された日本原水爆被害者団体協議会（以下日本被団協）は、原爆被害者援護法や被爆者医療の国庫負担を求めた。その後も「原爆医療法」の改善と被爆者援護法の制定を要求し、国会請願等を続けた。そして 1966 年、被爆者援護法制定の根拠を示す、すなわち医療と生活保障は一体にと「原爆被害の特質と被爆者援護法の要求」、いわゆる「つるパンフ」を発表した。

　こうして 1968 年、被爆後 23 年目に原子爆弾の傷害作用の影響を受け、特別の状態にあるものに対し、生活の安定等の福祉を図ることを目的とした「原爆特別措置法」が施行された。

　この時期も被爆者の暮らしは、生活基盤を根こそぎ奪われたまま、23 年もの長きにわたって放置され、生活も心身の被害も深刻極まりない状況に置かれていた。それゆえに被爆者にとって「原爆特別措置法」は、待ち望まれた生きる支えとなるべき制度として期待された。

　個人的なことだが、私は 1968 年 4 月、広島赤十字原爆病院（当時、広島原爆病院）の医療社会事業部に医療社会事業司として着任したばかりであった。

　同年 9 月に「原爆特別措置法」が施行され、連日、30 人から 40 人前後の被爆者が「原爆特別措置法」の諸手当の申請手続きのため当病院に訪れた。多くの被爆者が対象になるであろうと思われた健康管理手当は、三つの制限、すなわち年齢制限、疾病制限そして所得制限により、非該当となる被爆者が半数以上を占めたのである。

　老婦人は落胆して訴える。「中学生だった息子と娘は学徒動員のため出

かけたまま帰ってきません。遺骨もありません。賢い子でした。老いていく私たちは不安でなりません」

被爆当時 9 歳だった女性は納得できない怒りに震える。「あの日、祖母の家に疎開していました。大手町の自宅で両親は焼死したんです。祖母と焼け跡に行き、私はスカートの裾をまくって遺骨を持ち帰りました。孤児になった友達はみんな苦しんでいます」

火傷によるケロイドに悩まされた青年は、叫ぶ。「原爆によるものに間違いない。明らかな証拠だ」

来る日も来る日も「原爆特別措置法」に関わる相談は続く。私は理不尽な制度説明に苦しみ、むなしさと同時に無力感におそわれるのであった。なぜこれほどまでに被爆者を苦しめる「原爆特別措置法」なのか、しかも被爆者の被害の実態に即していないのはなぜなのか。そして相談に訪れる被爆者一人ひとり、被害の状況は誰ひとりとして同様ではなく深刻である。いったい原爆被害をどのように捉えればいいのだろうか。あるべき援護施策とは、そして MSW の役割とはと、MSW の存在そのものの危うさを実感し、窮地に立たされるのであった。

1975 年、被爆者相談に関わる東京、広島、長崎の病院などで働く MSW に声をかけた。広島での被爆者相談の実情を伝え、お互いに MSW としての悩みを出し合う懇談会を呼びかけ、「原爆被害者問題ケースワーカー懇談会」として交流や学習会を始めた。そのまとめを事例集『生き続けた 31 年』として発表した。一方で広島では、独自に「原爆被害者問題ケースワーカー研究会」(以下「研究会」)を発足させ、被爆者の相談事例の検討に取り組む。

1976 年、とりわけ被爆者相談、すなわち被爆者ソーシャルワークに血肉を与えたのは、石田忠一橋大学教授による被爆者の社会調査研究であった。石田忠先生は、すでに厚生省の「原爆被爆者実態調査」に取組み、その手法は生活史調査で、長崎での被爆者調査では、自身も被爆者に関わり、苦しみもがく被爆者に寄り添い、調査者の立場とはと問いながら、原爆被害とは何か、そして反原爆の思想の営みを編み出された。

広島での「研究会」やその年に広島で開催された日本医療社会事業協

会全国大会では、石田忠先生による「原爆被害の全体像をどうとらえるか―ケースワークにおける生活史調査の意味」についての講演などを受け、MSW たちの目は開き、それは被爆者相談に質的な変化をもたらした。従来の生活史を時系列に押さえるというものではない。すなわち被爆前、被爆、被爆後を「いのち」「くらし」「こころ」にわたって、社会との関係を押さえつつ、これらのつながりを歴史的、構造的に捉えていく。そうすることで原爆被害の全体像が把握でき、被爆者は苦しみのよってきたるもの、原爆は人間にとって何であったかを確かめ、原爆とそれによって苦しむ自分を対象化し、反原爆の思想を紡いでいく。

　その後の「原爆医療法」や「原爆特別措置法」の相談は、単なる手続き援助のみではなく、生活史の手法を用いて一人ひとりの被爆者の原爆被害の全体像を押さえ、そうすることで現行二法の課題を一層際立たせることを可能にした。そして MSW と向き合った被爆者は、原爆による苦しみを対象化し、すなわち人間の苦しみとして受け止め、被爆者として生き抜いていく、その姿に MSW は、励まされるのであった。

　某精神科病院の MSW は、この生活史調査という援助方法に新たな気づきを述べている。「自己を客観化し、被爆体験を乗り越えるという視点はこれまでの生活史調査にはなかった。生きる意味を見出す主体性の確立という積極的な意味を見通すことができた。被爆者もワーカーも被害を社会問題化してとらえることができる。本当の意味でのソーシャルワークだ」（『患者と福祉』）

NGO 被爆問題国際シンポジウム
——私たちはすべてヒバクシャである

　二つ目の節目は、1977 年、NGO 被爆問題国際シンポジウム（以下、シンポジウム）「被爆の実相とその後遺・被爆者の実情に関する国際シンポジウム」（於、広島市）から、1980 年の『三十五年目の被爆者』出版の取組みである。

　この時期は前後して「日本被団協」の被爆者援護法要求中央行動が展開

され、原水爆禁止運動の統一を目指す懇談会の開催、そして NGO 軍縮特別委員会が開催されるなど内外での被爆者援護や核兵器廃絶の運動が高まるなか、シンポジウムが開催された。

シンポジウムは医学、自然科学、人文・社会学、平和教育の分野で行われ、MSW は人文・社会学の分野で石田忠先生を中心とした被爆者の生活史調査（全国で被爆者 100 人の生活史調査）に取り組む。

そのうち広島の MSW は生活史調査の手法にのっとって、30 人の被爆者に向き合った。あの日から 32 年におよぶ被爆者一人ひとりの原爆被害の全体像を把握した。

MSW とともに原爆に向き合った被爆者は、とりわけ身近な人々がモノのごとく亡くなったあの日から抜け出せず苦しみ続け、この生活史調査から自身の苦しみを対象化し、他の被爆者たちの苦しみを包み込む人間の苦しみとして受け止め、反原爆の思想に裏打ちされた活動へと変わっていく。まさに生活史調査という援助方法は、ソーシャルケースワークの芯であり、核を成していると確信する。シンポジウムではこのまとめを『被爆者この 32 年の苦悩——相談援助制度と援護法を求めて』として誌上発表した。さらに 2 年後、10 人の被爆者の生活史調査をもとにして『三十五年目の被爆者』（労働教育センター）を出版した。

またこのシンポジウムでは、その理念や目的に心揺さぶられ、広島のMSW として自立していく姿が見て取れた。それは、国際準備委員長のアーサーブース氏の挨拶にあった。「私たちはすべてヒバクシャ、私たちは原子爆弾の生き残りである。誰もがこの過ちがくりかえされぬことを確かめるまでは安眠すべきではないという考えの上に固く決意しこの仕事をつづけるべきである」

MSW は、最も被爆者の身近にいる専門職、すなわち、原爆被害の実相を被爆者とともに世界に発信できる立場にある。その役割と責任の重さ、その人類史的意味に希望を実感したのである。また当時、MSW の資格や身分が不安定な状況にあり、さらに資格化を推し進めることに勇気を与え、歴史的なシンポジウムとなった。

「原爆被爆者対策の基本理念及び基本的な在り方について」の意見書発表そして「相談員の会」発足へ

　三つ目の節目は、「相談員の会」の発足の契機となった「原爆被爆者対策の基本理念及び基本的な在り方」（以下「意見書」）の発表である。

　この時期、「日本被団協」は「被爆者援護法をめざす」全国集会や国会請願を展開し、さらには被爆問題市民懇談会（11団体）が発足し、被爆者援護法制定の2000万署名運動が取組まれ、国際的には第1回国連軍縮特別総会が始まる。

　1979年4月の衆院社会労働委員会は付帯決議を出した。主な内容は、国家補償の精神に基づく被爆者援護対策について、制度改善の要望は強まっていること、しかしながら基本的なあり方について、十分な検討がなされていないことは遺憾であり、政府は、直ちに専門家による権威ある組織を設け〈中略〉被爆者に対する制度に関する基本理念を明確にし、現行二法の再検討を行い、被爆者援護対策の確立を期するというもであった。

　一方、被爆者の相談は、深刻さを増すばかりで「原爆医療法」や「原爆特別措置法」に関わる相談は後をたたず、とりわけ「原爆医療法」によるところの原爆症認定申請相談は、不確定な行政裁量で決まる認定却下に被爆者も、MSWも翻弄されるのであった。認定申請を希望する被爆者の多くは、さまざまな病気と闘っており、病気そのものの認定はもちろんのこと原爆で職場や家そして家族を失ったこと、結婚差別や戦後の苦しい生活等、あらゆる原爆の被害すべてを認定して欲しいと願っていた。しかし病状が進行するなかでの認定却下通知、それは被爆者にとって生きる希望を奪うもの、死を早めるものでしかなかったのである。

　こういったなかで、1979年6月、厚生省の私的諮問機関「原爆被爆者対策基本問題懇談会」（以下「基本懇」）が発足した。被爆者をはじめMSWたちは、「基本懇」の意見書に大きな期待をし、発表を待ち望んだ。現行の「原爆医療法」や「原爆特別措置法」は被爆者の実態に即していない。すなわち国家補償に基づくふたたび被爆者をつくらない「被爆者援護法制定」、それは日本をはじめ人類の未来が問われる関心事であった。そして

1980 年 12 月 11 日、1 年 6 か月をかけて検討された「意見書」が発表された。

その主な内容は、まず原爆被害の矮小化である。被爆者の犠牲の特殊性は「放射線による健康上の障害」、しかも「晩発障害」に限るとした。そして死没者や遺族対策は、他の戦争被害者との均衡が保てない、被爆者と国は身分関係にはなく、国を挙げての戦争であり、「一般の犠牲」として国民すべてが受忍すべきとした。さらに現行の二法は、対象や給付が拡大、改善されてきたことをもって「一律総花主義」と規定し、今後の対策として「画一に流れることを避け、必要性を確かめ障害の実態に即した適切妥当な対策を重点的に実施するよう努めるべきである」とし、「公平の原則」よりも「必要の原則」を重視するという社会保障の論理に立っている。以上の内容から「意見書」は国の被爆者対策の在り方を一層鮮明にし、現行の「原爆医療法」「原爆特別措置法」をも後退していく恐れは十分に考えられる。

「意見書」を待ち望んでいた被爆者や身近に相談にあたってきた MSW たちは大きな衝撃を受け、納得できない怒りとこのままにしておけない思いが交錯する。

老いた被爆者は、35 年にわたる苦しみと遺族補償が断たれた悲しみを絞り出す。「県庁内で被爆した夫と娘の死にようはひどいものでした。息子はあの日から 9 年後、白血病で狂うように死にました。生活保護を受けていて十分な供養ができません。この死を無駄にしないでください」と訴えたが、寒さのなか 1 か月後に亡くなった。

1980 年 12 月末、年の瀬も迫る中、MSW たちは被爆者の悲しみや怒りを力に 20 人の被爆者の声を厚生大臣宛てに「直訴状」にしたためて送り届けた。しかし「意見書」の壁は厚く、私たちの小さな灯は「意見書」を乗り越える取り組み、すなわち「原爆被害者相談員の会」設立（1981 年 6 月 13 日）へと向かった。

「意見書」を乗り越えるために、被爆者の最も身近にいる MSW にできる、MSW だからできること、それは原爆被害者相談、すなわち被爆者ソーシャルワークであることを再確認したのである。

そのためには、原爆被害の全体像、実相を明らかにすることから始める

こと、そして全ての被爆者に目を向ける、すなわち谷間に埋もれている、声なき声をすくい上げることである。そのうえで、「原爆医療法」や「原爆特別措置法」の問題を明らかにし、被爆者援護法の理念や根拠を示し、被爆者や「日本被団協」とともに目指す被爆者援護法制定への力になる。

そしてこれら被爆者相談の基本は、被爆者の生活史調査であり、原爆は人間に何をなしたのか、人間は原爆に対して何をなしうるのか、被爆者が被爆者として生き抜く、MSW はその伴走者となる。

当時、広島県内に在住する被爆者（被爆者健康手帳所持者）は約 18 万人。医療機関等で働く MSW は 20 人足らずで、しかも医療機関などを利用する被爆者は限られていた。そして最も身近な相談機関であるべき広島県被爆者団体協議会（以下「県被団協」）が二つに分裂しており、被爆者が相談に躊躇してしまうという非常に悲しい状況にある。また行政の被爆者窓口は、敷居が高く、気軽に相談できない実情にあった。

こういった広島県内のいびつな被爆者相談の実情に照らし、より開かれた相談所の開設が急務と判断したのである。幸いにも広島 YMCA の厚意、とりわけ相原和光総主事が諭されたというローマ法王の「…ヒロシマを考えることは、平和に対して責任を取ることです」に「相談員の会」の役割とこれからの歩みに重ねていただいた。

こうして、広島 YMCA を会場として、月 1 回、全ての被爆者に開かれた原爆被害者相談は「相談員の会」によって始まった。

ボランティアによる原爆被害者相談活動

1982 年 6 月 13 日、MSW を中心としたボランティアによる原爆被害者相談（以下「相談」）は、月 1 回、第 2 日曜日、広島 YMCA を会場に始まった。

初回の「相談」は、予想を上回る 36 名の被爆者が相談に訪れ、待合室や廊下では市民ボランティアの人達がお茶の接待をするなど、訪ねて来た被爆者の気持ちを和ませた。

それぞれの「相談」の経緯だが、すでに行政の窓口に相談したが、放置されたままになっている被爆者、いくつかの相談機関などに行ったが、未

解決のままになっている被爆者、これまで一度も相談できないでいる被爆者などさまざまである。日陰に追いやられ谷間に埋もれている被爆者の姿を見る思いであった。

初日からの「相談」概要を整理してみると、「相談」の特徴が見えてくる。

1 年間の相談総件数は 198 件。そのうち男性は 85 件、女性は 112 件で、平均年齢は 57 歳であった。地域別では、広島市は 121 件、広島

毎月行われた相談会

県は 59 件、他県は 13 件、不明が 5 件であった。全体の 3 分の 2 が女性、平均年齢が若く、すなわち思春期の被爆で今、高齢期にさしかかっていること、そして広島市外の被爆者が予想外にあったことなどあれから 37 年にわたる原爆被害の深刻さ、そして「相談」の緊急性、期待の大きさを実感したのである。

直接的な相談項目で見ると最も多いのは、被爆者健康手帳で 113 件、次いで原爆症認定申請が 29 件、そして「原爆特別措置法」による諸手当が 19 件、その他は老後の生活や介護、被爆死した家族の消息探しなど相談内容は多方面にわたっていた。

この時期、なぜ被爆者健康手帳なのか。若い時は結婚などの社会的な差別に苦しみ申請に踏み切れず、今はその苦しみから何とか逃れえたものの、健康不安に駆られ被爆者健康手帳の申請を思いたったという重い相談が占

めた。すでに行政の窓口などで申請相談を行っていながら、証人問題など
で行き詰り、申請に至っていない場合が多かった。しかし MSW らの丁寧
な相談により、ほとんど申請にこぎつけ、交付につなげたのである。

　次に多かったのは、原爆症認定申請である。疾病により、あるいは被爆
距離（2.0km 以上の被爆はほぼ却下）によって認定はまちまちである。却
下されたケースについて、再申請や異議申し立てなどの支援をするが、そ
の途中で亡くなられるなど、原爆症認定制度の一面性、すなわち原爆被害
の全体を認める制度ではなく、被爆者の命を縮める制度であると知らされ
る。

　こうして「相談」は地道に続けられ、その後の相談内容もほぼ同様の傾
向が見られた。しかし、広島 YMCA に足を運ぶ被爆者は次第に減り、月
に数件という状況が推移した。

　5 年目を迎えた「相談員の会」はこれからの課題について話し合った。
来談者が少ないことがすなわち相談の必要性がないということではない。
出かけられない被爆者、ピーアール不足、そして常設の相談所の開設といっ
た意見が出た。すなわち待っている相談ではなく、出かけていく相談、自
宅訪問、地域のつどいやゲートボール場などさまざまな機会を捉えていく
こと。そして「相談員の会」のみで抱えるのではなく市民ボランティア、
「県被団協」、そして行政や福祉関係機関との連携や協同の必要性など貴重
な提案がなされ、今後の課題として残された。

　その後、「相談員の会」は直接的な相談を通して、必然ともいえる意義
深い活動を展開していった。被爆者として生きぬく「原爆被害者証言のつ
どい」（以下「証言のつどい」）、「平和的生存のためのボランティア講座」（以
下「ボランティア講座」）、12.11 シンポジウム、原爆被爆者実態調査、そ
して自分史『生きる』の刊行など多面的な活動に取り組んだのである。

命をつなぐ「原爆被害者証言のつどい」

　1982 年 3 月 21 日、広島では "3.21 ヒロシマ行動" 30 万人集会がもたれた。
「相談員の会」が発足して約 10 か月、相談に訪れた被爆者のなかから「被

爆の実情を多くの人に伝えねばならない。しかし伝える場や機会がない。大勢の前では話せないが、少人数なら」と声が上がった。そこで3.21ヒロシマ行動に連動させ、草の根7団体とともに青少年センターを会場に小グループでの被爆証言を実施した。広島ではこういった取り組みは初めてであったが、会場はほぼいっぱいになり、聞いた人たちの反応は良く、被爆者も証言が「砂の中に浸み込んでいくようでした」と満足した表情で感想を述べていた。

証言に力を得た被爆者は、あれから37年目の8月6日、しかも原水爆禁止世界大会の関連行事として広島YMCAを会場に8.6「原爆被害者証言のつどい」を開催した。これまで平和運動とは無縁であった被爆者が「相談員の会」のメンバーの励ましや援助によって重い口を開き、活動の輪を広げた。

「証言のつどい」の代表を務めた久保浦寛人さんは、この証言活動で被爆者が救われた思いを述べている。「……被爆者は、不安と孤独に耐えながら生きてきた。苦しみを訴えるべき人もなく、行政への期待も消えた。その被爆者に力と希望を与えたのは、産みの親である相談員の会であった。今、私たちは37年間の沈黙を破り、体験を後世に伝え、あの惨劇を二度と繰り返してはならないために……」

1982年8月6日、第1回「証言のつどい」は50人の被爆者が証言し、翌年には70名の被爆者の協力を得た。さらには、8月6日に限らず、全国の修学旅行生、様々な団体、世界各国の人々に証言する機会が増え、証言に耳を傾けた人は、この二年間だけでも世界35か国、約5000人であった。証言活動が活発化し、運営体制や証言内容の検討が迫られ、体制は被爆者自身で運営、管理し、証言内容については、MSWなどの参加のもと、お互いの被爆体験を聞き、事実の確認や学習、証言のポイントなどの検討を続けた。

こうした活動から、被爆者同士の助け合い、いたわり合う関係が生まれ、被爆者たちの表情は生き生きしていた。「相談員の会」のメンバーとも交流が深まり、懇親会や家族を含めた旅行など親睦を深めた。まさに「ふたたび被爆者をつくらない」、「ともに生きる」営みへと歩み出したのである。

「相談員の会」を支える「平和的生存のためのボランティア講座」

　1984 年 11 月 15 日、「ボランティア講座」を開催した。「相談員の会」が発足して、3 年が経過したこの年の春、毎月続けた相談件数が 300 人にも達し、相談後のフォローが困難になり、さらには新たな被爆者支援の要請、たとえば「きのこ会」の支援など、ボランティア相談員の養成が差し迫った課題として浮上した。単なるボランティアではなく、原爆被害者相談というヒロシマの課題を背負いうるボランティアを目指した。

　受講者は 66 名と予想以上。講師はヒロシマ YMCA の総主事をはじめジャーナリスト、心理療法士、研究者、被爆者そして MSW らが担った。

　講座は 8 回実施し、テーマは「平和的生存のために私達は」、「ボランティア実践の中の学びについて」、「被爆者から学ぶもの」、「人はかかわりの中で生きている」、「人とのかかわりケースワーク入門」、「平和的生存と社会保障」、「被爆者生活史把握の意味」、「被爆者援護の実情」、そして「被爆者証言」であった。

　1985 年 9 月 4 日から 2 回目の「ボランティア講座」を 9 回シリーズで開催した。講座の内容は 1 回目を踏襲しながら、参加者は前回の受講者も含めてのそれであり、より深められた講座となった。

　受講者は、それぞれこれからの自分自身の生き方を真剣に考える機会となり、「相談員の会」の活動に様々な形で参画したが、その後のボランティア養成が計画的に実施できず、養成において課題を残した。しかし、なかには主体的に参加、協力し続けているメンバーがあり、「相談員の会」の強力な支えとなっていった。

「意見書」を乗り越える「12.11 シンポジウム」

　1980 年 12 月 11 日、原爆被爆者対策基本問題懇談会（厚生大臣の私的諮問機関）は「原爆被爆者対策の基本的在り方について」の意見書を発表した。それは、前項で述べたように被爆者をはじめ市民や MSW に衝撃と

怒りを与え、MSW に求められている有効な取り組みとして、この日の「意見書」を機に「相談員の会」を発足した経緯がある。

12 月 11 日は、その意味において忌まわしい怒りの日でもある。過去 1 年間の活動を含め、「意見書」を乗り越える取り組みはどのように深められたのか、そして新たな課題や展望は何かを見出していく、「相談員の会」の原点の日である。とりわけこのシンポジウムは、「県被団協」をはじめ関係団体や市民との協同を重視し、被爆者の願いを一つにとの思いで毎年 12 月に開催した。

1982 年 12 月 11 日、第 1 回のシンポジウムは「被爆者援護法制定のために私たちは何ができるかー援護法制定運動の今日的意義」と題し、岩垂弘氏（朝日新聞編集委員）の講演を受けた。そこでは「意見書」に対抗できる理論と運動の必要性が強調された。

さらに 1984 年 12 月 9 日、第 3 回は「援護法制定のために、私たちは何をするのか」と題し、二つの「県被団協」の参加を得てのシンポジウムであった。この時、「援護法制定のために被爆者団体の協同歩調がとれるよう連絡センターをつくろう」といったことなどが提案され、画期的な取り組みとなった。あらためて広島における「相談員の会」の役割り、すなわち「つなぐ」役割りの大きさを認識しつつ、シンポジウムが被爆者関係団体や市民などとの連携や協同を深める日として位置付け開催してきた。

1982 年 12 月 11 日第 1 回シンポジウム、懐かしい顔が並ぶ

被爆者としての思いをことばに残す「自分史」
そして『生きる―被爆者の自分史―』刊行

　「証言のつどい」の活動は、多くの被爆者の参加を得て、証言する機会が増えてきた。人前で話すことに戸惑う被爆者は、自身の体験をたどりながら書きとどめ、それをもとに被爆体験の証言に臨んでいた。何をどのように証言したらいいのか、証言を聞いた生徒たちはどのように受け止めたのか、被爆者はもちろん私たち相談員も学習会やアンケートを実施し、証言のあり方を模索していた。

　1988年、被爆者の中から、書き溜めたものを自分史としてまとめたいという声があり、証言活動の充実を図るためにもと「自分史づくり」の学習会が始まった。本格的には、1993年6月、前年から被爆者の「自分史」を呼びかけていた栗原淑江さんの講演（被爆者の「自分史」）を受け、翌年の1994年4月、第1回の「自分史のつどい」を開き、スタートした。「相談員の会」が発足して10年、証言活動もさることながら「意見書」を乗り越える根拠をもっと明らかに、そして被爆者同志、被爆者と非被爆者が「ともに生きる」を確かにしたい。そのためには「自分史」に取り組むことだと確信したのである。

　栗原淑江さんが述べる「原爆・核兵器が人間として死ぬことも生きることも許さない、反人間的兵器であることを事実による根拠を示す。そして……国の戦争責任を追及する被爆者の思想を自分の人生の軌跡に照らして確認し直してみる」は、唯一「自分史」によってのみ可能だと共感を得たのである。

　とりわけ「相談員の会」の「自分史」の強みは、他の被爆者や会のメンバーの参加のもと読み合わせ、事実や史実の確認などしながらより個人的、より客観的な「自分史」へと結実していったことである。

　こうして1995年7月、『生きる―被爆者の自分史―』第1集を刊行した。被爆者も相談員も「自分史」に寄せる思いは強く、その後も刊行が続いた。あらためてソーシャルワークの立場から考えると、「自分史」は、反人間

的な核兵器によって辛酸をなめてきた被爆者が原爆に向き合い、反原爆の思想を編み出して人間らしさを取り戻していく営み、人類の普遍的課題へとつながっていく、その生き方は人々に共感と感動を与えた。そこに寄り添ってきた伴走者の働きは崇高であり、まさにソーシャルワークの「頂」である。これはとりもなおさず、MSW たちが原爆被害者相談の基本としてきた「生活史調査」の援助方法がベースにあったことにまちがいない。

参考文献

　原爆被害者相談員の会「ヒバクシャ——ともに生きる」
　広島県医療社会事業協会「患者と福祉」No. 6, No. 22
　日本被団協史編集委員会『ふたたび被爆者をつくるな——日本被団協 50 年史』
　大塚茂樹『まどうてくれ——藤居平一・被爆者と生きる』
　石田忠『原爆体験の思想化——反原爆論集』
　広島市健康福祉局『原爆被爆者対策事業概要』

発行を重ねた機関誌「ヒバクシャ」

3、ソーシャルワーカーの役割はどこにあるか
1990年代から今日まで

三村 正弘

　被爆者健康手帳を所持している原爆被爆者（以下「手帳所持者」）は、1981年の37万2264人をピークに年々減少し、ここ数年は毎年9000人以上の被爆者が亡くなり2018年3月末現在の手帳所持者は15万4859人とピーク時に比べ41.6％となっている。広島市の手帳所持者は5万384人で、広島市の71歳以上の高齢者のうち被爆者の割合は26.3％で4人に1人強は被爆者である。しかし、広島市の総人口が119万3556人の中では、被爆者の占める割合は4.2％と低い。筆者が勤務した広島市の比較的被爆者が利用する中規模病院の1970年当時の外来患者の約6割は被爆者であったが、2018年末に同病院のレセプトを見ると、外来の被爆者比率は14.6％と随分低くなっていた。しかし、入院患者は30.1％と被爆から74年経た現在でも高いことが判明した。

　病院の医療ソーシャルワーカー（以下MSW）は、医療制度改革が病院の再編、病床の削減、入院医療から在宅への誘導など医療費抑制政策が進められる中で、MSWの業務が病診連携など日常診療に組み込まれたり、退院促進の役割を第一義とされる現状にある。医療を必要とする人や家族がかかえている経済的・心理的・社会的問題や、社会復帰について相談援助するという本来の業務からかけ離れたものとなり、相談援助活動の時間を確保するのが相当困難な状況にある。そのため、被爆者を意識的に見つけ出し原爆症認定の相談などに時間を割くのは極めて厳しい状況下にある。だが、広島のMSWは、専門ボランティアの原爆被害者相談員の会（以下「相談員の会」）で被爆者、市民、研究者と協働しながら脈々と被爆者支援活動を行ってきた。

　「相談員の会」の1990年代から今日までの主な被爆者支援活動を紹介する中で、ソーシャルワーカーの役割について考える。

画期的な『被爆者のための介護と福祉の手引き』の発行

　1990 年代に入ると被爆者の高齢化に伴い、老後の生活、介護問題が年々深刻になってきた。1993 年当時の広島市の被爆者は 10 万 1939 人で、その中で 65 歳以上の被爆者は 45.9％を占めていた。被爆者だけの制度や手当についても、まだ知られていない部分が多く、また、被爆者だけでなく、一般にも、いざというときにはどんな福祉制度が利用でき、どんな援助がうけられるのか、どのような施設があるのかなど、わからないことばかりであった。そこで「被爆者のための介護と福祉の講座」を 1993 年 11 月 14 日と 20 日に 5 講座で開講した。テーマは「もし家族がボケてしまったら」、「介護に役立つ制度」、「老人の保健・福祉施設から見た地域の実際と各種施設の話」、「地域福祉の視点から見た施設が果たす役割」、「在宅で過ごされる方のために」であった。講師は、痴呆老人を支える家族会役員、保健師、特養老人ホームの生活指導員、MSW らが担った。

　その講義資料をたたき台にして、1994 年 8 月 6 日に『高齢者・被爆者のための介護と福祉の手引き』を発行した。内容は被爆者相談活動の経験をふまえ、介護や保健福祉に関する相談窓口、在宅介護サービス、介護器具・用品、住宅改修、介護に関する手当などを広島市や広島県、被爆者と高齢者の区分で別々に実施されている福祉制度を整理し、被爆者だけでなく広島県内の福祉従事者、高齢者を介護している家族の方にも利用できる手引書として発行した。今日「年金手続きの方法」とか「介護保険の利用方法」などの案内本が書店にあふれているが、この時点では全国的にも皆無で画期的な手引書であった。なお、この手引書の発行では、生協ひろしまや安田火災記念財団の助成など、いわゆる社会資源を活用した。

長崎原爆松谷訴訟支援の広島での窓口

　長崎被爆者の松谷英子さんは、原爆の爆風で屋根の瓦が飛んできて頭にあたり「右半身不全片麻痺及び頭部外傷」となり、二度にわたり厚生大臣に原爆症認定申請をしたがいずれも却下された。そのため 1988 年 9 月に取り消しを求め長崎地裁に提訴した。その裁判を広島で支援しようと、1993 年 12 月頃に原爆二法研究会などで日頃から親しくしていた「相談員

の会」のメンバーと広島の弁護士が中心となり、「松谷訴訟ヒロシマ」を立ち上げ支援活動を開始した。

1995年12月には、「相談員の会」がリーダーシップをとり長崎原爆松谷訴訟を支援する会事務局長の山田拓民氏の講演会を「長崎原爆松谷訴訟と被爆者援護法」のテーマで開催し広く広島市民に訴えた。しかし、当時は原水爆禁止運動をめぐる路線上の深刻な対立があったため、県内に二つある被団協を巻き込んだ活動に拡がらなかった。そのため、支援活動は「松谷訴訟ヒロシマ」と「相談員の会」を中心に継続した。

1997年11月7日、福岡高裁で原告松谷英子さんは勝訴した。しかし、国は最高裁に上告した。「相談員の会」としては、同年12月に長崎原爆松谷訴訟の松谷さんと弁護団事務局長の中村直達氏を招き、広島大学教授の田村和之氏とともにシンポジウムを開催し、広島から抗議の意思を表した。

2000年7月17日に最高裁は、「脳梗症による右半身麻痺」を原爆症として認定する勝訴判決を出した。それを祝福する広島での最高裁勝訴報告会を12月に松谷英子さんと山田拓民氏を招き開催した。「相談員の会」は、被爆者運動が対立する厳しい状況下であったが、この長崎原爆松谷訴訟は被爆者の権利擁護のための重要な支援活動と位置づけ役割を果たした。

チェルノブイリ原発事故の被災者との交流

1986年のチェルノブイリ原発事故被害者を支援している広島県府中市にあるジュノーの会から「チェルノブイリ原発事故被害者の医師援助を中心に行ってきたが、事故後10年経過した今、被災者の『心の問題』についてアプローチをする必要がある」と、1996年3月頃、「相談員の会」にウクライナへの派遣要請があった。これは「相談員の会」が地道に被爆者とともに活動を継続し、被爆者支援に関する社会的評価を得て認知されている証しであろう。

相談員の会として、①チェルノブイリ原発事故の実情を知る　②広島の被爆者とチェルノブイリ原発被災者との交流　③チェルノブイリ原発事故の実態調査などの課題を確認して1996年7月15日〜25日に広島大学教授の舟橋喜惠と被爆者でMSWの山田寿美子を派遣した。現地では、原爆

展の開催、医薬品を現地調達し贈呈、被災者の生活実態調査などを行い、また、被害者との交流を行った。被害者の聞き取りを行った山田は「大多数の大人たちはめまい、嘔吐、全身痛、頭痛、疲労感、作業能力低下の症状が現れ、子どもの多くは甲状腺異常、アレルギー、貧血、胃痛などの症状で学校を休みがち、学力も低下している。しかし、十分な治療も薬も受けられなく、障害に対する給付金は数日分の食費程度で生活も苦しい実情にある注1」と報告している。舟橋は、「事故から 10 年たっても解明はまだ始まったばかりといってもいい過ぎではないだろう。医学・物理学部門にくらべ、とくに社会科学や社会福祉部門の調査研究が遅れている。その点では、広島原爆・長崎原爆の場合とおなじように遅れている。チェルノブイリ事故は他人事ではない。とりわけ原発が急増しているアジアで、そして日本で今後おなじ事故がおこらないという保証はないことを考えると、解明の促進は一刻の猶予も許されないといえよう注2」とレポートしている。福島原発事故を現実に体験した今日、当時のこの見解は重い示唆に豊んでいる。

　第 2 回は 1997 年 8 月 29 日〜9 月 14 日に被爆者の久保浦寛人と定信多紀子、舟橋を派遣した。広島の被爆者とチェルノブイリ被曝者との交流・懇談、現地の学生に被爆体験を証言、チェルノブイリ原発事故博物館の見学、被害者からの聞き取り調査などを行った。久保浦は「保養所や入院治療の順位にしても、くじ引きで選考し、父母のいない子は優先しているとのことでした。しかし、裏を返せば、多くの子どもたちが病気治療も薬も満足に与えられず、保養施設にも入ることが出来ず苦しみに耐えながら希望の無い毎日を送っているのが実態で、想像以上に悲惨なチェルノブイリ原発被害者の姿に驚くと共に、世界から一刻も早い人道的救済の手が差し延べられることを祈る気持ちで一杯でした注3」と語っている。第 3 回は 1998 年 9 月 8 日〜22 日に前年と同様、久保浦と定信、舟橋を派遣し、第 4 回は 2000 年 6 月 15 日から 2 週間、被爆者の岡田恵美子、MSW の三好典子、舟橋を派遣した。いずれも 2 回目と同様、実情を聞き、実態調査、広島の被爆者として体験を証言するなど精力的に活動した。

　相談員の会の 4 回のウクライナ訪問は、広島の被爆者が体験を話すこと

でチェルノブイリ被爆者を励まし「ヒバクシャ同志」として連帯を深めた。被爆者が苦悩とともにそれでもなお生きてきた道のりを語ることにより核の被爆者たちは未来を見つめることができ励まされた。そして、その応えに被爆者もまた勇気づけられるという成果をあげた。

　また、訪問者たちは帰国すると報告会を開き、チェルノブイリ原発事故の見聞きした内容を報告し実相を広める活動を行い、チェルノブイリ原発事故被災者の実態調査内容は、『ヒバクシャ』に掲載するなどに取り組んだ。相談員の会にとって、チェルノブイリ原発事故被災者との交流は、海を越えた国際的連携というグローバルな活動となった。

在外被爆者の権利を守るため

　MSW として在外被爆者支援の取り組みは、1980 年から日本政府の招請渡日治療や在韓被爆者渡日治療委員会の在韓被爆者治療支援を始めたころ[注4]から原爆病院をはじめ広島市内の病院の MSW が必要に応じて相談援助を行っていた。本格的に在韓被爆者と MSW がかかわり始めたのは 1990 年 7 月から広島共立病院が渡日治療委員会の要請を受けて入院診療を始めてからである。在韓被爆者が入院すると主治医は検査を行い健康管理手当の診断書を作成する。MSW はこれに併せ、被爆者から委任を受け銀行口座を作成し、翌月から健康管理手当が受給できるように申請書・診断書を月末までに市役所に提出した。当時は、健康管理手当は 1974 年の厚生省の402 号通達[注5]により日本に滞在する期間しか受給できなかった。そのため 3 か月の治療ビザで来日していた在韓被爆者は 2 か月間の受給だけだったので、MSW は他の業務に優先して手当の申請手続きを行った。MSW はそれ以外に、入院等で 90 日以上入院を要するときには在韓被爆者に代わり出入国管理事務所に治療ビザの延期手続きに行ったり、大学病院へ転院の場合は付き添って手続きなどを行っていた。

　「相談員の会」が在外被爆者裁判を支援するようになったのは、弁護士数人と研究者、MSW で行っていた原爆二法研究会（後に「被爆者援護法研究会」）に 1995 年頃、MSW が「治療目的で渡日していた在韓被爆者が、帰国すると健康管理手当が打ち切られるのはなぜか。どうにかならない

在外被爆者擁護の進展

1978 年 3 月	孫振斗裁判は最高裁で勝訴。原爆医療法は社会保障と国家補償的配慮を併有する法律である。在外被爆者も日本国内で被爆者健康手帳の申請ができるようになった。
2003 年 3 月	2002 年 12 月の郭貴勲裁判の大阪高裁勝訴で国が上告を断念した。402 号通達が廃止。出国しても被爆者健康手帳は有効で手当受給権も消滅しなくなった。
2005 年 11 月	2005 年 9 月崔李澈裁判の福岡高裁勝訴で長崎市は上告を断念した。被爆者健康手帳所持者が国外から手当の支給申請ができるようになった。
2007 年 11 月	三菱広島重工業・元徴用工被爆者裁判は最高裁で勝訴。402 号通達は違法であると判断し、損害賠償 1 人当たり 100 万円＋弁護士費用 20 万円の支払いを国に命じた。その後、在外被爆者が提訴し和解すれば 1 人当たり 110 万円が支払われるようになった。
2008 年 12 月	2008 年 6 月与野党共同提案で被爆者援護法改正案が成立し、被爆者健康手帳申請が国外からできるようになった。
2010 年 4 月	被爆者援護法施行令および同法施行規則が改正され、原爆症認定申請も国外からできるようになった。
2015 年 9 月	最高裁は在韓被爆者が被爆者援護法の医療援護関係の規定の適用を求める裁判で原告勝訴判決。これにより被爆者援護法は、在外被爆者にほぼ全面的に適用されるようになった。

在外被爆者の状況

	2005 年度調査		2015 年度調査	
	被曝者数	割合	被曝者数	割合
韓国	17,300 人	69.3%	2,064 人	74.8%
米国	573 人	22.9%	508 人	18.4%
ブラジル	107 人	4.3%	94 人	3.4%
カナダ	23 人	0.9%	25 人	0.9%
台湾	14 人	0.6%	11 人	0.4%
オーストラリア	14 人	0.6%	10 人	0.4%
その他	38 人	1.5%	46 人	1.7%
合計	18,069 人	100%	2,758 人	100.0%

資料：厚生労働省健康局総務課

か」と問題提起してからである。まさに日常業務で在外被爆者支援にかけ廻っている MSW ならではの不条理の発見であり、問題提起である。

「相談員の会」は、2002 年 3 月 1 日に結成した「在ブラジル被爆者裁判を支援する会」（後に「在ブラジル在アメリカ被爆者裁判を支援する会」に改称）の世話人に加わり、裁判傍聴、在外被爆者が来日した時には原水爆禁止世界大会国際会議や 8.6「原爆被害者証言のつどい」での証言や訴えをサポートしたり、在韓被爆者や在ブラジル被爆者の訴えや証言を機関誌『ヒバクシャ』や被爆者の自分史『生きる』に掲載するなど活動を支援してきた。2009 年には弁護士 2 人に同行して筆者もカナダとアメリカの被爆者を訪ね、在外被爆者の国家賠償請求（一人当たり 110 万円）についての説明と懇談を行った。

20 件以上の在外被爆者裁判で原告が勝訴する中で在外被爆者の権利が別表のように進展していき、2015 年 9 月 8 日の最高裁の判決でほぼ目的を達した。在外被爆者裁判は孫振斗裁判から 43 年の歳月が経過し、やっと在外被爆者の権利が回復した。

原爆症認定裁判を支えて

原爆症認定問題は、広島の MSW が病院に配置された 1960 年当時から今日まで重要な課題であった。被爆者からは、「乳がんの手術をしたのになぜ、原爆症の認定されないのか」「ケロイドで苦しんできたのに認定されない」などと、被爆による疾病として認めてほしいと訴えるがほとんど認定されない状況であった。原爆症認定集団訴訟が提起された 2003 年 3 月末の全国の被爆者健康手帳所持者は 27 万 9174 人、うち認定被爆者は 2172 人とわずか 0.78％である。原爆症認定申請援助に限界を感じていた MSW は、2003 年からの全国的に展開されてきた原爆症認定集団訴訟に積極的に加わった。それに向け相談員の会は、2002 年 6 月 30 日に原爆症認定相談会を開催し、相談員 18 人が 108 件の相談を受け、そのうち 9 人が広島県の原告団の一員となった。

「相談員の会」は 2003 年 4 月に結成された「原爆訴訟を支援する会」（後に「被爆者支援広島ネットワーク」）に県内に二つある被団協とともに会

別表　全国の医療特別手当受給者と特別手当受給者の推移

年度末	被爆者数	医療特別手当 受給者数	比率	特別手当 受給者数	比率
2003 年	279,174 人	2,172 人	0.78%	1,265 人	0.45%
2005 年	266,598 人	2,255 人	0.85%	1,153 人	0.43%
2010 年	227,565 人	6,351 人	2.79%	965 人	0.42%
2011 年	219,410 人	7,197 人	3.28%	936 人	0.43%
2012 年	210,830 人	8,121 人	3.85%	944 人	0.45%
2013 年	201,779 人	8,552 人	4.24%	917 人	0.45%
2014 年	192,719 人	8,793 人	4.56%	890 人	0.46%
2015 年	183,519 人	8,749 人	4.77%	1,384 人	0.75%
2016 年	174,080 人	8,511 人	4.89%	1,622 人	0.93%
2017 年	164,621 人	8,169 人	4.96%	1,890 人	1.15%
2018 年	154,859 人	7,640 人	4.93%	2,268 人	1.46%

※認定被爆者数は、医療特別手当受給者とほぼ同じ人数。

の中心メンバーとなり運動を支えた。特に、訴状づくりや陳述書サポート
に力を発揮した。勤務が終わった後や休日あるいは有給を使って原告の被
爆距離の確定のための作業、陳述書サポートでは、原告から被爆前後の生
活、被爆時の状況、けがや火傷、急性症状、今日までの病歴、仕事や家族
など生活状況を詳細に聞き、原告と何回も面談・相談を重ねるという大変
労力を要する作業に取り組んだ。原告 41 人のうち 22 人の陳述書サポート
を担当した。MSW は担当した原告とは時間を許す限り連絡を取り、裁判
の傍聴をして励まし続けた。また、原爆投下 13 日目の 8 月 19 日に入市し
救護活動に従事した三次高等女学校の 23 人の実態調査も弁護士からの要
請で担当した。MSW たちは、遠くは横浜、福岡など県内外の同級生や遺
族に面談し聞き取り調査を行った。この調査から内部被爆が人体へ影響し
ていることが明らかとなり裁判所は私たちの調査報告を認めた。2006 年 8
月 4 日の判決では原告 41 人全員が勝訴した。

　第 2 陣の原爆症認定集団訴訟に向けて 2 回目の原爆症認定相談会は、
「原爆訴訟を支援する会」などとの共催で 2006 年 6 月 25 日に開催した。
MSW や被団協役員など 44 人が対応し相談者は 87 人。その相談に来た人
を中心に 23 人の第 2 次集団訴訟が取り組まれた。「相談員の会」は、原告

23 人のうち 20 人と、ほとんどの陳述書サポートを担った。第 1 陣と合計すると、原告 64 人のうち、42 人の原告の陳述書サポートを約 30 人の会員が担当したことになる。

厚生労働省は、全国各地の集団訴訟でも敗訴を続け、2008 年 3 月 17 日に原爆症認定基準を全面的に見直す「新しい審査の方針」を発表した。2009 年 6 月にはそれを改定し、2013 年 12 月には再改定したが、司法の判決との乖離が埋まらず、被爆者と支援者たちは、新たに「ノーモアヒバクシャ訴訟」として裁判を継続した。「相談員の会」は、引き続き被爆者支援広島ネットワークの世話人として、裁判傍聴、国会への要請行動には原告に付き添って上京するなど支援してきた。

2019 年 5 月 27 日、長崎地裁はノーモアヒバクシャ訴訟で勝訴 2 人、敗訴 3 人の判決を出した。勝訴した 1 人は急性心筋梗塞を発症した男性（故人）、もう 1 人は甲状腺機能低下症の女性、敗訴した 3 人は原爆症認定の要件である「要医療性」がないなどとして退けた。全国の地裁判決は、勝訴 85 人、敗訴 30 人である。現在、係争中の原告は最高裁 3 人（広島、名古屋、長崎）、高裁 12 人（うち 11 人が広島高裁）、地裁 14 人の計 29 人と大詰めにきている。厚生労働省は認定裁判を負け続けているが、認定基準の改定要求や日本被団協の「原爆症認定制度の在り方に関する提言」を無視して、2014 年 4 月からは原爆症認定被爆者に支給される医療特別手当の更新審査を厳しくして、例えば、固型がんの場合は 5 年で治癒固定として特別手当に移行させ、実質的に認定被爆者を別表のように減少させている。

「相談員の会」は、裁判の傍聴、支援する会の世話人活動、原爆症認定基準改定ごとに認定基準説明会や被爆者総合相談会の開催などで支援してきた。また、2010 年 7 月には、「原爆症認定基準及び認定申請の改善をめざす提案」を厚生労働省に送付するとともに、原爆症認定集団訴訟を支援する全国ネットワークに提出した。2014 年 6 月からは大手町パルビル四階に「原爆被害者相談センター」を開設して、原爆症認定申請援助、被爆者健康手帳申請援助、介護保険や介護手当の説明、生活保護利用者の原爆症認定申請とその後の対応などの相談援助活動を行っている。引き続き、

「相談員の会」は原爆症認定基準の改善や国家補償としての被爆者援護法制定運動に取り組んでいる。

未来にむかって

　「相談員の会」は、被爆者の体験継承と核兵器廃絶にむけた取り組みを重視している。

1. 被爆者の体験継承の取り組み

　被爆者の体験継承については、沖縄のひめゆり平和祈念資料館の取り組みと長崎の高校生平和大使の取り組みを学ぼうと 2008 年に沖縄、2009 年に長崎を訪問した。

　2008 年 9 月 26 日〜 28 日に「沖縄から学ぶ体験継承」のテーマで沖縄県を訪れた。沖縄戦記録フィルム運動の会、沖縄の被爆者、沖縄戦語り部、ガマや壕で遺骨収集や不発弾処理している男性、ひめゆり部隊の女性、読谷村の集団自決のチビリガマなどを訪問し懇談、見学を行った。メインとしていたひめゆり平和祈念資料館の若い学芸員から「生き残った人たちの苦しみ、大変さ、戦後どんな想いで過ごしたかなどの証言を大切にすることと、それを若者にどう継承していくかを考えている」「資料館も説明文を多くして、証言のビデオ化、若い見学者に恐怖感を持たないような展示の方法などを調査、研究している」などの発言があり、今後の広島での被爆体験の継承を論議していくうえで参考になった。

　2009 年 11 月 28 日〜 29 日、「長崎から学ぶ体験継承の現地調査と研修」で長崎を 8 人で訪れた。今回は長崎の平和の取り組みの現状を知ることと被爆証言の継承などを学ぶことを目的とした。平和公園・長崎原爆資料館の見学、長崎高校生平和大使・OB との懇談、高校生といっしょに長崎駅前で 1 万人署名行動などを行った。「高校生の活動は、どこにも属さないから広がる。政党、宗教問わず可能な限りどこにでも行く。すると、核兵器廃絶に対する市民の意識も変化してきた。集まってきている生徒は決して"特別"でない」「ひとり一人、それぞれがいろいろな形で核兵器廃絶や平和を願い活動を行って、いざという時に団体や組織を超えて一つにな

れれば良いとの思いで活動している」などの発言は、被爆者団体が二つに割れている広島の現状を再考させるものであった。次回は、長崎で被爆者相談している人や長崎被爆者と体験継承の課題で交流を行いたいと考えている。

2. 相談員の会の思いを福島県へ

　2011 年 3 月 11 日の東日本大震災・福島原発事故で多くの人たちが甚大な被害を受けた。長年被爆者支援に関わって来た「相談員の会」として、広島から遠く離れた地域の出来ごとだと思えなかった。つまり他人ごととは思えなかった。「相談員の会」が蓄積した経験知を役立てたいとの責務から、この原発事故の被災者や福島の MSW にどう支援していくかを考えるために、福島原発から 9 か月たった 12 月 11 日に、福島大学准教授で災害復興研究所所長の丹波史紀氏を招き「東日本大震災・福島原発事故と今後の被災者支援に向けて」のテーマで講演会を開催した。その時、広島市に福島県飯舘村から避難していた方にも発言していただいた。この取り組みが、今後の被災者支援に対する「相談員の会」の担うべき役割を考える第一歩となった。

　その後の「相談員の会」の論議で、支援する視点として、①被災した当日からの行動、食事、天候（雨にあったか）、健康状態などを記録に残す体制があるか、②内部被ばくに不安を持っている住民に対し、放射線被害に関して、オープンな情報提供がされているか、③福島の MSW との持続的な交流と支援、④被災者への補償法整備の情報収集、などを確認した。

　翌年の 2012 年 11 月 8 日〜 10 日に福島第一原発事故の被災者や MSW などとの交流・調査で福島県を訪問した。飯舘村と浪江町の自治体訪問、サポートセンターや相談支援専門職チームの活動、福島で子育てしている母親の証言など時間を許す限り訪問し話を聞いた。特に、重視したのは福島県のＭＳＷとの交流であった。MSW15 人と懇談し広島の MSW の思い「被災時の記録の大切さ」を伝えることができた。その報告を 12 月の 12.11 シンポジウムで報告するとともに「広島市民としての福島への思い、私たちができる取り組みを考える」のテーマでシンポジウムを開催した。

福島から避難した老健施設相談員、東京から引っ越した医師、「相談員の会」メンバーが発言した。

2013 年 8 月 6 日の原爆被害者証言のつどい全体会では、福島医療生協わたり病院の MSW の熊田貴史氏から福島の被災者の状況や相談支援チームの活動の報告を受けた。熊田さんの自ら被災者であるにもかかわらず MSW として住民の生活の立て直しに邁進している姿に心動かされ、更なる福島の MSW との連携を深める決意となった。

2016 年 12 月 3 日〜 6 日には、福島第一原発被災地の視察と交流・研修で再び福島県を訪れ、飯舘村の旧飯野小学校跡地仮設、松川町第二仮設などで入居者の聞き取り調査を行い、原発被災地 (浪江町、双葉町、大熊町など) の視察、放射能市民測定室たらちね見学などを行った。特に、福島県相談支援チーム（県 MSW 協会役員，県社会福祉士会役員、県精神保健福祉士会役員）との意見交換を行ったことは、今後の相談支援チームとの連携が展望できた。

引き続き、福島の被災者や MSW との交流を続け、私たちの実践の成果を返していきたい。なお、広島に避難している人たちへの支援活動については、山地恭子がまとめている。

3. 核兵器廃絶の取り組みにむけて

核兵器廃絶の世界的なうねりが 2017 年 7 月 7 日の国連の核兵器禁止条約[注8]の採決となった。核兵器禁止条約は 124 か国が出席し、国連加盟国 63%の 122 か国（保留 1、反対 1)）が賛成した。核兵器禁止条約の発効のための批准国 50 か国をめざした取り組みは、2019 年 4 月 11 日現在、核兵器禁止条約に調印した国 70 か国。23 か国が批准している。しかし、唯一の被爆国である日本は、アメリカの核の傘にいるという理由でこの交渉会議に参加せず、核兵器禁止条約に反対している。私たちは日本政府に対して、条約批准を求める運動を強めなくてはいけない。広島では、2017年に結成された「核兵器禁止条約制定に向けたヒロシマ共同行動実行委員会」を中軸に活動している。「相談員の会」も加入し、広島で開催された国連軍縮会議傍聴とホワイト国連核兵器禁止条約会議議長に折り鶴レイ贈

呈、ICAN ノーベル平和賞授賞式に合わせヒロシマから核兵器禁止条約発効を求めアピール行動 (原爆ドーム前)、ICAN ベアトリス・フィン事務局長と核兵器禁止条約の早期発効に向け意見交換会、ICAN・ティム・ライト氏と広島反核 NGO との意見交換会など共同行動に積極的に参加してきた。

　ヒバクシャ国際署名は、ヒロシマ・ナガサキの被爆者が「後世の人々が生き地獄を体験しないように、生きている間に何としても核兵器のない世界を実現したい」と、核兵器の廃絶を求め、2016 年 4 月に開始した。2019 年 5 月、国連で開催中の核不拡散条約（NPT）の第 3 回準備委員会の議長に、日本被団協の代表は日本と世界各地で集めた 941 万 5025 人分の核兵器廃絶を求める国際署名の目録を提出した。2018 年 3 月に結成された「ヒバクシャ国際署名広島県推進連絡会」に「相談員の会」も発足から参加し、他の団体とともに街頭署名行動、市民の集いなどに参加している。

　私たち「相談員の会」は、広島の団体と共同して日本政府に核兵器禁止条約への批准を求める活動、ヒバクシャ国際署名の推進に尽力していく必要がある。

注記

(1) 『ヒバクシャ』第 15 号　53 ページ 1997 年

(2) 『ヒバクシャ』第 15 号　62 ページ　1997 年

(3) 『ヒバクシャ』第 16 号　58 ページ 1998 年

(4) 在韓被爆者渡日治療委員会：韓国に住む被爆者が広島で原爆症の治療をしたいとの要求に応じるために 1984 年 8 月に広島の有志で会を結成し、全国からのカンパで 32 年間に 572 人の韓国被爆者を招き、河村病院をはじめ広島共立病院、広島市民病院、大学病院などで入院治療、手術等が受けられるように渡日費用も含め物心にわたり支援してきた。2015 年 9 月に被爆者援護法による医療費支給が開始されたので、2016 年 5 月に会の活動を終了させた。

(5) 厚労省の 402 号通達：厚生省が 1974 年 7 月、都道府県知事と広島、長崎両

市長あてに公衆衛生局長名で出した通達。「原爆特別措置法に基づく健康管理手当は海外に居住した場合に受給権を失う」と規定したため、在外被爆者が来日して日本国内で被爆者健康手帳の交付を受けても、出国すると被爆者としての地位は失われ、手当も打ち切られる状態が続いた。厚生労働省は、在韓被爆者の手当受給資格を認めた 2002 年の大阪高裁判決を受け、03 年に通達を廃止した。よって在外被爆者が出国しても被爆者健康手帳は有効で手当受給権も消滅しなくなった。

(6) 田村和之編『在外被爆者裁判』信山社 P30 2016 年

(7) 孫振斗裁判：密入国した在韓被爆者の孫振斗が提起した被爆者健康手帳裁判。孫は広島市皆実町の専売局構内で被爆をした。家族は 1945 年 10 月に朝鮮に帰るが、日本にとどまっていたところ、1951 年、外国人登録をしなかったため韓国に強制送還された。その後密入国と強制送還を繰り返した。原爆症で苦しむ孫は日本で治療受けたいと、1971 年に被爆者健康手帳申請したが却下され、福岡県知事を被告に提訴した。1978 年 3 月、最高裁判決で孫振斗の勝訴が確定した。

(8) 核兵器禁止条約：条約の前文には「核兵器使用の犠牲者 (ヒバクシャ) と核兵器実験の被害者にもたらされた苦痛と被害を心に留める」が入り、条約では核兵器の使用、開発、実験、生産、製造、取得、所有、貯蔵など幅広く禁止とし、「使用の威嚇」の禁止も最終的には盛り込まれた。また、核兵器の使用や実験によって被害を受けた人々には、医療などの援助、「社会的かつ経済的包摂を提供する」とした。核兵器を使用した国に対しては「適切な支援を提供する責任を有する」とも定めている。条約は国際的な規範であり、「核兵器は違法」との規範を確立させるということは、署名・批准をしないと断言している核保有国にとっても圧力になる。

4、被爆者支援の今日的役割

福島第一原発事故被害者に対する健康相談会の取り組み

山地 恭子

福島原発被災者・避難者との出会い

2012年4月、広島で福島原発事故後、避難された方が結成した「命ひろ異の会」がイベントを行う際、健康相談会を行ってほしいという依頼を受けた。筆者が勤務する広島共立病院は、長年、在外被爆者を含め、被爆者医療、被爆者支援を行ってきた。その中心である青木医師への依頼だったが、医師から、医療ソーシャルワーカー（以下MSW）も一緒に参加しようと声をかけられ、2名のMSWが同行した。

青木医師はポータブルのエコー検査器を持参し、簡単に検査を受けられることを避難者の方に伝え、今後の健康管理が大切であることを話した。MSWはこの時参加された63人の方の内、9名の人にお話を伺ったが、これが被災者とはじめての出会いだった。

参加された方の多くは、幼い子どもさんを持つ母親で、「鼻血がでる」「背中に赤い斑点がでた」といった子どもさんの症状や、「咳がとまらない」「わきや乳房に痛みを感じる」など大人にも症状があることを訴えた。身体症状だけでなく、母子避難で家庭が離散した状態で、経済的に大変であるなど、生活面での不安もあった。

何よりショックだったのは、ある女性が、あまりに続く体調不良のため受診した医療機関で「放射線の影響ではないか」と質問したことに対し、医師が強く否定したことがつらかった、と話されたことだった。これまで多くの被爆者から「私の病気は被爆の影響では」「私の癌はきっと原爆のせいでしょう」と言われたとき、「そうかもしれないね」「否定はできないですよ」と医師もMSWもその思いに寄り添ってきたからだ。広島のソーシャルワーカーとして、その思いに共感し、彼女たちの痛みを少しだけ理解できるような気がした。

これからの人生を、不安とともに生きる

　はじめて健康相談会に参加した時、実は、MSW は背筋が凍るような思いがした。被爆者の方が話される急性症状、生活不安などと重なったからだ。先輩 MSW 達が数十年前、不十分な原爆二法しかない中、支援を開始した時代とまるで同じ経験をしているように感じた。その後何度も、健康相談会に参加するようになり、今後の生活はどう保障されるのかという生活不安、いつか癌などの病気におかされるのではないかといった健康不安、「不安」な気持ちを長く持ち続けて生きていくことになる状況も、被爆者と同じと感じた。

　「被ばくは関係ない」と言われても全く納得できないし、不安が増強されるだけだ。時にそれは怒りに変化するだろう。今後の長い人生の中心に、底辺に、この思いが、感情が、頭をもたげ、大きな影響を与えるのではないか。

　広島で被爆し、高齢となったＡさん、福島から避難されたＢさんを紹介する。

◎助けられなかった家族、夢でうなされる日々

　Ａさん（被爆当時 14 歳・女性・広島被爆）は、爆心地から 1.1 ｋｍにあった自宅二階で被爆した。自身は何とか瓦礫から抜け出たものの、寸前まで話していた姉と弟を、火の手が迫る中、その場に残して逃げるしかなかった。翌日両親と自宅に骨を拾いに行くが、なぜか途中で引き返し、骨を拾うことができなかった。9 月に入り、妹、母が相次いで息を引き取り、兄弟 6 人が、自分と妹、弟 3 人になり、残された父は懸命に子供どもたちを育てた。

　Ａさんは、自宅で姉の骨を掘る夢を毎晩のように見るようになる。夜中に泣きわめくこともあった。結婚後もそれは続き、結局離婚。その後姉がめざしていた教育の道へ進み、高齢になった現在も教育の仕事に関わっている。

　Ａさんは、人が焼かれることへの恐怖心が強く、親族の葬儀であっても火葬場へは行かない。事故や災害の様子を直視できず、できるだけテレビ

を見ないようにしている。

◎被爆三世として福島の事故に向き合う

　Ｂさん（2011年3月11日当時35歳・女性）は広島生まれ、祖母は入市被爆者。大学卒業後、ある出会いから福島へ移住、農業をしていた。2011年11月、第一子を自宅で出産、産後、子どもに甲状腺に関する疾患があることが分かり、祖母の影響があるのではないか、という思いもあった。福島の病院では「関係ない」と断言された。

　3月11日地震発生、原発事故発生後、山形経由で新潟へ、その後大阪へ移動し、広島へ避難した。山形でやっと連絡がついた広島の親類、友人は、事故をテレビで見て広島に帰るように助言した。Ｂさんも同じ思いだった。幼い子どもに放射線の影響が大きいと聞いてきたため、今何ができるのか、何をしてあげたらいいのか、広島へ避難してからもずっと気になっている。

　専門家と呼ばれる人たちが、一方では安全、一方では危険と、正反対の発言をしているのを聞くと、だれを信じていいのかわからない気持ちになる。そして、遅々として進まない賠償問題を誰と闘ったらよいのか、まるでおばけと闘っているように感じている。

　Ｂさんは福島から離れたことで、後ろめたさを感じている。すべてを放り出してきた自分自身も、原発のある日本に生きてきたのだから、加害者の一人かもしれないという思いが頭をもたげる。

まずは福島のことを学ぼう

　東日本大地震発生、そして福島第一原発事故発生後、私たちは、家族として知人として、友人として、ボランティアとして、専門職として、あらたな放射線被ばくとその後の課題に向き合うことになった。

　さて、ソーシャルワーカーとしてどう向き合うのか。避難者との出会いを通して、あらためて学ぶ課題があると感じた。原爆被害者相談員の会では、2012年11月福島訪問を企画、二泊三日、6人で訪問した。浪江町、飯舘村の自治体訪問、医療機関の訪問、現地のソーシャルワーカーとの交

浪江町との懇談（2012年12月）

流、福島で子育てをされている母の体験談を聞くなど、盛りだくさんの訪問だった。

2011年12月には、福島大学准教授（当時）丹波史紀氏を広島に招き、「今後の被災者支援に向けて」問題提起を受けた。すでに福島の地を離れ、または関東圏からも生活拠点を移す動きが始まっており、ソーシャルワーカーとして広島からできる支援の糸口をつかもうとした。

これらのことを通して、相談員の会で論議したのは、①行動や食事、健康などの記録を残す取り組み　②内部被ばくなどへの不安が大きいため、放射線被害に関して、オープンな情報提供　③現地のソーシャルワーカーへの支援　④被災者への補償法整備の情報収集　という4点だった。私たちの今後の活動に少しでもつなげていきたいと考えた。

広島のソーシャルワーカーとして〜健康相談会の取り組み〜

筆者が勤務する広島共立病院では、原爆症認定訴訟の相談に応じるため、2007年から「原爆症相談外来」を開設していた。医師と相談し、2012年4月以降、避難者の相談に応じる外来としても機能することにした。職員

を対象とした学習会に、避難者の方を招き、賠償問題の現状などを話してもらう取り組みも行った。

その後、当院が加盟する全日本民主医療機関連合会（全日本民医連）が、各地に避難された方への支援として、甲状腺エコー検査などの健診活動に取り組む方針（原発事故、大規模環境汚染のもとにある住民の健康を守るための基本的方針）を打ち出した。そこで、広島でも、広島民医連に加盟する医療機関が、組織として、定期的に被災者健康相談会を行えるよう準備を進め、MSW も中心的に関わった。

2013 年 12 月、広島民医連としての第一回健康相談を広島共立病院で行った 13 家族 30 人（大人 18 人・子ども 12 人）、うち保養で他県から来られていた方が 2 家族 5 人。震災当時福島県内在住者が 5 家族 11 人、残り 14 人名は茨城県、神奈川県、埼玉県、千葉県など、関東圏からの避難者であった。保養の 5 人名以外はすでに広島で生活されていた。

第二回健康相談会は、福島生協病院で 2014 年 4 月に行った。11 家族 28 人（大人 16 人・子ども 12 人）の参加だった。福山にある城北診療所でも年一回行うことで、広島民医連では年三回の健康相談会実施を定着させてきた。2019 年 1 月現在、計 16 回の健康相談会が実施された。

健診は甲状腺エコー検査と血液検査のみ。MSW の役割は、問診、生活状況の聞き取りである。健康相談会のために問診表を作成し、避難経路、検査歴、受診歴や気になることを書き込めるものとし、原本は本人保管、コピーを病院に保管することとした。福島訪問や、避難者との出会いの中で、記録を残しておられないことが気になっていた。相談員の会で論議した内容の一つでもある。ファイルを一人ひとつ贈呈し、今後の健康管理に役立ててもらうことをお伝えした。当日は一人ずつ、もしくは家族全員の面接を MSW が担当し、10 分〜 30 分時間をかけた。これからどうなるのか、という漠然とした生活への不安、健康への不安が多く聞かれた。

健康相談会の取り組みの前に、職員からは不安の声があがった。福島生協病院は広島に原爆が投下されたわずか 10 年後に設立され、長年被爆者医療に取り組んできた歴史がある。広島共立病院も被爆者医療、支援に長く関わってきた。しかしスタッフからはどのような点に配慮が必要か、不

安の声が上がった。医師、看護師、検査技師、医療ソーシャルワーカー、事務職など、関わる職員向けに学習会を行い、避難者が置かれている現状を学ぶと同時に、「大丈夫ですよ」「心配ありません」といった安易な言葉かけがはよくないことを共有した。未来の不安に寄り添うという真摯な態度が、医療者に求められていることは、被爆者医療で職員が学んできたことだが、あらためて福島の問題に向き合う決意ができたように思う。健診当日は、甲状腺エコー検査はひと家族ごとに行う、子どもさんの血液検査は小児科で行うなどの工夫を行った。

　そして今、この活動を通して、経年的に被災者、避難者とつながることができている。記録を残すことの大切さや放射線被害に関する話題も、何でも話してもらえるオープンな環境を、ほんの少し提供できるようになったと考える。

ソーシャルワーカーとしての役割を再確認

　健康相談会の取り組みは、勤務先の医療機関での取り組みである。が、ソーシャルワーカーとして、今後、この課題にどう向き合うのかについて、筆者はこの数年「相談員の会」と共に学び、考えてきた。「相談員の会」として、2012 年福島訪問後、2014 年には二度目の訪問を行った。現地での福島県相談支援専門職チームの活動について教えてくれた MSW を広島に呼び、活動報告や現状を学び交流を行った」)。広島にできた避難者の会「アスチカ」が、定期的に行う「カフェ（会員同士の交流会）」に、健康相談会を行う医療機関の MSW として、時々医師と参加したりもしている。

　福島第一原発事故の被害に対する裁判が、広島でも 2014 年から「福島原発ひろしま訴訟」が提訴され、33 人の原告が闘っている。原告の一部ではあるが、陳述書作成の支援として、健康相談会を行っている医療機関の MSW 数名で、避難の経過だけにとどまらず、生活史として聞き取りを行った。被爆者支援同様、ある日突然の出来事で、家族が離散し、生活が一変していた。事故前、事故後を丁寧に聞き取ることで、一人一人の悲しみや苦しみに向き合うことができる。原爆被害者の中には何十年経っても語れない方があると同様に、まだ心の整理がつかず、話せない方が多いことをあらためて知った。

なぜ、このような取り組みを行うのか。それは、筆者らが「相談員の会」の活動から学んだことである。長い時間を共に歩むことが大切だということだ。年月とともに生活課題は変化していく。私たちソーシャルワーカーの役割があるのではないか。生活基盤すべてを失うことは、生活史の中で、明確に大きな転換点であり、そのことは今現在でなく、10年後、20年後に少しずつ表面化してくることも多いだろう。

　私たちソーシャルワーカーは、社会福祉の立場から、経済的、心理的、社会的問題の解決、調整を援助し、社会復帰の促進を図るのが業務である。そして、社会への働きかけと個人への働きかけを行うことで、社会福祉の立場から支援する。筆者は、相談員の会を通して、被爆者支援に携わってきた先輩たちから、「いのち」「くらし」「こころ」という視点で生活史を知り、人生に寄り添い、個別支援をベースに、課題を集め、チームを作り、ソーシャルアクションにつなげることを学んだ。そして、今、特に急性期の医療機関でMSWとして勤務していると、短期間での支援を求められることが多く、相談者の長い人生の一部にしか寄り添えていないことにジレンマを感じている。

　福島原発事故後の被災者支援は、放射線被害という点で共通しているだけでなく、健康被害への不安、生活課題の変化など、長年に渡る支援が必要という意味で、共通点があると考える。新たな課題への挑戦は始まったばかりだ。

注記
（1）アスチカ：2012年広島で結成された避難者の会。「明日へ進む力」という
　　　意味が込められている。広島に西区に現在拠点を置き、月一回の交流カフェ
　　　や、学習会、相談会、連携団体への支援依頼、避難者の支援活動などを行っ
　　　ている。会員約300名。

5、ソーシャルワークの本質に迫る
ソーシャルアクションを志向して

村上 須賀子

筆者は医療ソーシャルワーカー（以下「MSW」）の国家資格化運動に1970 代半ばから関わった。その運動の最中のこと、社団法人日本医療社会事業協会（現日本医療社会福祉協会）に、厚労省主務課より「監事は会員以外から」との指導が入ったことが全国理事会の議題に上がった。さて、全国理事たちは無報酬で監事に依頼できる人物が思い当たらないという。「無理を頼める顔見知りはいない」という。筆者は驚いた。その場で「原爆二法研究会」の東京メンバーである内藤雅義弁護士に電話し、快諾を得た。この時、広島の MSW 実践は先駆的で特異な存在なのかも知れないと気づいたのである。

ソーシャルワークとは

ソーシャルワーカーのもとには人々から生活上のもろもろの問題が持ち込まれる。お金のこと、仕事のこと、家族関係、人間関係の悩みなどと、それらがからまり合って様々である。これらの問題解決には、従来のやり方や既存の制度では乗り越えられない局面に立たされることが多い。その時、ソーシャルワーカーは諦めないで「そこを何とかできないだろうか……」と限界を越え、「来談者とともに」望みをかなえていこうとする。そこで、制度の欠陥、さらには社会のあり様に向き合うことになる。

2014 年の国際ソーシャルワーカー連盟によるソーシャルワークのグローバル定義では「ソーシャルワーク専門職の中核となる任務には、①社会変革・社会開発・社会的結束の促進、②および人々のエンパワメントと解放がある。」と掲げている。（注①、②は筆者追記）

この定義の裏打ちをしているのがエコロジカル視点である。つまり、人と環境は切り離しては考えられず、その両者は相互作用的なダイナミックな関係であるとし、ソーシャルワーカーは「人と環境」の両者に同時的

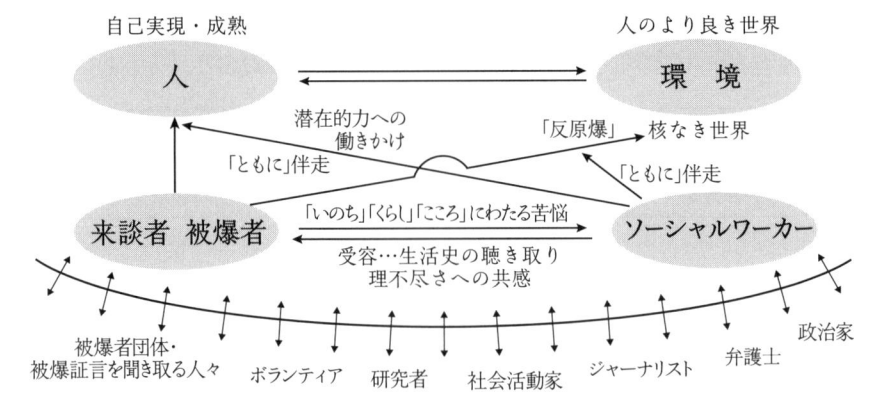

図　エコロジカル視点による「原爆被害者相談員の会」のソーシャルワーク構造図

に働きかける責務があるとしている。さらにエコロジカル視点によれば、「ソーシャルワーカーは個人が持っている潜在的な力を『ともに』探り出し、着目し、強化しつつ、その人の問題解決への力量を高めていけるよう働きかける。また、環境への働きかけの場合も『ともに』歩む姿勢に変わりはない」としている。

　また、グローバル定義では「社会正義、人権、集団的責任、および多様性尊重の諸原理は、ソーシャルワークの中核をなす」とある。ソーシャルワークは社会正義の原理に反することに敏感で、なおかつ、人権が守られていないことに敏感で、権利擁護を基本理念とする。

　ソーシャルワーク実践の方法、援助技術には主にケースワーク（個人への援助）ケアマネジメント（個人のニーズと多様な社会資源を結びつける）、グループワーク（グループへの援助）コミュニティーワーク（地域への援助）それにソーシャルアクション（社会への働きかけ）がある。

　グローバル定義の①にいう「社会への働きかけ」の中心はソーシャルアクションであるが、日本でのこの分野のソーシャルワーク実践の蓄積は浅いと言える。実践報告もケースワーク、ケアマネジメントが主流を占めているのが現状だ。「原爆被害者相談員の会」（以下「相談員の会」）のMSW達はグローバル定義を待つまでもなく、その中核的任務である社会への働きかけと個人への働きかけをもがきながらではあるが当然のことのように志向してきた。「相談員の会」の歩みをソーシャルワークの視点か

ら述べてみたい。他分野のソーシャルアクションのきっかけになればと思う（図）。

社会への働きかけ：ソーシャルアクションへの動機つけ

ポイントは当事者の悩みや不安を我がことに近い認識にすることである。そのためには感受性を働かせ、生活史を聴くことである。そして想像力を働かせて、その生活場面に我が身を置いてみることである。

個人に起こった生活問題を他者のものとして切り離して捉えている限り、「ともに」困難に立ち向かおうとするエネルギーは生まれてこない。他者は他者であり我がことにはなり得ない。しかし、我がことに近い認識を得ることは可能だろう。

他者の困難が我が身の心の琴線に触れた時、苦しみや痛みが少しわかる気がするのではないだろうか。その心の琴線に触れるスキルとして、生活史の聴き取りがあると考えている。

生活史を、「そのとき、どんな思いだったのですか？」とひたすら内面に問いかけて聴いてこそ、心の奥のひだにある思いや意思に触れることができる。そしてその思いを、聴いた者の人生に曳きつけ、重ね合わせ「自分だったらどうだろう」と想像することにより、はじめて、その人の人生を「知る」ことができる。そして、他人事とは思えなくなるものだと考えている。

他人事とは思えなくなると困難に立ち向うことに「ともに」取り組めるようになる。この我がことに近い認識を得ることがソーシャルアクションへの動機づけになるのだと考えている。

詳しくは次のようなプロセスである

18歳で被爆し、ガラス片で失明した美代子（仮名）さんは「原爆特別措置法」が施行された時、手当申請のために受診した。その際、医師から「関係ない」と一喝され、精神のバランスを崩した経験がある。その後肝硬変で主治医の意見書も添えて原爆症認定申請をするも却下だった。病状が悪化し再度の認定申請を進めても「もう、いいですよ」の一言だった。筆者が被爆体験を尋ねても、ただ、「寝てましたよ」とほほ笑むだけだった。

何度かの面接の後、家庭訪問して、やっと重い口を開いてくれた。

　筆者は少しウェーブがあるつややかな白髪をショートカットにした美代子さんの 18 歳を想った。顔に傷痕があり、失明し、バラックを出てソロリソロリ歩くと子どもたちに「お化けがでる」と言われた小柄な乙女の姿を想った。それから可能性を夢みていた自分の 18 歳の頃の記憶を重ねてみた。また美代子さんは、病弱な身をおして、視力障害者更生施設へ入所し、体力がないため、横になった胸に教材を置きながら、30 歳で遅い自立への旅立ちを始めている。私の 30 歳は、共働きで出産と育児に一番あわただしく活力に満ちた時代だった。被爆後の時代と美代子さんの「生の道のり」を重ね、さらに私自身の生活史にも引きつけて想いをめぐらし、その末にやっと美代子さんの生の過程を私の胸に落とすことができたのである。その生の過程を「原爆と関係ない」と切り捨てる制度への憤りと「もう、いいですよ」と言わしめて、ひっそり暮らそうとしている美代子さんの口惜しさが胸に沁みた。いとおしさがつのった。

一歩踏み出す勇気

　広島の MSW たちは仕事柄、病み、生活苦を抱える被爆者たちに出会う。「原爆二法」の手続き上、診断書は不可欠で、医療機関の MSW が生活問題に関わることになる。「原爆二法」をはじめとする被爆者援護策の活用を試みるも制限枠が厳しく該当しないことが多かった。その際 MSW は、美代子さんの例のように被爆者の嘆き、要望、期待、失望の矢面に立たされる。

　だからこそ、各 MSW 達はなんとか打開する道が得られるのではないかと「基本問題懇談会」に期待し、被爆者援護に関する意見書も提出して発表を待った。しかし、「基本懇意見書」は現行制度さえ「総花的だ」と批判し、むしろ後退を示唆した。

　基本懇意見書が出された当時、職歴 3 年の若い MSW は、その心境を「仕事を続けていく気力がなくなるほどのショックを感じた。これから被爆者にどう応えていけばいいのか、目の前の被爆者に対して、あなたの場合あきらめなさいとはもう言いたくなかった」と記している。

　第 1 章の若林節美の記述にもあるように、個々の MSW 達はそれぞれに「○○さんの嘆きは」とか「○○さんの場合は」とか、まるで身内のように固有名詞を挙げて語る。関わりをもつことにより、個々人の顔や姿が目の前に浮かぶ彼らに背を押されて MSW のソーシャルアクションは確信を得て一歩踏み出したのである。

　MSW たちは「国の制度だから…世間、世界が決めている事だから…」とは、逃げられず、逃げなかった。

　サークル的な研究会から、毎月 1 回、所属機関外で恒常的に相談活動をしていく「相談員の会」へのスタートは MSW としての運動体への転換を意味した。事業目的は、「直接相談に応じるとともに被爆体験の継承、現行二法の問題点および原爆被害の実状を究明し被爆者援護に寄与し、これらの相談活動を通じ『再び被爆者をつくらない』という反原爆の道を踏み固めること」であった。

　志は高いものの、当面の資金もないことから、全て手弁当のボランティア活動からスタートせざるを得なかったのである。

継続の確信を得る

　ソーシャルアクションの継続には学習は不可欠である。やむにやまれぬ思いだけでは息切れがする。被爆者を苦悩させている、よってきたる不条理の所在を分析、考察する学習が必要だった。生活が苦しい。働けない。貯えもない。「では生活保護の申請をしましょうよ」と MSW は提案する。答えは「否」だった。被爆者は「国のお慈悲を受けるのではなく、原爆のせいなのだから原爆の方でまどうて欲しい」と言う。「エッ？ 原爆のせいっていったい何なんだ」という、被爆者、原爆の実相を知らねばという基本的な疑問から MSW の学習は始まった。そして個々の被爆者の支援を続けるうち、その苦悩は「いのち、くらし、こころ」におよぶことを知る。その「苦悩のよってきたる」を、原爆を起点とするこの世界の不条理であることを被爆者とともに学んできた。学習のテーマは「被爆の実相」、「生活史把握の意味」、「原爆二法の問題」「援護法」「自分史の意義と方法」「原爆症認定裁判」とそれぞれのアクションの課題の確信を得るために変化し

た。

幅広い連携・連帯：巻き込みの渦

　マスメディアにとって平和問題、核や被爆者問題は普遍的で重要テーマであろう。特に広島の地元紙や、全国紙でも広島配属の記者たちからは被爆者との関わりを求めて MSW にコンタクトがある。「相談員の会」発足時にはその立ち上げのプロセスから取材し、あげくには取材する側から逸脱して会議のメンバーにまでもなっていた。

　その中の一人である中国放送の栗原秀雄氏が機関誌「ヒバクシャ」に寄せた一文である。

　　　「すべてが手探りだったのである。被爆者の悩みや訴えを解決する、
　　　という唯一の課題をもって毎月欠かさず研究会を開き、これほど真摯
　　　に努力を積み重ねてきたグループは他にあるだろうか。私は知らな
　　　い。しかもワーカーたちの心構えは、一貫して「被爆者から学ぶ」と
　　　いうことにあった。常に謙虚であった」

　組織もなく資金もなく、やむにやまれぬ心意気だけで無鉄砲に船出した当時 30 歳そこそこの MSW たちを、ジャーナリストたちは、はらはらしながらも、暖かい目で応援してくれたのである。

　志が高く、大義があれば、賛同者を得られ、渦のように人々を巻き込み、連携の輪は拡がる。

　アクションの一番の協働専門職は弁護士たちだった。「原爆二法研究会」で、訴訟を視野に入れた泊まり込みなどの学習を重ねていき、やがて原爆認定集団訴訟での二人三脚へと展開していった（詳細は 3 章「被爆者相談活動後期」「同志と手を組む」で）。

　さらに続いては、「相談員の会」の毎年の 12.11 シンポジウムや 8 月 6 日の講演会はそれらの講師や共同学習した人々との幅広い連携と連帯の輪を拡げる機会となっている。

「ともに生きる」スタイルの具現

　被爆者とソーシャルワーカーは「私、支援する人、あなた、支援される人」という関係ではない。そもそも、中心的なメンバーには自身が被爆者であ

る MSW もいた。ごく普通に、「ともに」学び、「ともに」成長し合える関係だった。それはスタート時点から自然発生的に生まれた。月 1 回の相談日に来談した被爆者が「相談員の会」の活動に共感し翌月から受け付けや、お茶の接待、来談者との語らいなどボランティアの一員として参加した。

1982 年 3 月の「平和のためのヒロシマ行動」で「相談員の会」の MSW 達は、たまたま通りがかりに訪れた被爆者達にも証言してくれるように誘った。後日、その彼ら彼女達に被爆証言のグループ作りを提案したのである。MSW 達は勤務後居酒屋などで遅くまで説得を重ねた。もとより、被爆者運動など社会活動と無縁だった人々である。ソーシャルワーカーとて熟達した活動家ではない。お互いに心もとなさを共有しながらも、一歩踏み出す躍動感があった。4 か月後の 8 月 6 日「原爆被害者証言のつどい・証言グループ」の発足に繋がった。それは来談者が「ともに生きる」主体側へ転換したことになった。

その後の「証言グループ」への関わりも「ともに」パートナーシップを持ったフラットな関係だった。毎年の 8 月 6 日の「証言のつどい」の開催、学習会、そして旅行に飲み会と数知れずである。こうした喜びも含めた絆つくりの土壌の末に「自分史つくり」という意義深いが苦難に満ちた共同作業が実ったといえる。それはグループを援助対象とみる「グルーワーク」を越えた、「ともに生きる」スタイルの具現といえる。

社会的認知を得るために

「懇談会」発足の翌年には、すでに「原爆被害に関する事例報告〜生きつづけた 31 年〜」を冊子の形ではあるが世に出している。当初から、被爆者の生きた過程を人々に知ってほしいという切実な要求をもっていた。聴かされた者、知った者が自分たちだけに留めておけないという思いがあった。続いて NGO 被爆者問題国際シンポ作業文書Ⅲ「原爆と人間」の付属文書『被爆者、この 32 年の苦悩—相談援助制度と援護法を求めて—』がある。この冊子が契機になり、本の出版、『三十五年目の被爆者』（労働教育センター）に繋がった。さて、ここで MSW 達は編集者から「カルテのようで想いが伝わってこない」と指摘を受けた。

事例報告ではなく、世の人々に本を買って読んでもらえる文章には隔たりがあったのだ。続いて、ヒロシマ記者たちと呼ばれたジャーナリスト達と共同で『原爆孤老』（労働教育センター）を発行する過程で、MSW 達は悲鳴を上げながらも、書き、伝えるという発信力をずい分と鍛えられた。

個人への働きかけ＊実践力の深化

＊思いを聴き取る力

　「ソーシャルワークは面接に始まる」と言われるくらい、ソーシャルワーカーにとって来談者の思いを聴き取り、意思確認をする面接技術は、基本の基である。その力はソーシャルアクションの場面でも発揮される。その一例が原爆認定訴訟における陳述書の作成に関わった MSW 達の働きだ。協働した二國則昭弁護士はソーシャルワーカー達の面接に「弁護士からすると、必要なことだけを要領よく聞き取ればよいと考えていたので驚きだった」とコメントしている。ソーシャルワーカーの面接は傾聴を旨とし、受容し、共感することが求められる。そこで交わされた信頼関係がその後のソーシャルワークを左右するからだ。周りには「世間話のように」見えるが奥深い意味合いに留意して聴き取っている。それが証拠に訴訟に加わった被爆者が MSW の誘いにより、証言活動を始め、自分史を書くに至る自らの変化を生み出している。

＊探求力

　MSW は日常業務で多くの制度や人を結び付けて問題解決を図って行く。複数の問題を抱えた困難事例の場合、それは複雑で、筆者は答えを手繰り寄せ、「ジグゾーパズル」のピースをひとつずつ埋めている感覚だった。第 2 章の事例群にそうした MSW の「解決を手繰り寄せる粘り強い姿」が読み取れるだろう。

　その手繰り寄せる手法は第 3 章、相良カヨの「私のボランティア体験」でも示されている。「デルタの記」という貴重な被爆体験を書いた岡田春さんの消息を尋ねて、次々と根気よく動き廻って、ついに「デルタの記」の出版にまで漕ぎつけている。相良は「だんだんこのことにのめりこんでいく自分が、岡田さんに「ここよ、ここよ」と呼ばれているような不思議

な感覚であった。」と書いている。それは、先が見えないが、動いてみる、結果が見えるまで諦めない、プロセスに熱中する、そして思わぬ展開に感動するというソーシャルワークプロセスの醍醐味そのものである。

同様の探求力を発揮した例が三宅文枝の「集団訴訟・裁判資料作り」である。弁護士たちは近距離直接被爆でもない救護被爆の原爆症認定訴訟を疑問視していた。しかし三宅たちは大阪などの遺族も含めてコツコツと、23 人の女学生の追跡を行い、裁判の有力な資料を作成し、勝訴に導いている。

世代を超えた継続を可能にしているもの

かくも長きにわたり、多様な構成員で継続する平和活動はまれであろう。担い手の中心であるソーシャルワーカーの関わりが途絶えることなく脈々と続いているのはなぜだろうか？

＊ソーシャルワークスキルを磨く場

被爆者相談はベテランワーカーと若いワーカーとのペアで相談受理を行う。それは面接技術の恰好な演習場面である。学部教育ではロールプレイなどリアルな面接の訓練時間は極めて短い。新卒の MSW はまず面接場面でつまずいてしまうものだ。第 3 章の「被爆者相談活動後期」で櫻下美紀が「先輩ＳＷの横で面接技術を学んだ」と記述している。その後行われる相談事例検討会で、MSW の援助内容がチェックされ、まさしく、グループスーパービジョンが行われる様相である。若い MSW が日常業務の力量を培う贅沢な研修過程となっていると言える。さらにこうしたケースワーク（個人への援助）スキルだけでなく、「相談員の会」が財産としている研究者、弁護士、ジャーナリストなどの専門職や被爆者をはじめとする「ともに生きる」幅広い同志たちとの連携を培っていくソーシャルアクションも体験する。櫻下は「若い SW たちはダイナミックなソーシャルワーク実践に自信を得た」と続けている。

＊聴かされた者の責務

世代を越えた継続の源流はなにより、被爆者の力である。石田忠は「私たちは被爆者にふれることによって被爆するのである」と言った[注1]。当初は

実感がなかったが、被爆者とともに歩むことで、次第にその意味を理解するようになった。若いMSW達も一様に「被爆者の願いを受けとった責任」に言及している。それは被爆者に対峙しその生きざまに圧倒され、そして、魅了されたからに他ならない。

　被爆証言の進行役を担うことから、認定訴訟の陳述書書き、更に「自分史」作りのサポーターになることなどで対峙の局面に立つことはしばしばである。それらが聴かされた者の責務に至らしめる。つまり、「被爆者にふれることで被爆し」ヒバクシャになったと言えるのではないだろうか。ヒバクシャになった以上被爆者に関わるアクションは他人事にはできなくなる。

　筆者を「被爆させた」被爆者の一人に山﨑静子さんがいる。夫は戦死、原爆白内障の息子を抱えて、病と闘いながら働き詰めに働いた。彼女の被爆後を聴き取り、生活史としてまとめた。書き終えるまで静子さんの生きざまを想い続ける日々が続いた。まるで恋人を四六時中想い続けるよう熱中した。彼女は、その聴き取りの生活史に飽き足らず、慢性関節リウマチによる手首の痛みに耐えながら、自らの言葉を紡いで自分史を書き上げるに至った。私の畏敬の念はさらに深まった。天皇が戦争終結を遅らせたから原爆被爆にあったと天皇の責任にも言及するなど、どの集会、どの場面でも戦争、原爆に反対する立場で発言し、毅然として貫いていた。世界情勢についても学習し、常に前向きだった。私は今でも「静子さんだったらどう考えるだろうか」と想いをめぐらすことができる。それがヒバクシャにならせてもらったことだと思っている。

終わりに——権利擁護官としてどこでも分野を問わず

　筆者は広島市立の総合病院のMSWだった。来談者は被爆者に限らず多様であるがMSW実践には変わりはない。「リウマチ患者会」透析患者の「腎友会」など患者会創設に関わり、その運営のサポート、調査、陳情、リクレーションなど「患者とともに」当然のことのように活動していた。

　広島市中心部の病院から市北部の安佐市民病院に着任した際、私の実践を知り、転勤希望を叶えてくれた岩森茂院長は早々に医局で「『患者の権

利擁護官』として来てもらった」と紹介してくれた。まだ MSW の認知度の低い時代にソーシャルワーカーの核心を表わしてもらって面食らったが、大いに誇りに思った。

　ソーシャルワーカーは、つまるところ権利擁護を核として働く専門職だと心定めている。

　目の前の人が被爆者であろうと、障害者であろうと、高齢者、幼児であろうと、変わりはない。機能する場が病院であろうと施設であろうと学校、地域であろうと変わりはない。ソーシャルワーカーは、どの場面でも「相談員の会」の被爆者に向き合い、「ともに生きる」実践モデルが示すように権利擁護官として理不尽に抗ってアクションに取りかかる専門職であることを強調しておきたい。

注記

(1) 石田忠編著「反原爆」未来社 1973 年　2 ページ

　　〈原爆体験〉とは人間とって一体何であるのか。この人間の視点が被爆者をして〈原爆〉の本質へ向かってかり立てる。この思想的営為としての彼らの〈原爆体験〉が構成される。それは言わば思想化された〈原爆〉である。この〈原爆〉にうたれるが故に、被爆者の〈原爆体験〉は私たちに強い衝撃を与える。私たちは被爆者にふれることによって被爆するのである。

参考文献

　木村真理子「グローバリゼーションとソーシャルワーク——ソーシャルワーク専門職：グローバル定義採択と国際ソーシャルワーカー連盟（IFSW）の新たな役割」『ソーシャルワーク研究』vol41 No. 2　2015 年

　村上須賀子『変化を生みだすソーシャルワーク——ヒロシマ MSW の生活史から』大学教育出版　2015 年

　高良麻子『日本におけるソーシャルアクションの実践モデル——「制度からの排除」への対応』中央法規　2017 年

6、被爆者を引き受ける

同伴者としての「相談員の会」から継承者としての「相談員の会」へ

直野 章子

　被爆者と向き合ったことのある者であれば、一度は「遭うたもんにしかわからん」という言葉にぶつかった経験があるだろう。あの地獄の体験は、どんなに言葉を尽くしたとしても、わかってもらえるはずがない。原爆を背負わされてきた苦しみは、被爆者にしかわからない……。こうした思いが被爆者に「遭うたもんにしか」と言わせるのである。しかし、そう言われたからといって、被爆者との関係が断たれたわけではない。むしろ、この言葉が発せられ、それを受けとめたところから、被爆者との関係は始まるのである。「遭うたもんにしか」という言葉の背後には、原爆を生き残った者の切実な呼びかけがあるからである。この呼びかけに耳を澄まし、応えてきたのが「原爆被害者相談員の会」（以下「相談員の会」）であった。

生活史調査という方法

　「相談員の会」の活動の要は、被爆者の語りを聴くことである。主に、医療ソーシャルワーカーである会員が行う相談活動のなかで実践されてきたが、生活や健康上の問題を明らかにしながら制度的解決を模索するというソーシャルワークの範疇を超えることもしばしばである。被爆者の語りが、その人の「被爆者としての人生」全般におよぶことも少なくないからである。

　被爆者の苦しみは、1945 年 8 月 6 日、9 日とその直後に限定されるわけではない。放射線による健康被害やその不安だけでなく、生活の基盤である家庭や地域社会が破壊されたことによる貧困や社会関係の喪失、「あの日」の記憶の過酷さや死者に対する罪意識など、「いのち、くらし、こころ」の全般におよび、現在に至るまで続いている。さらに、被爆者を放置し、被害を拡大させてきた国内政治と、核兵器が再び使用されかねないような国際政治の現状が、被爆者の苦悩を深める。被爆者の苦しみを理解す

るには、現在にまで続く原爆被害の時空間的な広がりと、その政治的・社会的な要因を踏まえなければならないのである。そこで「相談員の会」が拠りどころとしてきたのが、生活史調査の手法である。

　社会調査の専門家として被爆者に向き合ってきた石田忠は「〈原爆〉は人間に対して何をなしたか」「人間は〈原爆〉に対して何をなすべきか」という問いを立て、被爆者の苦悩と「反原爆」思想の形成過程に迫った（石田 1986: 104）。「被爆者の生活と意識とを歴史的・構造的に明らかにして、被爆者としての苦しみと、その由って来たるところを確かめようとする」方法として生活史調査を実施し、原爆被害の本質が「生存者から〈生きようとする意志〉を剥ぎとってしまう」ところにあると石田は結論づけた（石田 1986: 125）。「生きようとする意志」の喪失は、原爆死にも、自らの生存にも意味を与えることができないことに由来する。「なぜ、あの人はあのような惨い死を強いられたのか」「なぜ、私はこのような苦しみを生きなければならないのか」。これらの問いに対して、被爆者がどのように応答を試みてきたのかを類型化し、石田は〈漂流〉と〈抵抗〉という、2つの思想的営為の型を見いだした。

　〈漂流〉とは「〈原爆〉による人間破壊の過程のなかを漂い流れること」であり、〈抵抗〉とは〈原爆〉に「抗ってたたかうこと」である（石田 1986: 134）。ただし、〈漂流〉と〈抵抗〉という2つの思想的営為の型は、そのいずれかに被爆者を当てはめることができるような性質のものではないし、〈抵抗〉の志向を手にしたからといって〈漂流〉から完全に逃れられるわけではない。ある被爆者が〈抵抗〉の方向性を持ちながら生きていたとしても、〈原爆〉は常にその被爆者を〈漂流〉へと押しやろうとする力を持つからである。たとえば、病気になるたびに襲われる原爆症の不安は、いつまでも被爆者を〈漂流〉へと向かわせる〈原爆〉の残酷さを象徴している。つまり、〈原爆〉は、1人ひとりの被爆者に〈抵抗〉と〈漂流〉のあいだを「たゆたい苦闘」させるように作用し続けるのである（石田 1986: 135）。だからこそ、石田は、この残忍なる〈原爆〉に対して、人間は何をなすべきかと問いかけたのである。

　石田の問いは、私たち非被爆者に向けられたものである。人間を反人間

的存在へと陥れる〈原爆〉に対して、私たちは何もしないでいられるのか
という問いかけである。そして、〈原爆〉の反人間性が何に由来するのか
を突き止め、それ——原爆という兵器だけでなく戦争という行為そのもの
——を否定することで〈原爆〉に抗ってきた被爆者に学び、続こうという
呼びかけなのである。石田の呼びかけに即座に応答したのが「相談員の会」
を創設したソーシャルワーカーたちであった。

人間回復への同伴者

　原爆と対峙するうえで被爆者を支えてきたのは、他者との関わりである。
多くの場合は、家族の存在が支えとなってきたが、被爆者仲間や被爆者と
ともにあろうとする同伴者の存在も大きかった。原爆が人間を破壊するも
のであるならば、他者とのつながりをとり戻して人間性の回復へと向かう
ことこそが、原爆への抗いとなるからである。

　「相談員の会」を発足させた第一世代のソーシャルワーカーたちは、少
なくない被爆者にとって「被爆者としての生」を開示する初めての相手で
あった。彼ら・彼女らは、目の前にいる一人ひとりの被爆者の苦しみを解
決する方法を模索するなかで、石田から学んだ生活史の方法を実践し、仲
間たちとともに、被爆者が人間回復に向かう道行の同伴者となった（若林
論文参照）。

　生活史調査を行うことで、現在にまで続く原爆被害の実態とその要因を
明らかにすることができた。被爆者にとっては、自らの生活史をさかのぼっ
て整理することで、原爆被害者としての主体性を確立する助けとなった。
また、ソーシャルワーカーたちは、被爆者問題が被爆者だけの問題ではな
く「人類の問題」であるという「普遍性についても確信」を持つことになっ
た（原爆被害者相談員の会 1995: 216-217）。つまり、ソーシャルワークの
対象としてではなく、自らの問題として被爆者問題を捉えるようになった
のである。この視点の転換こそが、非被爆者を「支援者」から「同伴者」
という主体へと飛躍させるうえで、決定的な意味をもつ。

　被爆者問題が「人類の問題」であるのは、核時代を生きる者はみな潜在
的被爆者であるからである。被爆者を作り出し、被爆者に苦しみをもたら

し続けているものが存在する限り、誰もが被爆者になりうるのである。「相談員の会」が到達したこの認識を他に先駆けて示したのは、被爆者運動であった。そして、被爆者運動を担ってきたのは、けっして被爆者だけではなかったのである。

被爆者運動のはじまり

　被爆者が初めから原爆被害を「人類の問題」として捉えていたわけではないし、被害を受けた苦しみそのものが直ちに被爆者運動に結実したわけではない。生活史調査の方法がそうであるように、原爆被害者としての主体性を確立していくうえで、自らの苦しみを原爆体験と結びつけ、それを歴史的、政治的、社会的な被害として捉えることが求められた。しかし、原爆を生き延びた者が体験と向き合うことは容易いことではない。だからこそ、被害者の痛みに耳を傾ける聴き手を得ることが、被爆者運動の出発点にあったのである。

　原爆後の占領期を含む十数年の間、被害者に対する公的援護はなく、生存者は生活再建がままならぬなか、治療を受けることもできなかった。被害者援護よりも街の復興が優先されるなか、原爆被害者は少数派となり、社会の片隅に追いやられていった。差別と偏見に追い打ちをかけられて「あの時死んでいたほうがよかった」、「死んだ人がうらやましい」という言葉が聞かれるほどであった。こうした状況に大きな変化が訪れるのは、1954年3月の「第5福竜丸事件」（「ビキニ事件」）を契機とする。魚や雨が放射能に汚染されていることを知った日本の人びとは、原水爆実験を禁止すべく署名運動を起こした。短期間のうちに全国規模の大きなうねりとなり、55年8月には広島で原水爆禁止世界大会が開かれる。広島での原爆被害者との出会いは参加者に衝撃を与え、「原水爆禁止運動の基礎」として被害者救援運動が位置づけられることになった。

　他方、原爆後の苦しみを聴き届けてもらう場を初めて得た被害者からは「生きていてよかった」という声が聞かれた。それまで「だまって、うつむいて、わかれわかれに、生き残ってきた」被害者たちは、世界大会に勇気を得て、自らの組織化へと勢いづく（日本原水爆被害者団体協議会

1956）。56 年に長崎市で開催された第 2 回原水禁世界大会の 2 日目にあた
る 8 月 10 日、日本原水爆被害者団体協議会（以下、被団協）が結成された。
被団協の運動を通して、被害者たちは「自らを救うとともに、私たちの体
験をとおして人類の危機を救おうという決意」を胸に「ふたたび被爆者を
つくらない」ための闘いを始動させたのである（日本原水爆被害者団体協
議会 1956）。

　被爆者の苦しみを聴いた世界大会の参加者は、苦しみの原因を作り出し
た原水爆を禁止し、被爆者を救援するために立ち上がった。そして、大会
参加者との連帯感は、原水禁運動の先頭に立って原爆被害を訴えるという、
生存者としての使命感を被爆者にもたらした。被害者と他者が出会い、両
者がともに変わっていく。この呼応関係こそが、半世紀以上にもわたる被
爆者運動の基盤を成したのである。

証言の場における呼応関係

　被団協の創成期においては、原水爆禁止運動の参加者が「反原爆」へと
向かう同伴者となったが、その後の原水禁運動の分裂により、多くの人び
とが運動を離れてしまった。原水禁運動分裂のあおりを受けて、広島をは
じめ、いくつかの地域においては被爆者運動も分裂するという事態に陥っ
た。しかし、原水禁運動分裂後にも「反原爆」の新たな担い手が次々と誕
生し、被爆者と歩みをともにしてきた。「相談員の会」は、その代表的存
在である。

　被爆者運動を通して獲得した「ふたたび被爆者をつくらない」という使
命感は、石田が〈抵抗〉と名づけた思想的営為そのものである。しかし、
先に述べたように、〈原爆〉は被爆者を〈漂流〉へと押しやろうとする。
だからこそ、被爆者が〈抵抗〉を続けるためには、ともに「反原爆」へと
向かい続ける同伴者が不可欠なのである。

　同伴者としての重要な役割は、被爆者の聴き手になることである。つま
り、被爆証言のパートナーとなることである。真摯に耳を傾けてくれる聴
き手を得ることで、初めて原爆後の苦しみを言葉にすることができるので
あるから、被爆証言は語り手と聴き手との協働作業によって成立するもの

であるといえる。この語り手と聴き手の関係は、被爆証言という営みが開始された時からつくられ続けてきたものである。

　原爆被害者組織の先駆的存在である「原爆被害者の会」（1952 年結成）とともに、原爆被害者の聞き書き証言集『原爆に生きて』（1953 年）を編集した作家の山代巴は、被害者にとって、他者に原爆後の苦しみを語ることは「自分の思いを確かめる」助けとなっただけでなく、「未知の人に理解される喜び」も伴って「自分の訴えに自信を持つように」なったと指摘する（山代 1965：vi）。自らの体験を語ることによって、語り手のなかに原爆被害者としての自覚が芽生えたのである。それだけでなく、聴き手となった者たちも、被害者の声に根差した平和運動を模索するようになっていった（原爆被害者の手記編纂委員会 1953）。

　『原爆に生きて』の作成過程で生まれた語り手と聴き手の呼応関係は、「相談員の会」の主要な活動である「原爆被害者証言のつどい」においても再現されてきた。会発足の翌 82 年から毎年継続して開催してきた「証言のつどい」を通して、語り手である被爆者は証言者としての使命感に目覚め、聴き手である各地からの参加者は被爆者の体験から学び、その願いに応えようとする姿勢を身につけていった。人前で体験を語るのは初めてという被爆者も少なくなかったが、「相談員の会」のメンバーに励まされながら、証言の場へと向かっていった。証言内容に満足することは少なかったとしても、聴き手の被爆体験を学びたいという意欲や被爆者の苦しみに寄り添おうとする姿勢に勇気をもらいながら、証言活動は続けられてきた。原爆とは何であるのかを伝えるために、自らの体験だけではなく、原爆を取り巻く歴史や時事問題を学びながら証言活動に取り組んできた被爆者は少なくない。その過程において、自らの体験を歴史や社会構造のなかに位置づけ、原爆死と自らの生存の意味を掴みとっていったのである。

　〈原爆〉を背負わされてきた生き残りは、証言の場を通して、生き残った意味、そして、生きる意味を獲得していった。証言に耳を傾ける者は、〈原爆〉に抗い生きてきた被爆者の生きざまを目の当たりにして、他のだれにも〈原爆〉を背負わせてはならないという被爆者の使命感を、自らの決意として受け継ぐことになる。『原爆に生きて』や第 1 回原水禁世界大会で

みられた呼応関係は、形を変えて、60年以上の長きにわたり、原爆被害者とその同伴者という主体性を生み出し続けてきたのである。

同伴者から継承者へ

　　　私たち被爆者は、原爆被害の実相を語り、苦しみを訴えてきました。身をもって体験した"地獄"の苦しみを、二度とだれにも味わわせたくないからです。〔略〕人類が二度とあの"あやまちをくり返さない"ためのとりでをきずくこと。——原爆から生き残った私たちにとってそれは、歴史から与えられた使命だと考えます。この使命を果たすことだけが、被爆者が次代に残すことのできるたった一つの遺産なのです。（日本原水爆被害者団体協議会 1984）

　原爆体験を語ることは、けっしてたやすいことではない。少なくない生き残りが沈黙のうちに〈原爆後〉を生きた。傍らに佇み、耳を傾ける他者の存在なくしては、生き残りが証言者になることはできない。しかし、証言を聴くことも、また、たやすいことではない。耳にした悲惨に圧倒され、被爆者を他者化して距離を取ろうとすることもあるだろう。しかし、原爆がもたらした苦しみを二度と誰にも味わわせたくないからと語ってきた被爆者の姿に、胸を打たれて立ち上がった者は少なくない。人間らしく死ぬことも生きることも許さない原爆と対峙して、生き続けることを選んだ被爆者の生きざまは、ついには国際社会を動かして、2017年の核兵器禁止条約採択に結実した。同時に、被爆者の願いを我がこととして受けとめ、ともに「反原爆」へと歩む同伴者がいたからこそ、被爆者は「反原爆」を訴える主体であり続けることができたのである。

　原爆を生き延びた被爆者の平均年齢は80を超えている。自らの記憶として原爆体験を語ることのできる被爆者は、もう多くはない。他方、地球滅亡までの時間を象徴的に示す「終末時計」は、核戦争の危機が最も高まった冷戦期と同じ「残り2分」を指している。ふたたび被爆者がつくられかねない状況下に、私たちは置かれているのである。被爆者が残そうとした

「遺産」を受け継ぎ、被爆者が同伴者とともに切り開いてきた道に続くのか否か。核時代を生きる当事者として、私たちに問われている。この問いに応えて、被爆者の、そして同伴者の継承者となることが、これからの「相談員の会」には求められているのである。

参考文献

石田忠『原爆体験の思想化』未来社、1986 年

原爆被害者相談員の会編『被爆者とともに』中国新聞社、1995 年

原爆被害者の手記編纂委員会編『原爆に生きて──原爆被害者の手記』三一書房、1953 年

日本原水爆被害者団体協議会「日本被団協結成大会（1956 年 8 月 10 日）宣言 世界への挨拶」1956 年 8 月 10 日

「原爆被害者の基本要求──ふたたび被爆者をつくらないために」1984 年 11 月 18 日

山代巴編『この世界の片隅で』岩波新書、1965 年

7、次世代による平和と人権の学び

仲村 春乃、奥西 栄介

ヒロシマで平和への想いのバトンを受け取る私たち

仲村 春乃

　2018年8月、私は卒業研究におけるインタビューをさせていただくため、2人の女性に会いに広島を訪れた。卒業研究のテーマは、戦争を体験された高齢者の生きがいを明らかにすることである。インタビューを通してご本人の語りを丁寧に聴き取ること、ご本人のこれまでの人生に思いを馳せること、そして、原爆がお二人の人生にどのような影を落としてきたのかを見つめた。

　お一人は、直接被爆を体験された方で、これまで熱心に平和活動をされてこられた矢野美耶古さん、87歳である。現在は被爆体験の証言活動に尽力されている。美耶古さんは長い間、友人やその親族に対する負い目を抱えて生きてこられた。原爆が投下された日、ご自身の都合で参加できなかった建物疎開で多くの学友を失ったからだ。当時、生き残った者は「非国民」と呼ばれ、亡くなった友人の親族から「真面目に生きた子が死んで、さぼったもんが生き残った」と言われた。この言葉が美耶古さんをさらに精神的に追い詰めたのだった。

　もうお一人は、胎内被爆をされた方で、自身の母と自らの体験の証言活動に尽力されている寺田美津枝さん、72歳である。美津枝さんが証言活動に力を注ぐ理由は、「母の生きた証を残したい」という強い思いである。美津枝さんの母は、原爆によって受けた傷がもとで26歳の時に両眼の視力を失った。原爆によって暗く落とされた影に自らの存在が覆われても、子のため、家族のために懸命に働き、生き抜いた母の姿を、美津枝さんは、深く静かな怒りを覚えながら、若い世代に今も被爆体験を語り継いでいる。

　私はお二人の語りを聴き、人として「生きる」という、当然、守られるべき権利を侵害された過去があったことにあらためて胸を痛めた。戦時下

において、美耶古さんと美津枝さんだけではない。人として「生きる」ことを許されなかった人たちがどれほど多くおられたことだろうか。当時の国家体制、社会思想、価値観が戦争を肯定し、正当化したことは恐ろしい。さらに、戦後社会においてもその残滓が被爆者の方たちを苦しめた事実を知った。そして、今、私が立っているこの足元にその一端が未だ及んでいることを認識した。

インタビューでお二人の語られた過去は壮絶なものであり、被爆した事実によってご本人たちがどれほど深い悲しみに陥り、傷ついたことか、安易に理解してはならないことは聴き手としてよく自覚している。今も語ることのできない苦悩が多く秘められているに違いない。

お二人が、つらい事実である自らの過去を他者に語り続けることの意味を考えた時、それは私たち、語りを聴く側への命がけのメッセージが込められている。美耶古さんはインタビューの中で、「若い世代に期待すること」という私の質問に対して「歴史を学んでほしい」と答えられた。自身の少女時代、軍国主義による偏った教育しか受けられなかった悔しさと、人として生きるための学問を学ぶことの大切さを肌身に感じておられるのだ。「戦争の中でしか生きることのできなかった子どもたちをまたつくってはならない」「政治や思想に対し、自分なりに調べて、理解し、考えてほしい」と言われた時の、私をまっすぐに見つめる美耶古さんの眼を私は決して忘れない。

胎内被爆をされた美津枝さんは、母の苦しみを一緒に背負うという悲しみ、ご本人にとって被爆の記憶はないものの、戦後の被爆者差別の社会を被爆者として生きざるを得なかった悲しみを抱えて生きてこられた。そして、今、真の平和を希求して、母の人生を一人でも多くの人に語り続けることを「自分の仕事」だとはっきりと言われた。美津枝さんの言葉を私は心の奥底にしっかりと刻みつけた。

平和への想いのバトンを受け取るように、私は美耶古さんと美津枝さんの語りを聴いた。私は美耶古さんと美津枝さんの語りを通して、戦争は過去のものではなく、現在も根深く続いている問題であることを確認した。語りを聴くことで、一人ひとりにとっての戦争の真実、一人ひとりが戦争

によって負った傷が今も癒えることなく存在していることを真摯に受けとめること、そして、これからの平和社会の創造に向けて、自分自身のこととして考えることがきわめて重要なことだと強く思う。

　今、平和について考えねばならない問題が私たちの周りに数多く存在する。それらは、たとえば「憲法9条改正」「安全保障関連法」「沖縄米軍基地」「日米地位協定」などの問題である。私の住む福井で言えば「原発」の問題である。美耶古さんと美津枝さんの語りは、これらの社会的、政治的な問題について、目を背けることなく、真剣に向かい合い、行動することを示唆している。

　私はこれから高齢者福祉の実践者として、現場に従事する立場になる。美耶古さんと美津枝さんの語りをお聴きし、お二人の人生に思いを馳せる中、「被爆された方の一人」ではなく、「矢野美耶古さん」「寺田美津枝さん」という「一人の人間」と「私という人間」という関係において関わることを教わった。他者が抱えた人生、生活の困難をどれだけ自分自身のこととして共感し、引き受けられるのか。社会福祉の実践者として、クライエントとの援助関係において、広島の美耶古さんと美津枝さん、そして、沖縄で出会った高齢者の方々の言葉に耳を傾けたことをこれからの私の社会福祉実践の基本姿勢として貫いていきたいと強く思っている。

次世代のソーシャルワーカー養成のためのフィールド教育プログラム

奥西　栄介

　「平和と人権を考えるフィールド教育プログラム」と称して広島・沖縄への研修旅行を企画、実施してきた。過去8年間でのべ43名の社会福祉学科の学生とともに現地を訪ね、直接、当事者の声に耳を傾けることを通して、平和と福祉の関係について、体験的に学んできた。

　「平和と人権」というテーマは、生活の復権と社会正義に価値をおく社会福祉専門職にとって、まずもって自覚しなければならないテーマである。平和を基盤として福祉実践が展開され、また福祉実践を通して平和社会が

築かれていくものと考えるが、今日の社会福祉専門職養成課程において、これらの問題、すなわち平和と人権が侵害された社会的状況を真正面から捉えて社会福祉を学ぶカリキュラムは見当たらないのではないか、という問題意識が本プログラムを始めた動機である。

テキストの上で知識として知るだけでなく、現地に行き、滞在し、当事者の方々とお会いし、コミュニケーションすることで、かつてそこで何があったのか、今はどうなのか、そして、これからどのようにアプローチしていけばよいのか、という事実を把握する力、肌身に感ずる力、歴史的経緯も含めた状況の中における人間を理解する力、さらに、未来に向けて平和社会を構想していく力、これら一連の力量を身につけることが、社会福祉専門職に求められる基礎的素養ではないかと考えている。

もうひとつの目的は、私が高齢者福祉を専攻する者としての関心事である。戦争を体験した高齢者の平和への思いをいかに次世代が受けとめ、継承していくか、平和に対する世代の引き継ぎのテーマである。本プログラムに関連して言えば、平均年齢が 80 歳を超えた高齢者となった広島・長崎の被爆者の方、沖縄戦を体験された方たちの証言を直接聴くことが年々難しくなりつつある今、ひとりでも多くの若い人たちが、高齢者が語り、訴える、平和への思いを受けとめ、行動し、継承することが要請されている時代だと切に思う。

仲村春乃さんの学び

仲村春乃さんは、私のゼミナールの学生であった。3 年次のゼミナール、社会福祉実習、4 年次の卒業研究指導を担当した。彼女は今春から福井県今立郡池田町という人口 2600 人、高齢化率 43％の中山間地にある特別養護老人ホームで社会福祉専門職として実践現場に従事している。在学中にフィールド実習で訪れた池田に魅せられた彼女は、地域に根ざした社会福祉実践を志向し、池田に居をかまえ、風土を肌で感じながら池田の人々と共に自身の生活の営みを始めている。

仲村さんは、広島、沖縄をそれぞれ 2 回訪問している。1 回目は「平和と人権を考えるフィールド教育プログラム」への参加であり、2 回目は卒

業研究に伴うインタビューのために訪れている。「原爆被害者相談員の会」の証言のつどいにも参加し、被爆者の方と真摯に向かい合った。

仲村さんの卒業研究「高齢者の生きがいについて〜老年期に在る人の生活を見つめる基本的な視座に向けて」について紹介したい。研究テーマは、過酷な戦争体験、社会的抑圧を余儀なくされた高齢者の「生きがい」とは何か、を探究することである。広島と沖縄で出会った5人の女性高齢者と、同時代を生きてきた、自身の祖母仲村ウメ子さんの6人の戦中戦後を生き抜かれてきた生の軌跡を聴き取り、語られる言葉から察せられる当事者の「生きがい」の研究である。人が人として「生きがい」を感じて生きることについて、戦争体験をされた高齢者から、仲村さんは何を見出し、考えたのだろうか。仲村さんの卒業研究をフォローしながら彼女の思索のプロセスをたどってみたい。

仲村さんは、聴き取りで得られた語りについて、ハンセン病患者の診療活動を通して人間の生きがいについて問うた、精神科医の神谷美恵子が著した「生きがいについて」を繙きながら、〈互いを必要とする関係の中に在ること〉、〈深い悲しみを経て見出された生のよろこび〉、〈自然とのつながり〉、〈自由と自律の欲求を満たすもの〉を、聴き取りを通して得られた高齢者の「生きがい」に対する視座としている。仲村さんは、「私自身」のこととして、時に祖母の仲村ウメ子さんという近しい存在を介して、以下のように考察する。

互いを必要とする関係の中に在ること

自分が誰かに必要とされているという実感、存在意義を肯定されている感覚を6人の高齢者の語りから読み取っている。それは他者や社会から求められる役割、義務を自覚すること、自らの経験と知恵を他者に伝えること、そして、自らの生の軌跡を次世代の他者に引き継いでいくこと、としている。

続けて、被爆体験を語る矢野美耶古さんと寺田美津枝さんは、聴き手の私にとって誰にとってかわることのない唯一無二の存在としてあり、そして、怒りと使命感によって突き動かされた美耶古さんと美津枝さんの思い

を受けとめようとする若い世代の一人である私も、美耶古さんと美津枝さんにとって、絶対に必要とされる存在である、と仲村さんは考える。被爆者の方たちと向かい合う仲村さんの自覚と責任が表れている。

戦争は国家間で発生し、争われる。しかし傷つくのはいつの場合も徹底して個人である。そして、この個人の魂を癒し、救済するのは、国家ではなく、個人と個人が互いを必要とする意思に基づいた関係にあるのだろう。

さらに、仲村さんは、私にとっての、互いを必要とする関係を結んでいる人は誰なのだろうか、と思い巡らせた。その一人が、傍にいて無償の愛を授けてくれる祖母ウメ子の存在なのかもしれない、と気づいていく。

深い悲しみを経て見出された生のよろこび

聴き取りがすすむにつれ、戦争体験をされた高齢者本人がが戦渦、抑圧、差別という事実によってどれほど深い悲しみに陥り、傷ついたことかを仲村さんは思い知る。では、その深い悲しみがいかにして生のよろこびに転換するのだろうか。深い悲しみは、他者の悲しみに共鳴する弦のような作用を持つのではないか、そして、その根源に、自分は生かされているという感覚があるのではないか、と仲村さんは考えた。

仲村さんは、矢野美耶古さんと寺田美津枝さんの語りを通して次のように考察する。生かされているという感覚は、他者（生者と死者）の存在があってこそ生ずる、肯定的に生きようとする感覚である。「非国民」と非難された美耶古さんは、自分を肯定的に捉えられず、亡くなった友人の親御さんと会うことを躊躇った。だが、会ってみると「顔は怖い人なんだけど、まぁ〜、よく生きとったんだね、と言ってくれて…」、この一言でこれまで生き残ってしまったゆえに逃げていた自分と決別し、何かの行動を起こすべきだと確信されたのだ。美津枝さんにとっての他者の存在は母である。被爆体験による底知れぬ苦悩の末に自死を踏みとどまった母の思いから、今の自分の命があるとする美津枝さんの語りである。さらに、美津枝さんが参画する「胎内被爆者のつどい」が、悲しみ、苦しみを超えた他者とのつながり、連帯感を築いたのだ、とする。

集う者同士の苦しみ、悲しみ、弱さが相互に交わり、共鳴した時、人々

の苦しみ、悲しみ、弱さは、明日への生の強さ、希望へと価値の転換がなされるとすれば、辛く厳しいことだが、自身の弱さを自覚し、認めることが他者とつながる契機となる。

　このことについて、仲村さんは、深い悲しみを経てきた人のよろこびは、悲しみの深さの分だけ深化していくもの、とし、人間の存在のはかなさやもろさを知っているからこそ、深い悲しみを乗り越えてやまない生命力を持ち、自身も、そして他者を愛おしむ心を持つ、と考察した。

自然とのつながり

　神谷美恵子は、生きがいとは、自分が大きなものに包まれている感覚から生まれるものであり、その大きなものを「大地」「自然」と、表している。仲村さんは広島の「かんな」の花を例にあげて、自然と人間の関係について、次のように考察する。

　戦争は徹底的に自然を破壊するものである。人間が造り出した原子爆弾が、人間の手によって使用され、人間の命と自然を破壊したのである。だが、「75 年は草木も生えぬだろう」と言われた広島に、原爆投下の数ヶ月後に瓦礫の隙間から、かんなの花が咲いたという。かんなの花を広島の人々はどのような眼差しで見たのだろうか、と思いを馳せた。花木を愛でる余裕などなかったに違いないが、かんなの生命力から、生きる勇気、希望が湧いてきたのではないか。人間によって負わされた傷を癒すものが、人間を包み込む自然の生命力であり、人間の自然を眺める眼であり、感じ取る心という、自然と人間の関係であったのではなかろうか、とした。さらに、自然とのつながりを取り戻すことで、人は本来の自分を見つめることができ、そこから他者との関係を紡いでいくのではないか、と仲村さんは考察を続けた。

自由と自律の欲求を満たすもの

　人間は本来、自由への欲求を持っている。神谷美恵子は、山の頂きに立って、大空を仰ぎ胸をはり、思い切り大気を吸い込み、高い木にとまった小鳥のように、自分からどこへでも飛んでいけるような、その主体性、自律

性の感情とのびやかに表した。仲村さんは、次のように考察する。人が生きることにおいて、精神の自由や自律があることが、真に自身の人生を生きているという実感をその人に与えうるものであろう。しかし、祖母ウメ子を含む6人の女性の生の歴史は、自由と自律が抑圧された不条理の時代であり、一個人では抗えない時代であった。ただ、不条理の中を懸命に生きる姿に、自由と自律に依拠する生を渇望する姿があったと言えまいか、とする。

仲村さんは卒業研究の最終節において、思索の途上であるが、次のように結論づけている。

広島と沖縄の5人の女性、そして、同時代を生きた祖母ウメ子も、時代を懸命に生き、今を生きている。当時の戦時体制の思想教育を浴び、戦後の民主主義社会においても存在し続ける偏見と差別の視線を乗り越えて、現在の生の姿が在る。個人を圧倒する時代の流れに翻弄されながら、それでも自己の人生をひたすら生き抜いてこられたという事実である。不自由と不条理の中でさえ、懸命に生きることが、自由と自律を模索する生の姿であったと言えまいか。時代を生き抜き、今を生きている行為自体が、抑圧からの解放を意味している。自由と自律への欲求という意味が、苦難の時代を生きた高齢者の「生きがい」に据えられているのではないか、と結論づけた。

神谷美恵子は、社会の陰に埋もれてしまいがちな、生きがいを失いひっそりと生きる人々や、さまざまな悲しみや苦しみを背負った人々の存在をしっかりと認め、そして、どのような人であってもその存在意義はただ「無償」のものであり、「利用価値」や「有用性」などでは計り知れないもの、と説いている。仲村さんは、これからソーシャルワーカーとして、どのような状況の中に生きる人でも、かけがえのない存在であるという確固たる信念に従って、一人ひとりにとっての「生きがい」とは何か、と真摯な眼差しを向けていきたい、という。さらに、過去の不条理に目を背けてはならない、なぜなら自分は今も不条理の時代、社会に生きているからだ、という。これらのことを仲村さんは、広島、沖縄を訪れて自分の眼で確かめ、認識したのである。

一人ひとりの人生と向かい合い、自分自身のこととして受けとめること。一人ひとりがその人らしく真に自由に自律的に生きることの意味と価値を深く洞察すること、という、平和社会、福祉社会を考える際の端緒となる姿勢を、一人の若き女子学生の考察を通してあらためて気づかされた。「平和と人権を考えるフィールド教育プログラム」は参加する学生たちによって耕され、鍛えられる。

平和と人権、そして福祉を考えるソーシャルワーク教育

　「平和と人権を考えるフィールド教育プログラム」は、平和と福祉の関係について考えるフィールドワークである。一見平和に見えるわが国において、平和と人権が歴史的に著しく脅かされた時代、地域、場所に生きた人々、そして、いまだ現に不条理の状況の中を生きる人々が存在する。たとえば、広島・長崎の被爆者の人々、沖縄における地上戦の体験者、農地接収、基地問題を抱える沖縄の人々、療養所におられるかつてハンセン病であった人々である。いずれも国の責任を問うマクロの事案であり、社会問題として対応せねばならないものである。平和を脅かす社会的抑圧、差別、政治的不公平、経済的困窮などの構造的な問題は、平和と人権を価値基盤とするソーシャルワークの対象領域である。

　そして、当事者への支援の方途は、各人の生命・生活・人生（QOL）の復権を目指した個別的なアプローチになろう。当事者のエンパワメント支援を企図し、現状に対して諦めず、粘り強く、当事者の生活の復権を目指して行動を起こし、状況を変革し、平和社会を構想する担い手となる次世代のソーシャルワーカー養成のためのフィールド教育プログラムを向後も試行していきたい。

参考文献

　神谷美恵子「生きがいについて」みすず書房、1966 年.

　仲村春乃「高齢者の生きがいについて〜老年期に在る人の生活を見つめる基本的な視座に向けて」福井県立大学看護福祉学部社会福祉学科、2018 年度卒業研究（未刊行）、2019 年 3 月.

第2章
被爆者の苦しみに寄り添って

1、ひたすらに生きる―援護のない被爆後を生きぬく

塚本 弥生

はじめに

　岡田さん（仮名、女性）の小柄な体、飾り気のないすこし低い声、上半身のケロイドを見せるしぐさが今も目の前に浮かぶ。1979 年、病院相談室に「白い杖がほしいのですが」と来室したのが筆者との出会いだった。顔全体に明らかなケロイドがあり、眼球全体が白濁していて目の前のものしか見えない視力で難聴もひどく、顔を近づけて大きな声で何度も繰り返し話しかけねばならなかった。その上、生活苦や訴え処のない心情を語り始めると、まとまりなく何時のことかもわからない一方的な語りになり、こちらの質問にも全く的を得た答えは返ってこなかった。岡田さんの被爆後の生活の全貌はいまだに分からないことが多い。しかし誠実で素直な態度で、被爆の苦悩をとつとつと語る姿は、周りの人々の心をとらえた。ある時は、一生懸命に伝えようとして思いが溢れ、泣き続けて話ができなくなってしまったこともあった。原爆白内障の認定申請手続きを援助するために探した資料も含め、被爆後を生き抜いた生活史の一部を紹介する。

被爆後の生活実態

　1953 年、プレスコードが解かれた翌年発行の写真グラフ誌に、当時の岡田さん母子の姿を伝える写真が紹介されている。

　　「死なずにすんだとはいうものの、醜いヒッツレ（ケロイド）に愛想をつかされてか、夫に去られ、乳児を背負って日雇い労働に、栄養不足と過労による障害、加えて原爆症状が両眼に現れ、最近では視力が減退、失明の一歩手前だという。それでも愛児を養うためには働き続けねばならない姿……忘れられた広島の一断面である。」

　写真の一枚が、慰霊碑を背に次女を（当時 4 歳）をかたわらにおいて、平和公園整備の仕事に汗を流す岡田さんの姿を伝えている。まだ慰霊碑は荒い砂利に囲まれ今の姿はない。岡田さん母子はとがった砂利の上に腰を下ろし、休憩の間に縫いものをしている。平和の原点と位置づけられる平

和公園に慰霊碑を造り、今の姿に整備したのは、ほかならぬ被爆者自身だった。

　岡田さんはあの日、爆心から 2.1km（ABCC 記録による）の地点で、夫、長男の 3 人で被爆。その後は病院にかかりきりで夫はその看病のために会社を退職。1947 年から八百屋を始めた。この年に長女誕生。しかしうまくいかず、翌年の暮れに店を閉じ、49 年から失業対策労働に出るようになった。この年に次女誕生。この頃から夫は家にあまり帰らなくなり、51 年、出稼ぎに行くと言って出たまま音沙汰が無くなり、3 人の子どもを抱えての生活は行き詰まった。後で分かったことだが、実は夫も大阪で病に倒れていたのであった。そして失対労働と生活保護に支えられながら「2 坪の床にゴザ 2 枚と畳 1 枚を敷いただけの住居、家財は寒さをしのぐ夜具 2 枚、雨もりはひどいし傘のない状態」（グラフ誌より）が続いていた。

　この頃の岡田さんを、作家の山代　巴さんは「この世界の片隅で」（岩波書店）の中で次のように書いている。

　　「彼女の乳腺は原爆で焼かれてなくなり、幼児は乳房のない胸に口を当てているのだった。被爆から 3 か月も気が狂っていたので、治って 7 年もたつこの頃も、時々気が変になるし、視力が衰えて字を読んだり書いたりすることはできないと話した。（中略）ケロイドの体が恐ろしく見えるというので、風呂屋の主人からは入浴を断られると言ったが、彼女をこのようにむごく扱うのは風呂屋ばかりではない。国家の政治そのものがむごく扱っている。その答えでもあるように、母子の衣食住はすべて極悪の状態であった。けれども、この母と子のひたすら生きようとする姿は、何ものにもまして魂のよごれを洗う力をもってせまってきた。平和運動とはまず、赤裸な人間に立ちかえることからだと心の底へ向けて叫んだ。」

原爆白内障認定申請

　1980 年 3 月、視力障害（右 0.4　左は明暗が分かる程度）を原爆放射能によるものと認めてもらう、いわゆる「原爆症認定」を厚生省に求めた。
　疾病名：両眼原爆白内障・老人性白内障併発

医師の意見：原爆放射能に起因すると認めざるをえない。

添付資料：ＡＢＣＣ調査記録(急性症状の記録)

「この世界の片隅で」(岩波新書) 1952 年当時の状態を示す記録として。

1980 年 8 月、「申請に係る疾病は原爆放射能に起因する可能性は否定できると考えられる」との却下通知が届いた。岡田さんは納得できないとして、さらに同年 10 月、異議申し立てを行った。申し立てで岡田さんはこう述べている。「……これまで生きるだけの最低生活で、自殺を図ったこともある。……やむを得ず私は生活保護を受けて暮らしている。白杖をついて高血圧、白内障、ケロイドの痛みの治療に通わねばならない。35 年間酷使した身体は今では孫の世話もできない。いずれ全盲の状態になる日が遠からず来ることと思う。その時、特別手当があれば少しはおばあちゃんらしいことをしてあげることができる。」1982 年 1 月、異議申し立て棄却の通知が届いた。「今日の医学的知見では、申請に係る疾病は原子爆弾の放射能に起因するものとは認められない。また、放射能以外の原子爆弾の傷害作用に起因するものとも認められない」

受忍を強いる基本懇意見書

岡田さんのこんな状況の中で、1980 年 12 月 11 日「原爆被爆者対策基本問題懇談会」の答申は出されている。「……戦争による犠牲は、一般の犠牲としてすべての国民が受忍しなければならない……政治行為について法律上の責任を追及し救済を求める道はない……。」また被爆者対策について「一律平等、総花主義」「社会的公正を欠く」という。被爆者の援護は、戦後 12 年目に制定された「原爆医療法」(原爆手帳の交付と近距離被爆者の医療費の補助) まで皆無であった。生活費の援助として少額の手当が支給される「特別措置法」が制定されたのは、戦後 23 年を経てからだった。岡田さんの場合も、原爆手帳が交付されたのは 1962 年（被爆後 17 年）であり、健康管理手当の受給は 1976 年（被爆後 31 年）からである。

原爆裁判の原告

岡田さんは、1955 年（昭和 30 年）4 月に提訴された「原爆裁判」の 3

人の原告の一人でもある。岡田さんが原告となった経緯はよく分からないが、アメリカの原爆投下行為の国際法違反を明らかにし、被爆者を救済する損害賠償判決を求めて提訴された裁判である。しかし、損害賠償は棄却されたため原告は何の補償も得ることはできなかった。が、最高裁判所は判決文の最後で次のように言っている。「国家は自らの権限と責任において開始した戦争により。国民の多くの人々を死に導き、傷害を負わせ不安定な生活に追い込んだのである。……救済策を執るべきことは立法府である国会及び内閣において果たさなければならない責務である。・・高度の経済成長をとげたわが国において。国家財政上これが不可能であるとはとうてい考えられない。われわれは本訴訟をみるにつけ、政治の貧困を嘆かずにはおれない。」 一方、この裁判で最高裁判所が原爆投下を国際法に違反するという判断を下したことは歴史的に大きな意味をもち、その訴えの論理は、その後の被爆者援護法を求める被爆者運動の柱として受け継がれている。原爆裁判の訴状を書いた岡本尚一弁護士の歌集「人類」の中に裁判に関する歌がある。

　　東京裁判の法廷にして想いなりし原爆訴訟／今練に練る

　　夜半に起きて被害者からの文読めば／涙流れて声たてにけり

　　朝にも夕にも凝るわが想ひ／人類はいまし生命滅ぶか

　岡本弁護士は提訴の翌年9月の法廷を最後に、病いのため出廷できなくなり、1958年4月5日に逝去された。その後を引き継いだ松井康浩弁護士は、昭和21年3月復員列車で広島を通過した時、「瓦礫の街に何本かの煙突と何か分からないコンクリートの塊だけが見える広島」を目撃している。そして、その著書「原爆裁判」の最後にこう述べている。

　「私たちは、被爆者になる前に核兵器を廃絶しなければならない。私たちが被爆者になることを拒否するには、まず被爆者を救済しなければならない。被爆者援護法の制定・核兵器の廃絶、これが実現したとき、日本も世界も大きく変わっているであろう。なぜなら、その時は、人間の理性が尊重される社会になっているのだから。」

　岡田さんの原爆症認定申請に関わり、被爆者が何の援護もない被爆後の人生を生きぬいたことを知った。また、被害者の訴えを決して無駄にして

はならないとの思いで、岡田さんの苦悩の意味を問い続けた人たちの、次代に繋ぐ想いも知ることができた。これからもまた、岡田さんのことが忘れられることなく、想いが引き継がれていくことを願っている。

深くに刻まれた　反原爆のあふれる思い

　最初に相談室を訪れた時の岡田さんのニーズは、視力の低下により必要となった白杖がほしいということだった。しかし同時に原爆によるケロイドを見せて被爆後の窮状を語った。それを機に、ソーシャルワーカー（以下SW）は原爆による被害と生活実態を把握する努力をし、心理的、社会的問題の現状を整理した。相談室に来室される度に質問攻めにする筆者を、娘と一戸建てに転居する寸前の、空き家になって大きなゴミ袋が数個あるだけの自宅に連れて行き、ゴミ袋の中から「原爆裁判」に関する文書やメモなど見つけて、岡田さんが原爆裁判の原告であることを知ったのだった。相談員の会のSWたちは1977年の「被爆の実相に関する国際シンポジュウム」のための生活史調査（当時一橋大学教授・石田忠）に参加して以来、被爆者の被爆前、被爆、被爆後の生活史を聞き取り、原爆が人生に及ぼす影響全体を理解しようと取り組んでいた。岡田さんに、当時の原爆二法（いわゆる原爆医療法と原爆特別措置法）の説明をし、3人の子どもさんとも面談して、原爆白内障の認定申請、その後の異議申し立てを行った。子どもたちはみな、「お母さんの苦労はよくわかっていますからお母さんの気が済むようにしてあげてください」とSWに一任された。長男は夜間高校を卒業して公務員になっており、次女、三女も結婚して安定した生活を送っているようだった。3人の誠実な人柄と優しい言動は強く印象に残っている。岡田さんが極貧のなかで子供をここまで育て上げたことに尊敬の念を感じずにはいられなかった。

　1976年　石田原爆訴訟勝訴（原爆白内障の認定申請で要医療性を争った）。1977年　国際シンポジュウムが広島で開催。1978年、孫振斗・最高裁判所判決勝訴。1979年、社会保障審議会答申。1980年、基本懇答申。このような情勢の中で判決文や意見書内容を学習し、SWは岡田さんの原爆症認定申請とこの事例の社会的意味を考察していった。しかし、1982

年に岡田さんの異議申し立ては棄却され、結局、岡田さんの訴えに応えることはできなかった。SW たちがどんなに被爆者の被害の実態と生活の窮状を申請書に書き込み訴えても、あくまで放射能の影響を科学的に判断するという認定審査会に影響を与えることはできなかったのである。相談員の会は、広島の弁護士（青年法律家協会）に協力を求め、1983 年に「原爆二法研究会」が発足した。当時広島大学教授（行政法）だった田村和之先生も加わり。この後、集団認定訴訟、在外被爆者訴訟へと援護の拡大を求めて、運動を発展させていったのである。

2、原爆小頭症患者とその家族史

村上 須賀子

原爆小頭症とは

原爆小頭症は遺伝的疾患と間違われやすいが、これは明らかな誤りだ。母親の胎内で妊娠早期に放射線を浴びた被爆者である。知的障害を主とした内臓や股関節など、複合したこの障害に対する厚労省の認定疾病名は「近距離早期胎内被爆症候群」とされている。

療育手帳・障害年金、遅れた申請

正男（仮名）さんの姉の和子（仮名）さんとの出会いは、1984 年 6 月の「きのこ会」総会の席上であった。和子さんは、お母さんが子宮癌で入院中なので、代わりに初めて出席していた。総会終了後「療育手帳のことを知らずに今日まで来たが是非手続きしたい」と言われ、翌月曜日に職場（広島市民病院）の医療相談室で相談にのることにした。

正男さんの生活歴

着物姿の和子さんは、ソファーに浅く腰かけ、背筋をピンと伸ばした姿勢を変えないで、正男さんの今までを話してくれた。（着物姿の来訪者は珍しい。大切な話の席には正装で出向かけねばと思ったとあとで語ってくれた）正男さんは養護学校卒業後、2 〜 3 の会社で寮生活をしながら一時

は家を出て働いていた。しかし、寮生仲間から、歓楽街での遊びを教わって借金を重ねるようになり、「母や姉の目の届く所に」と、家に連れて帰り家業の弁当屋を手伝うようにした。幸い素直なお嫁さんを迎え、何とか今は落ち着いた生活に至っている。

この数行の文章の過程は、母親がわりで正男さんにかかわり続けた和子さんの苦闘の歴史といえる。「今でも、いつも正男の動向に神経をピリピリさせていますよ。主人に魚釣りにでもどこでも連れて行ってと頼んでいるんです。海の上では悪いことも出来んじゃろうと、その時間だけは私の心が休まっているという調子です。」

一家のために働きづめに働く母に代って12歳違いの和子さんが「学校のことから全部」めんどうをみて育てて、さらに、働き先の寮に引き取りに行き、その後に続いた遊び癖による借金の後始末と、全てやり通して来た。「顔見知りの人から『正男くん居ますか』と電話がかかってくると『ああ、すみません。いくらお借りしているでしょうか』と答えるんです。向こうさんは『つげ口するつもりはなかったんですが……』と言われるんですが、言ってもらわないとねぇ……。本人は返す気ないんですから。」「あの人が嫁さんが欲しいと言い続けてじゃから、私も悩んだ末、少しは遊びの方も落ち着くかしらと、学校の先生のお世話で紹介してもらったんです。先方の親ごさんは、うちが商売しとるからと断っちゃったんですが、『働かせはしません、私が生きてる間は不幸にはさせませんから』と強引にもらって来たんです。でも、そのお嫁さんの着物を質屋にうけ出しに行った時には情けなくて……。畳紙にお母さんが、これはどういう時に着て、合わせるものは何でと、細かく書いとっちゃったんですよ。質屋の主人も『あんたあ、こんとに大事な嫁入り支度してくれたものを持ってきちゃあいけんよゆうたんですがのー』と出してくれました。本当にどうして悪いこととなるとあんなに知恵がまわるのかと、情なく腹を立てるのを通り越して呆れるくらいです。ひどい時には2時間程遊びに行っては、10万円くらいポイっと使って帰っていました。なにしろお金の計算の出来ない子ですから、お金を持って行ったら楽しく遊ばしてくれるということしか頭に無いんですから。私は、ああこれは家が一軒無くなるなと覚悟しましたね。私

が目をつむったあとの保障にと正男名義の家を建ててたんですが、仕方ないなと思いました。一時はこの子を殺して私も死のうかと思ったこともありますが、私にも娘がおるし、そんとに暇じゃあないしと思い直しましてね。」和子さんは初めて表情を崩して、笑った。

「親の代から兄弟の代へ、そしてその後のことを考えますと、やっぱり万が一の時の保障が欲しいですよね。」と和子さんは結んだ。

私は、正男さん夫婦の療育手帳のとり方を説明し、精神薄弱者更生相談所（当時）へ判定日の予約をとった。また障害福祉年金の対象になるかもしれないと、正男さんの生活歴と共に、お嫁さんのお母さんに電話で発育歴、生活歴を聞き取り、資料として添付して神経科医師に紹介した。

翌々日、正男さんは来室されるとキチンと挨拶され、後ろに控え目に寄り添ったお嫁さんとともに受診してくれた。

母マサヨさんの原爆症認定申請

正男さん夫婦のことも気になるが早急に進めなければならないのは、母マサヨ (仮名) さんの原爆症認定申請だと思われた。岩国市在住の畠中百合子さんの母の死後認定の例もある。急がねばならない。
認定申請にはマサヨさんの詳しい被爆状況を記さねばならない。学童疎開で被爆時、広島にいなかった和子さんに代って、兄の勉（仮名）さんからの聴き取りが必要になった。

河村（仮名）家の被爆とその戦後

勉さんの証言である。

その日、母のマサヨさんは、勤労奉仕のため、自宅付近の広瀬北町（爆心より 1.0km）に出向き、8 時 15 分、すでにリアカーを引いて作業中だった。熱線は衣服からの露出部分を一瞬にして焼き、両手、両肩、右足にひどい火傷を残した。爆風に叩きつけられ意識を失ったマサヨさんは、そばに連れていた 3 才の娘の手を取る間もなかった。幼子は直爆死である。そして、放射線はマサヨさんの身体を射抜き、胎内の息吹き始めたばかりの生命までも貫いた。

一方、北広瀬橋の自宅トイレ内で被爆した父は不思議と無傷だった。しかし、5才の娘は上半身を梁に押さえられもがいている。友人と共に必死に引っぱり出そうとするが、すぐさま火の手が上がった。「助けを求める我が子を火の中に残して逃げた父親の気持ちを思うと……」「この話しはずっと後になって、友人の人に聞きました。一生懸命動かしたが……『こらえてくれえ』ゆうて逃げたそうです……」勉さんの声はつまりつまって、しばらく途切れた。

　長男は満州へ志願し出征中、16歳の長女は家屋疎開に動員中爆死、下二人の妹弟は学童疎開、末の5歳、3歳の妹は2人とも爆死。当時13歳の勉さんは小学1年生の弟と二人、瀕死の母のもとに焼ける広島で生き残った。

　母の看病と父を看取ること、そして、バラック建てまでもがこの少年の肩にかかってきた。それはまさに「はだしのゲン」の世界だった。当時市立造船工業中学2年生だった勉さんは三菱造船江波工場内で被爆した。両親を探し歩いて8日、天満小学校で被爆し奇跡的に逃げのびた弟と、広島市郊外の長束の親戚の家で会う。その間父は、妻を広瀬の土手まで救出したが、運搬手段もないまま、そこで3日間野宿するより他なかった。9日、古市小学校に収容されたところで勉さんに会えると、看病を息子にまかせ毎日3人の娘達の骨を探し歩いた。マサヨさんは10日間ぐらい意識不明が続いた。まわりの大人に教えられ、寝たきりの母の世話や煮炊き等、懸命だった。母が意識を取り戻しほっとした頃、今まで忙しく動きまわっていた父の様子が急変した。

　「寒いのう、風邪をひいたんかのう、寒いのう言うんで、こたつを抱かしたんですが『わしゃあダメじゃあ言うて』勉強机のそばでトロトロ寝たんです。明け方気が付くと姿が見えんのです。探し廻ると。学校の門のところで死んでました。9月5日で、そのころは亡くなる方が一段落してたところで、5人だけの遺体でした。焼く当番のおじさんが『ちゃんと焼いてやるからのう』と言われて……」「涙は出ませんでした……。あとから『薄情なヤツ』と言われましたが……涙は出んかったです。」「思い出すと……つらくて……この年になって涙が出て……」と照れくさそうに頬を手の甲

で拭われた。

　父の死の直後に襲った枕崎台風で、古市小学校もどっぷり水につかり死者を出したが、母を背中に、まわりの大人の助けで命拾いした。その病床に今度はマサヨさんの母の死が知らされた。自殺だったということである。「あとから大人達の会話で知ったんですが、なにやら父が責めたそうです。我が家を早く郊外に疎開させてくれなかったからとか言って。『私は娘や孫達に何もしてあげられない』と自分を責めて苦にしてたそうです。」

　マサヨさんが起き上がるようになったのはやっと 10 月くらいからで、翌年の 3 月 1 日、正男さんの出産の時くらいまでには、身のまわりのことがなんとか出来る状態になっていた。長い寝たきりの間にも胎内の命は確実に育まれ、正常分娩での出生だった。両手の中にすっぽり入るぐらいの小さい小さい赤ちゃんで、当時保育器があるわけでなく、柳行李の中で毛布の中を保温し、育て始めたが、まわりの誰もが長く生きまいと思っていた。命の不思議としかいえないぐらい、正男さんは病気ひとつせず順調に発育した。母のマサヨさんは、近所の人が「いったい、いつ寝よるんじゃろう」というくらい働きどおしの毎日だったが、神の配慮のように、原爆後遺症にみまわれることもなかった。

　「『人の命の生き運』をつくづく感じます。産後休む間もなく、駅前で立ちんぼでだんご売りをして、家業の寿司屋の後の弁当屋と、それはしんどい労働ですが頑張り通して、シンの強い我慢強い母親です。」「しかしそれが今度裏目に出ましたね。まわりが、おかしいから病院に行こういうのに、大丈夫、たいしたことない言うて……。病院の先生に『こんなにひどくなるまで放っといたのか』と、怒られました。」「限りある命を、母の思うとおりに過ごさせてやりたいと、そればかりです。」と勉さんは唇をきゅっと結んだ。

　「正男に小頭症の手当をもろうとるから」、あんまりもらうのもと思って……」とマサヨさんは健康管理手当の申請もしていなかった。原爆症認定申請手続きに取り組み始めた動機は、勉さんこのあたりの願いからであろう。

（ヒバクシャ 3 号 1984 年加筆）

3、孤独な死を選んだ若年被爆者

山地 恭子

「困ったことがあれば相談してください」当時 MSW として駆け出しで
あった筆者は、入院された患者さんのベッドサイドを訪問し、相談室のパ
ンフレットを渡し初回面接（インテーク）を行っていた。「退院後の生活
をどうしようか困っている。何かいい方法がないかな」住本さん（仮名・
当時５７歳・男性）に話しかけられたのが最初の出会いだった。2000 年
のまだ寒い時期であった。

　二度目の入院。すでに胃がんであることが本人に告知されていた。体調
の悪化から退職し、傷病手当金^{注1}と、健康管理手当^{注2}で生活していた。「一人
暮らしだし、今後仕事に復帰することは難しいと考えている」と話された。

　支援の経験はなかったが、医療特別手当を受給するための原爆症認定申
請をしてはどうかと提案し、MSW として住本さんと共に取り組むことに
した。

生活史の聞き取りと原爆症認定申請

　住本さんは、被爆当時南区大須賀町の自宅（被爆距離 1.8km）で、両親、
祖母、兄、姉、住本さんの 6 人暮らしだった。8 月 6 日の朝、母は近所に
でかけ、父は仕事へ、兄は学徒動員へ、姉も学校へ行き、自宅には祖母と
当時 2 歳 8 か月の住本さん 2 人だけとなった。父は仕事中に戸外で被爆、
住本さんの祖母は自宅近くで被爆した。翌日、賀茂郡（現、東広島市）の
父の親戚宅へ徒歩で避難、近くの納屋を借りて生活することになった。何
とか家族全員生き残ったものの、1 年も経たないうちに母は他界、その後
祖母も亡くなった。

　住本さん自身には、当時の記憶がなく、申請書類には被爆状況について
何も書けなかった。唯一、当時の状況を知っている兄に連絡をとってはど
うかと提案したが、住本さんはいつも口を濁され、はじめのうちはなかな
か詳しい生活状況を話してもらえなかった。何度も話をする中で、その意
味が少しずつ分かってきた。

父は母の他界後再婚し、住本さんにとっては異母兄弟が生まれていた。兄は中学を卒業すると家出同然に他県へ就職、姉も結婚し、年が離れていた住本さんだけが家に残ることになった。中学卒業と同時に兄を追って他県へ就職し実家をでたが、その間の生活についてほとんど話をされなかった。継母、異母兄弟、父との間でかなり葛藤の多い生活だったようだ。

住本さんは兄の元で仕事に就いた。が、このまま頼っていてはいけないと、数年後には兄の元を離れ、仕事を求めて各地を転々とする生活になった。40代になり広島に戻り、一人暮らしを始めたが、兄、姉に連絡を取ることもなく、結婚もしなかった。

「実は兄とは長く会っていない」「家庭をもつことは自分には向いていないよ」と、こぼされる言葉から、住本さんの人生の孤独を感じた。ずいぶん後になり、筆者が兄に連絡を取った時、「被爆後、納屋で生活した時、父の火傷がひどく、嘔吐、高熱、脱毛などの症状があったことをよく覚えている。でもあまりに父の症状がひどかったために、自分や弟の症状がどれほどだったかよく覚えていない」「私も姉も実家を出て、弟をひとり実家に残してしまった。一番つらい思いをしたと思う」と兄は話してくれた。

病状の悪化と入院生活

住本さんは、広島でタクシー運転手として働いた。健康診断で精密検査を受けるよう言われたのは50歳の時。大したことはないだろうと受診せずにいたが、6年後、急に胃の痛みが激しくなり、短期間のうちに嘔吐を繰り返すようになった。体重が落ち、数か月後あまりの痛みに救急要請し、即入院となった。本人に胃がんと告げられ、手術後一旦は退院となるが、半年後再入院となった（この入院時に MSW は出会った）。

原爆症認定申請の準備を行う上で、被爆状況、その後の体調変化などを記載する書類を本人が準備することになるが、MSW はこれを支援する上で、生活史の聞き取りや、今後の生活支援に何が必要かを一緒に考えることにした。

1か月後、退院時には、医師の意見書も完成し、無事申請手続きは完了した。結果の通知には当分時間がかかると思われ、経済的な不安を抱える

住本さんは、傷病手当金が切れる前に何とか認定結果が届かないかと期待もされていた。

一人暮らしのため、不安な時はすぐ病院に来るよう話し合ったが、退院から約1か月、再び入院となったときには、ひとまわり身体が小さくなっていた。今回の入院は長くなると思われた。家賃の支払いはMSWが代行することにした。入院中、精神的な支援も考慮し、介護手当[注3]を利用して、毎日数時間のヘルパー利用することを話し合った。

住本さんは大のカープファン。病室にはカープカレンダーがかけてあった。自分で歩くことも困難となり、ヘルパーさんに、売店でスポーツ新聞を買ってきてもらうことを欠かさず、MSWが病室を訪れた時も、病気の不安を忘れたかのように、昨日のカープの試合について熱心に話され、私もすっかり広島人として成長させてもらった。

3か月ほど経過した頃、スポーツ新聞に目を通すことも辛くなり、食事がのどを通らず、痛みと闘い、むくみからくるイライラや吐き気が本人を襲うようになった。ある日「家のかぎはここにある。財布はここ。引き出しのカギはここ」などと話された。何かあれば兄に連絡をしてほしい、広島に住む継母には絶対に連絡しないでほしいと、強い口調であった。

孤独な死を受け入れて

2000年7月、住本さんは帰らぬ人となった。駆け付けた兄と、献身的に寄り添ってくれたヘルパーさんとMSW3人の寂しい通夜を迎えた。翌日には姉が来広され、葬儀となった。

部屋を片付けるために兄と訪れた住本さんの自宅は、驚くほどきれいに整理されていた。タンスの中はほとんどがクリーニングされ、布団の横にあった日記帳には「今日も痛みで眠れない」「再入院したほうがよさそうだ」の文字がつづられていた。そして、病室の引き出しには現金が準備されていたことがわかった。自身の葬儀費用だ。住本さんは、最後の入院の前に、死を覚悟して様々な準備をされていた。

ヘルパーの記録には、「こんなに苦しいのなら死なせてほしいと言われ、こたえにつまるのでつらい」とかかれてあった。しかし、辛い、と口にさ

れたことはほとんどなかった。ひとりでこの世を去ることを受け入れるにはあまりに若い死だった。

死後に認定通知が届く

　住本さんが亡くなって半年経った頃、申請していた原爆症認定申請の通知が届いた。すでに本人は他界され、申請から一年以上経過していた。もう少し早く認定してもらいたかった、と悔やまれる。

　住本さんは、幼くして被爆し、戦後の混乱期を信頼する家族と離れ、一人で生きざるを得なかった。孤独な人生、孤独な死を望む人など誰もいない。病気の苦しさもできるだけ周囲に見せなかった。一人で生き抜いてきた強さと覚悟だったのかもしれない。

　心から住本さんのご冥福をお祈り申し上げたい。

　住本さんの被爆前の平和な家庭生活は、被爆で一変した。筆者にその衝撃は大きかった。家族とも離れ、結婚もせず、人生全体が被爆によって狂ってしまったことを、まざまざと感じた。MSW として経験を重ね、あれから何度も原爆症認定申請の援助を行ったが、できる限り、被爆前後の生活、現在の思いなどを話していただき、申請書に記載するよう取り組んだ。被爆による被害は病気になったという健康被害だけでなく、生活全体への影響が大きいことが次第に理解できるようになった。同席された娘さんが「初めて聞いた。まったく話してくれなかった」と涙を流されたこともあり、身近な家族にさえ話せない方が多いことも知った。

　2003 年以降取り組まれた、原爆症認定集団訴訟によって多少の改善が図られたが、被爆距離や限定された疾患が認定基準となっていることに矛盾を感じる。被爆者が望むことは、被爆後の人生そのものへの補償ではないだろうか。

（ヒバクシャ 19 号 2001 年 8 月発行 2019 年 3 月加筆）

注記

(1) 傷病手当金：病気休業中に、被保険者とその家族の生活を保障するために設けられた制度で、被保険者が病気やけがのために会社を休み、事業主か

ら十分な報酬（給与など）が受けられない場合に支給される。

(2) 健康管理手当：被爆者援護法に規定された手当の一種。本書118ページ参照

(3) 介護手当：同上　本書118ページ参照

4、原爆症認定集団訴訟原告の生き様

櫻下　美紀、山地　恭子

　橋本さん（仮名、当時74歳・男性）は、2003年から全国で取り組まれた、原爆症認定集団訴訟の原告の1人だ。精力的に裁判に関わり、裁判の終盤には、家族を残し、爆心地に近い場所に1人暮らしするほど熱を入れていた。

　人生の後半、原告となったことで、被爆者として生きる価値を見出しているように見えた。同時に、被爆者としてやりきれない思いを抱えながら生きたことも、私たちは忘れてはならない。

家族、財産、すべてを奪われ、その後を生き抜く

　橋本さんは、お手伝いや家庭教師がいる裕福な家庭にひとりっ子として生まれ育った。17歳で爆心地から2.0kmの大学校舎内で被爆。即死した級友もいた。両親をさがし、爆心地から0.6kmの自宅へ戻ると、自宅は全焼していた。後日、瓦礫を掘り起こし、父親のものとみられる遺骨を発見した。母とは再会できたが、被爆8日後の朝、突然に血便、脱毛、体中に紫斑が現れ、昼前に息を引き取った。母を茶毘に付すため、火をつけたのは橋本さんだった。

　17歳で1人残され原爆孤児となった。頼れる親戚もなく、家庭教師として住み込み、中学時代の恩師が学費を支援してくれおかげで、数年後にやっとの思いで大学を卒業した。

　その後、エンジニアとして働き、26歳で見合い結婚した。妻は5人兄弟だった。家族を失ったため、大家族への憧れが結婚の決め手となった。しかし、実際には、妻は他の兄弟と齢が離れており、つきあいは乏しかっ

た。橋本さんは妻に「期待が外れた」と口にした。それでも 2 人の子ども
に恵まれ、仕事のため岡山に近い町へ移り住み、70 歳まで仕事に生きた。

　「原爆で味わった以上の出来事はないから、何事にも動じない」と話し、
家庭でも職場でも感情をあらわにすることはなかった。原爆のことも話さ
なかった。しかし反抗期を迎えた娘に、「俺は 17 歳でひとりぼっちになっ
て家族も財産も失った。わかるか、俺の気持ちが。おまえも実際なったら
どう思うか」と感情的に語ったことがあった。

　体調面では長く不安が続いた。被爆直後から脱毛や歯茎からの出血など、
顕著な急性症状が出現し、その後も倦怠感が何年も続いた。不安やストレ
スは、次第に煙草や酒に向かうようになった。50 代後半に糖尿病と診断
され、その後咽頭がんも判明し、放射線治療と抗癌剤治療を続けた。

　70 歳で退職した橋本さんは、広島県北の知人宅の空き家に移住した。
ヒロシマへの望郷の思いからだ。同じく被爆者であった妻は、広島には戻
りたくないとの思いで同行せず、橋本さんは一人暮らしとなった。

原爆症認定集団訴訟の原告として生きる

　2002 年、74 歳になった橋本さんは胃がんと診断され、手術を受けた。
この時、原爆症認定申請を行ったが却下された。2003 年、広島で訴訟が
取り組まれることを知り、原告となった。そして原告団で中心的な役割を
担うことを決めた。

　筆者と橋本さんの出会いは、提訴間もない頃だった。裁判における陳述
書作成支援を担当することになった。筆者は社会人 1 年目の経験の浅い
MSW であったが、橋本さんは「若い人にこそ伝えたい」と熱心に生活史
を語った。生活史からは、人づきあいは不得手で孤立し生きてきた様子が
うかがえた。しかし、筆者が目にしたのは、他の原告たちに、「原告が結
束することが大切だ」と語り、原告たちに電話をかけ、弱気になる原告を
励ます姿であった。取材も積極的に引き受け、集会では必ず挨拶を行った。
挨拶の冒頭はいつも、「原告の橋本です！」と力強い一声から始まり、被
爆者である私は、今ここに存在している、と言わんばかりに、生き生きと
していた。「これは私だけの問題ではない、国のあり方を根本的に変えたい」

と熱心に語る姿に、筆者は、これがまさしく被爆者だと感じていた。

酒に依存し、生活そのものが困難に

しかし、筆者は面接を繰り返す中で、橋本さんからアルコール臭や尿臭がすることに気づいた。認知機能も徐々に低下をしている印象があった。70歳で移住して以降、朝から飲酒をする生活だということがわかった。自身が運転する車で何度も接触事故を起こし、公共料金の支払いや様々な手続きも自身で十分行えなくなっていた。そして、移住や裁判は家族に相談せずに進め、家族が橋本さんの身勝手ともいえる行動に困惑していることを知った。

筆者は介護保険申請を支援したが、サービスを利用しても一人暮らしは困難と思われた。家族を含め話し合い、広島市内に住む長女家族と同居を開始した。飲酒と喫煙について医師に相談し、治療の末に禁煙できた。しかし、飲酒は止まらなかった。家族が買って来るまで怒鳴るようになった。何度話しあっても、「飲まないと気持ちがおさまらない」と橋本さんは繰り返した。共に話されたことは、母親への愛、財産を失い苦労を重ねたことだった。

飲酒により、下肢はむくみ転倒を繰り返すようになった。2005年頃には車椅子が必要となり、法廷や集会は筆者やヘルパーが自宅から同行するようになった。2006年5月、低栄養状態で衰弱し入院したが、翌月、橋本さんは周囲の反対を押し切り、爆心地に近い市内中心部のアパートへ退院した。裁判の判決を間近に控え、行動しやすさを求めた。奇しくも、その場所は17歳まで暮らした自宅があった場所に近いところだった。

2006年8月4日、橋本さんたち1審原告41人全員に、却下処分を取り消す判決がおりた。橋本さんについては、「重層的な形で放射線の甚だしく強い影響を受けている。長年の喫煙の事実を付加して判断しても、放射線起因性の判断を覆すには足りない」と言い渡した。

その後、裁判は追加提訴者の審議に移り、橋本さんが法廷や取材に出向く機会は減った。やがて、自力で食事を摂取できなくなり、入退院を繰り返し、2011年、療養先の病院で82年の生涯を終えた。裁判は全国各地で

勝訴し、認定基準の緩和というニュースが日本に、そして海外へ報道されていた。

漂流し、抗って生きる姿すべてが被爆者

筆者は裁判支援だけでなく、高齢期の生活支援を行うことで、多面的な被爆者の姿を目の当たりにし、MSW としての役割を何度も考えさせられた。

被爆者として発言する姿は誇りに満ちていた。一方、「戦争、被爆がなければ、家族を失い孤児となり、経済的に困窮することもなかった。被爆で私の人生は大きく狂った、私はこんな人生を歩むはずではなかった」と苦しみ、酒に依存する姿があった。

被爆者として裁判を闘い、社会から光を浴びる姿と、失くした家族への愛情を求め、人生を肯定できず、苦しむ姿は表裏一体であった。すべてが「ヒバクシャ」の姿であったと思う。被爆者理解とは何か、支援することの難しさを橋本さんに教えてもらった。

おわりに

家族は、長年、橋本さんの身勝手な態度に振り回され、心底、疲れ切っていた。テレビや紙面で原爆を語る姿も、どこか恥ずかしい思いでみていた。しかし同時に、橋本さんがどう生きてきたか、その歩みと思いは裁判を通して知ることとなった。

2019 年、橋本さんが亡くなり 8 年経った。今、娘さんは「裁判への熱意はすごかった。多くの人のためにとよく頑張った」と振り返る。そして、「父は結婚して家族ができたが、私たち家族は『仮の宿』だったと思う。父にとっての家族や人生は『原爆前の両親との生活』にあった。父の心の中は 17 歳で止まっていたのでしょう。辛かったと思います。こんな経験をしたのだから仕方がないと、今になっては思います」と話してくれた。

5、「被爆者」として毎日を生きる

米澤 美紀

歳月のうねりに消される原爆の傷跡は、いまも深く体に刻まれている
全身に焼きついた忌まわしい地獄絵のようなケロイドから逃れたい
被爆者に対する言われのない差別と偏見と口さがない世間
傷ついた体と心を背負って生きる　これ以上の侮辱は耐え難い[注1]

田中さん（仮名）の生い立ち

　田中さん（仮名　18歳時1.5km被爆・男性）は、実母が病弱だったため、4歳のころから親戚の家を転々とし、5歳で実母と死別した。尋常小学校卒業後、13歳のときに山口の祖父母宅から広島へ転居。父、義母との暮らしが始まったが、14歳で広島鉄道教習所に入学し寮生活を送ることとなる。16歳で兄とも死別しており、家族との暮らしには縁遠い幼少期を送っている。

　広島鉄道教習所入学後、青年学校に強制入隊の指令を受け、突撃訓練など厳しく鍛えられた。軍人勅諭、戦陣訓をすべて暗唱させられ、戦時色の衝動にかられて志願兵への憧れを強くしていった。17歳当時、電信兵教育係として職場である広島鉄道局から派遣され、招集兵の指導を担当。上等兵からの説得により、田中さんも軍事演習に参加している。このころに受けた徴兵検査では「甲種合格」と言われるほど元気で、田中さん本人も健康には自信を持っていた。

　被爆したのは、同僚3、4人と勤務地である駅のそばで防空壕を掘っていた時だった。あまりにも暑い日で、日差しを遮るものは何もなく、上半身裸、ズボンは膝上まで捲り上げていた。『ピカ・ドンではなく瞬間でした。写真を撮るときのフラッシュ、あるいは電車のスパークのような閃光が走りました。青白い灼熱の光線により、目の先7cm、顔、耳、頭、両腕、肩、胸、両足、爪先までチュリッ、チュリッと焼け爛れるのを自分で見ました。みるみる赤紫のような赤身が剥き出し、爆風、爆音と同時に皮膚は裂け、ボロ布のようにぶら下がり、爆風で吹き飛ばされ、煤塵が舞い上が

り、1m 先も見えず、真っ暗になりました。』[注2]

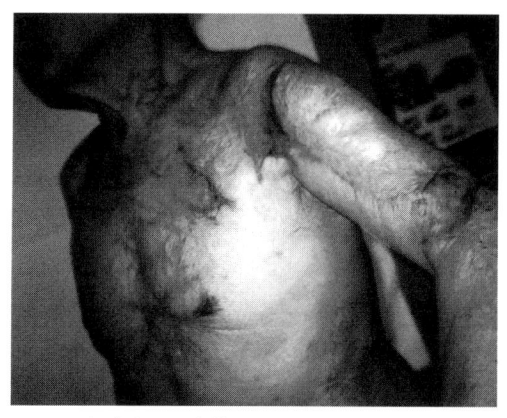

田中さんの身体に残る原爆の傷あと

数か月、生死の淵をさまよい、意識が戻って病床で覗いた鏡には、変わり果てた「化け物」の姿が映った。被爆から1年後にやっと立てるようになり、さらにその1年後に無理をおして復職。以前は仲の良かったはずの同僚から、耳がないとからかわれたり、うつると思って見舞いには行かなかった、など差別的な言葉を聞かされた。体は思うように動かず、結局、3年で退職することとなったのが23歳のときである。その後も体調は悪く、自宅療養が続き、気分も落ち込むことが多かった。定職につくこともせず、周囲からは怠け者とからかわれる日々が数年続いた。

原爆の話は家族のなかでも禁句となり、父、義母、祖父母とも心を通わせることができなくなってしまう。理解のない人からの冷たい視線、ケロイドを見て泣き出す人もいた。人目を避け、顔や体の傷跡を必死で隠す毎日だった。

33歳のときに、田中さんの被爆や病気のことを理解してくれる女性が現れたが、それでも、このような体で結婚することは無責任と考え、籍は入れないまま生活。子どもにも恵まれることなく、田中さんが58歳のときに女性とは死別した。

原爆症認定集団訴訟を契機として

白血球減少症、ケロイド周囲の皮膚炎、下肢静脈瘤の悪化と再発、肝障害。被爆後から常に病気との闘いであった。1980年、1985年に原爆認定申請を行ったがいずれも却下、1990年には某市保健所の窓口で、認定されないからと申請さえ受け付けてもらえなかった。

2006 年、ケロイドに激痛が走るようになり、病院を受診したところ、医師から手術を勧められた。瘢痕拘縮形成術を行う前、同年 5 月に改めて原爆症認定申請を行ったが、1 年後の 2007 年 6 月却下の通知が届く。広島県被団協に相談し、異議申し立てを行い集団訴訟に参加。2008 年 7 月 9 日には広島地裁で本人尋問、2009 年 3 月に勝訴した。

　2007 年、この集団訴訟を契機として相談員の会とのつながりが生まれる。裁判の陳述書作成や口頭尋問に向けた原稿準備。相談員は、田中さんの暮らし、こころに向き合い続けた。「朝、自分の顔見るのがいやです。傷をみるたびに、なんのために生きてきたのかと悔しさだけが心に刻まれます。これほどの傷を自分の体に刻まれたら誰だって思いませんか。不慮のけがではないんです」、「表向きには、運命とあきらめたようにしていましたが、心の底には悔しさがありました。顔や体の瘢痕を見て、負けるものか！と、手にけがをするほど壁を殴ったり。夢のなかでもずっと思いつめていました」。次々とやりきれない思いが、田中さんからあふれた。

　相談員の会から勧められ、2008 年 8 月 6 日「原爆被害者証言のつどい」に証言者として参加。全国から集まった学生や聴衆に自らの体験を語るとき、服を脱ぎ体の瘢痕を見せている。これは、田中さんにとって、できれば隠しておきたい醜いケロイドをさらす後悔と、背筋が凍るような恐ろしい体験を語るつらさを伴う活動である。しかし、10 年たった今も毎年語り部として参加している。

　田中さんは、2009 年、NHK「原爆孤老」に出演、2010 年からは自分史の執筆活動に取り掛かり、2012 年に完成させる。控えめな人柄である田中さんは、大勢の前で話すことが決して得意ではない。それなのになぜ、人前に出て、苦しみをともなう証言を続けるのか。田中さんは、自分史のなかにこう綴っている。

　　『平和は尊いものです。心の中に生きています。踏み台はわれわれだけでいい。黙ってこのまま死んではいけません。爆心地から 1.5 キロメートルで被爆し、死の淵から目覚めました。せっかく生きたのなら、怒り、憎しみ、悲しみ、被爆によって無くした明日への希望、帰ってこない 18 歳の青春の無情、この現実を伝えて、平和の尊さを伝えたい。

何とか被爆の悲惨さを語り継いでいってもらいたい。その思いから自分の姿を見せています。（中略）自分の語る言葉で真の魂や心の声を届けられるだろうかと不安でしたが、証言の後に、証言を聞いた方からのメッセージカードを受け取りました。このカードで、証言を真剣に聞いてくださった方たちを知り、感想には平和の尊さを引き継ぐ決意が示され、これからも生き続けてくださいと文章に結んでおられます。何回も、何回も読み返して、熱い涙を流しながらの嬉しい時間があります。（中略）被爆者の心を理解して接してくださる方々、心の底から前向きに支援してくださることが、一番の心の宝です』

　自分史は、田中さん本人がすべて手書きで綴った原稿を編集した。もともと、田中さんはチラシの裏や小さなメモ紙などわずかな空白があればどこにでも、日々のあふれる思いを書いていた。そうして気持ちを鎮めている。丁寧に、ときに書きなぐられた一文字一文字に、いまの苦しみ、原爆への憎悪、平和を尊ぶ思い、出会った人々への感謝の念が込められている。90歳を越え、田中さんはアパートで独り暮らしを続けている。20代前半で家族から離れ、そのほとんどを独りで生きてきた。被爆から70年以上たった今も、大きな音には恐怖を感じ、対向車のライトは直視できない。原爆で焼かれた体の硬直感がよみがえるためだ。1日でも、わずかな時間であったとしても心安らかに過ごせるよう、相談員の会は、これからも田中さんに寄り添い続けたい。

注記
（1）（2）自分史「生きる」第4集　2012年発行

6、ケロイドは放射線に起因しない

櫻下　美紀

広範囲のケロイド

　中林さん（仮名、当時77歳、女性）との出会いは、2007年10月。全国各地で原爆症認定集団訴訟の勝訴判決が相次いでいた時期であった。「ケ

ロイドで認定された人がいますか」と、電話での相談だった。後日、相談室を訪れた中林さんは、小柄で品のある佇まいの女性であった。しかし、顔面は下唇から頸部まで皮膚が引きつり、耳は変形し、後頭部に癒着している。毛髪も所々失われていた。「家族にも見せたくないのです」と、震える声で話しながら、長袖をたくし上げた。左半身が灼かれていた。MSW として駆け出しの筆者は、初めて目にする広範囲のケロイドに衝撃を受けた。

家族、暮らし、健康、全てを失う

　中林さんは、15 歳の時、爆心地から 1.8km の大須賀町の友人宅で被爆した。一瞬の閃光と熱線を受け、ジリジリと身体が灼けるのを感じたという。家屋の下敷きとなったが何とか這い出し、川辺に逃げた。川面に映ったのは、全身にガラス破片が刺さり、左半身の皮膚が剥げ垂れ下がった姿だった。いつの間にか意識を失い、翌日、目を覚ますと、広島駅でむしろ（ゴザ）に寝かされていた。学生らしき人に、「家は、親戚は」と聞かれ、次に目を覚ましたのは 8 月 9 日だった。顔は真っ黒、火ぶくれで人相は判別がつかなかったが、なんとか親戚が捜し出し、大八車（総木製の人力荷車）で市外の親戚宅に避難した。

　中林さんの両親と兄弟（妹・弟）は、爆心地からわずか約 1.0km の自宅で被爆していた。弟は即死だった。両親と妹は、奇跡的に無傷で、黒い雨に遭いながら親戚宅に避難していた。

　8 月 15 日、終戦。両親は中林さんを大八車に乗せ、坂道を押し歩き病院に連れて行ってくれた。しかし数日後、その両親に間もなく下痢、下血、紫斑、大量の脱毛などの急性症状が現れた。8 月末に父が他界。その 3 日後、母も他界した。そして妹も母の死の 2 日後、誰にも看取られず他界した。両親の葬儀で皆が慌ただしい中だった。中林さんは家族全員を失い、原爆孤児となった。

原爆について触れてほしくない

　中林さんにも被爆直後から急性症状が出現した。なんとか動けるように

なったのは翌年の春だった。しかし、毛髪が生えそろわず、卒業式には自分で頭巾を縫い出席した。20 歳前に顔面の皮膚移植手術を受けたが、手指や膝裏の筋は突っ張り、十分に伸展しなかった。そして、被爆から 62 年が経過しても、ケロイドは未だに痛みと痒みが生じ、皮が剥け出血し、ジクジクと膿を出す。

しかし、中林さんは長年医療機関には受診をせず市販薬で対処していた。受診は医師に身体を見せねばならない苦しい行為であった。若い頃、医師から「原爆乙女[注1]になってアメリカで治療を受ければよかったのに」と言われたことが胸に突き刺さっていた。医師は親切心から話したのかもしれない。しかし、「米国で治療を受けられたことを当時は知りませんでした。知っていても反原爆のモデルのように身をさらすことは私にはできなかった。夫や子どもたちにも原爆に関する話をしたことがないのです。誰もが原爆乙女になれたわけではない。病院でも私の気持ちはわかってもらえない」との心情となった。

被爆から 62 年、熱傷瘢痕（ケロイド）で原爆症申請

2007 年 11 月、筆者は中林さんの思いを原爆症認定申請書にまとめた。医師は「顔面・頸部・左手の熱傷瘢痕（ケロイド）」の病名で意見書を記載。さらに、他院の形成外科受診を促し、「熱傷瘢痕に関しては手術可能な状態である」との診断結果と身体に残るケロイドの写真を添付し申請を行った。

申請から 2 年半が経過した 2010 年 6 月、中林さんのもとに却下通知が届いた。通知には、「放射線に起因していると判断することは困難」と記載されていた。要医療性が争点になると考えていたが、放射線起因性が否定された。原爆症認定集団訴訟において国は「被爆者にみられるケロイドは，原爆の熱線による熱傷によって生じたのであるから，ケロイドの発症そのものは，原爆の放射線に起因するものではない」と主張した。しかし、2006 年 8 月の広島地裁判決はこれをすべて否定し、「被爆者のケロイドは，原子爆弾の放射線に直接起因し，あるいはその治癒能力が原爆放射線の影響を受けている場合がありうる」とした。

さらに、2009年3月の第2陣の広島地裁判決でも、「ケロイドの発症ないし促進に，熱線以外の要素である放射線(残留放射線)が関与していることを強く示唆する。(中略)したがって原告の熱傷後瘢痕拘縮については，放射線起因性が認められる」とした。しかし、中林さんの認定申請に対して、疾病・障害認定審査会はこれら裁判所の判決を考慮せず、却下した。

2010年8月、異議申し立てを行った。筆者は全国の原爆症認定集団訴訟の判例をまとめ、中林さんの申立書に記した。

> 「15歳の女の子が『死ねるものなら死にたかった』と思った苦しみは皆様に届くのでしょうか。このケロイドは原爆が原因であるということを認めていただきたい。却下に怒りと無念を感じています」

2011年1月、異議申し立ては棄却された。中林さんがはじめに申請を決意してから4年が経過していた。

2014年春。相談員の会が主催した「被爆者総合相談会」に84歳になった中林さんの姿があった。再度申請をしようか悩んでいる、という。今度申請するときは、裁判をする決意だと。しかし、残された人生を考えると裁判を覚悟した申請は容易に決断できず、「待つことの苦しみも味わうことになる。申請しないのも悔しい。申請してもつらいのです」と語った。

原爆に抗う姿

15歳の少女が、顔面や身体にケロイドを負い、原爆孤児となり生きていくことは並大抵ではなかったであろう。筆者は、その苦しみに寄り添いたいと思い、何年も手紙のやり取りを重ねた。しかし、「あの日から心も凍り付いたのです。辛くて思い出したくない」と、被爆後の生活史を語ることはなかった。原爆から逃げるように生き、晩年になっても、人生を振り返ることもできない、原爆とは、それほど〈むごい〉ものであった。

だが、中林さんが自覚するか否かに関わらず、原爆症認定集団訴訟をきっかけに、原爆が自らに何をしたのか、見つめることとなった。「テレビで原爆に関する放送がありますと、家族がすぐにチャンネルを変えてくれます。でも最近は新聞記事で原爆に関する記事をしっかり切り抜いてとっています。私、矛盾していますよね」と、困り顔で語った。筆者は、その姿

は原爆に対峙し、抗う姿そのものであったと感じている。同時に、中林さんが苦しみのよってきたるものを見つめれば見つめるほど、原爆症認定制度は被爆者をより苦しめる限界のある制度であるとの思いを強くした。原爆の〈むごさ〉と同時に、国の援護施策の無情さを思う。

　原爆に打ちひしがれ、人間として生きる意欲を奪われてしまった被爆者が、人間性を取り戻し回復して生きていける支えとなる存在や援護施策があったならば、中林さんの人生はどうであったであろうか。彼女の人生の後半に、筆者はその存在の一部に成り得ていたであろうか、と思いを巡らせている。

（ヒバクシャ 31 号 2014 年発行 2019 年加筆）

注記
(1)　原爆乙女：原爆により顔や体に熱傷を負い、瘢痕（ケロイド）が残った若い女性の総称。原爆投下から 10 年後の 1955 年、広島で被爆をした女性 25 人（被爆当時の年齢 6 歳〜 21 歳）が米国に招かれケロイドの治療を受け、主に彼女たちを指す場合が多い。広島・流川教会の牧師、谷本清氏と米国のジャーナリスト、ノーマン・カズンズ氏が中心となり支援し、国内外で大きく取り上げられ、治療や滞在費は寄付により実施された。

7、在外被爆者の原爆症認定申請

山地　恭子

原爆症認定申請をめぐる情勢と申請援助

　2003 年、日本国内で原爆症集団認定訴訟が提訴され、2008 年 3 月「新しい審査の基準」が適用された（2009 年 6 月疾患追加）。当院では渡日治療の受け入れを行ってきた経過があるため、韓国の被爆者から、是非原爆症認定申請を手伝ってほしいと相談を受けた。

　広島に投下された一発の原子爆弾によって、約 20 万人が被爆、その内 1 割は外国人と言われている。特に韓国人被爆者が多く、韓国で「第二の

広島」と呼ばれる陜川(ハプチョン)には、韓国唯一の陜川原爆被害者福祉会館がある[注1]。そこで生活されていた柳永秀(ユウヨンス)さんは、日本語が堪能で、渡日治療のため来日経験もあった。柳さんは「認定基準が変わったと聞いた。癌などの疾患を抱え、高額な医療費負担で大変な思いをしている被爆者が多くいる。是非何とかしたい」と訴えた。

韓国の医療機関で診断書を作成し、韓国から申請することはこの当時は困難であった[注2]。来日には時間も費用もかかる。認定申請の基準に該当し、認定される可能性が高い方であるか、見極めを行う必要がある。いたずらに来日を勧めるわけにいかない。来日前に疾患の確認、カルテや必要な添付書類をそろえておくこと（例えば手術記録など）が必要であった。

韓国での相談対応を柳さんや現地の被爆者協会にお願いし、FAXなどでMSWとやり取りをしながら、来日前に必要な書類を整える支援から開始した[注3]。来日に際しては、市民の会の方が駅までの出迎えや行政窓口との連携、宿泊場所の手配、通訳、当院までの送迎などをボランティアで全面的に協力した[注4]。

当院では、持参された書類を確認し、診察、必要な検査を行い、意見書を医師が作成した。MSWは、時に通訳を介し、被爆状況を聞き、申請書作成を援助、申請書類全体を整えた。時に、本人が帰国後に追加資料を求められ、再度韓国へ連絡し、調整した。

申請援助を行った方の被爆状況

2009年、2010年度に来院され、原爆症認定申請援助を行ったうち、数名の被爆状況を簡略に示す。

Aさん（1.8km 楠木町二丁目　8歳時被爆）

朝食の途中、自宅で被爆。祖父母、母、妹と一緒だった。自宅は倒壊、防空壕へ避難し、その後大芝公園、三滝山へ避難した。母の話では意識が数日なかったと聞いている。9月末頃韓国へ帰国したが、高熱、頭痛、下痢、嘔吐に苦しんだ。薬はなく、食べるにも苦労した。その後成長してからも身体の疲労感が強く仕事を続けることができず、病院へ行くことも生活が苦しくて行けなかった。食道がんで認定申請。

Bさん（3.0km 江波町　11 歳時被爆）

　自宅で被爆、父母と姉と一緒にいた。なぜかその日は学校へ行かず自宅で寝ころんでいた。ものすごい爆音と同時に、周囲が真っ暗になった。どれくらい時間が経ったかわからないが、江波公園の方へ逃げた。夕方自宅へ帰ると、自宅の屋根は大きく吹き飛び、半壊状態だった。簡単な補修をして、壊れた自宅で生活した。左の太ももをガラスで怪我していたが、病院も行かず、薬もなく特に治療はしていなかった。11 月下旬、下関から船で韓国へ帰った。胃がんで認定申請。

Cさん（1.3km 舟入本町　生後 5 か月被爆）

　本人の記憶はまったくない。自宅で被爆、自宅は崩壊、本人は下敷きになった。瀕死の状態で発見された。父は置いて逃げようと言ったが、母は遺体でも連れて帰ると言い、引っ張り出し近くの川で私を洗ったと聞いている。かすかな息をしていたようだ。

　己斐の山に逃げ、野宿。どこかよくわからないが、田舎でしばらく過ごし、9 月頃韓国に帰国した。被爆後から右耳が聞こえない。左足は下敷きになった影響で痛みがあり、いまだに階段をうまく昇降できない。乳がんで認定申請。

Dさん（1.2km 上天満町　4 歳時被爆）

　自宅で被爆、祖父母、両親、叔父、姉、弟と 8 人暮らしだった。祖父母と叔父は自宅の下敷きになり即死。己斐の山へ避難したが、どのくらいそこにいたかわからない。自宅は全焼、祖母の遺体は見つからなかった。10 月頃韓国に帰国した。

　朝鮮戦争時、手りゅう弾で右手の 3 本の指を失った。母は足に悪性腫瘍があり、高齢で手術はできないと言われた。前立腺がんで認定申請。

Eさん（2.0km 舟入川口町　2 歳時被爆）

　自宅で被爆、当時両親と 3 人暮らし。弟が母の胎内にいたと思われる。幼少時被爆で記憶がほとんどないが、弟は帰国後死産した。自宅は全壊、全焼。時期不明だが、早期に帰国。

　母は末の子の出産時に他界、平成 9 年、父と原爆手帳申請を行った。その父も肝臓がんで 3 年前に他界した。大腸がんで認定申請。

被爆者として認められないもどかしさ

　広島においてさえ、原爆症認定申請をどこへ相談したらよいかわからないという相談が、この当時多かった。被爆者としての制度を活用するために、援助者が必要であることを MSW として感じていたが、在外被爆者は、より一層援助が必要であった。おそらく、広島、長崎には個人で医療機関を訪れ、申請を希望された方も多かったであろう。そして、少なからず MSW たちが援助を行ったと推測できる。

　来日可能な、比較的幼少期の被爆者の相談が中心だった。当時の記憶さえないが、被爆後様々な困難と闘い生きてきた在外被爆者は、被爆者として認められないもどかしさを感じていた。被爆者手帳取得も手当受給も日本の被爆者よりかなり遅れた。高齢被爆者は来日さえ不可能だった。

　ほんの数例ではあるが、MSW として支援できた事例である。

（ヒバクシャ 27 号 2009 年 8 月発行 2019 年 3 月加筆）

注記
(1)　陜川原爆被害者福祉会館。1990 年、日本政府が人道的観点、福祉向上の視点から韓国に対して総額 40 億円の支援を表明。その施策の 1 つとして建設された韓国唯一の福祉会館（1996 年 10 月完成）。
(2)　2010 年 4 月 1 日以降、国外居住地から、原爆症認定申請が可能になった
(3)　被爆者協会（韓国原爆被害者協会）1966 年発足当時は韓国被爆者救援日韓協会であった。韓国で発足した被爆者当事者団体。
(4)　市民の会（韓国の原爆被害者を救援する市民の会）渡日治療委員会広島とともに、長年民間で取り組んだ渡日治療において、ボランティアで支援を行った。

参考文献
　『ヒロシマを持ちかえった人々─「韓国の広島」はなぜ生まれたのか』（市場淳子、凱風社、2000.11）

8、在外被爆者の被爆者健康手帳申請

山地 恭子

16年ぶりの帰国

　ブラジル在住の山本さん（仮名・70代男性）は、昭和９年生まれ、昭和20年当時、国民学校の４年生だった。現在の安佐南区（安佐郡安村）で、祖母、母、兄、姉、弟２人で生活していた。詳細の被爆状況は省略するが、山本さんの自宅はいわゆる黒い雨指定地域で、当時、国民学校からの帰りに、白いＴシャツが真っ黒になって帰ったことを山本さんは鮮明に覚えている。しかし、被爆者健康手帳が規定する１号被爆者（直接被爆）、２号被爆者（入市被爆）、３号被爆者（救護被爆）、４号被爆者（胎内被爆）のいずれにも該当しない。

　当院に通院する山本さんの兄が、相談室に訪れた一声は「健康管理手当の診断書を書いてほしい」であった。兄は、黒い雨指定地域であることを了解しており、第一種健康診断受診者証（以下：第一種受診者証[注1]）を所持している者で、健康管理手当に該当する疾患の治療中であれば、診断書を申請することで、被爆者健康手帳交付となり、３号被爆者となることを理解していた。30年来糖尿病の治療を行っている山本さんは、健康管理手当の対象である。兄は、16年ぶりに帰国した弟のために、被爆者健康手帳を取得しようと自身のかかりつけである医療機関の相談室を訪れたのだ（2008年当時）。

証人探し、そして仮申請？

　山本さんは、まず、第一種受診者証の申請、承認が必要ということになる。次に、健康管理手当の診断書を作成、申請し、被爆者健康手帳発行となる。山本さん、兄に、まず必要な手続きについて説明した。まず必要な第一種受診者証の申請手続きは、被爆者健康手帳申請と同様、申請書類と証人である。

　運よく、証人は比較的容易に見つかり、準備ができた。しかし、長年日本語を書かれていない山本さんにとって、申請書記入は不可能に近かった。

兄も高齢で、代筆は困難であり、筆者が代筆することになった。当初、区役所へ申請を考えていたが、帰国後に被爆者健康手帳への切り替えを行うことになることを考慮し、広島市原爆被害対策部へ電話相談した。

ところが、その電話相談で、申請が簡単にできないことが判明した。せっかく書いた申請書は、「正式な申請」でなく「仮申請」だと話された。本人面接を行う必要があること、申請書提出後面接は数か月後になること、面接する時は来日してもらう必要があること……。山本さんは、今回が最後の来日だと考えていた。ブラジルで生活する子どもたちが「元気なうちに日本に遊びに行ってこいと言ってくれた」と笑顔で話される反面、「もう二度と来日できないかもしれない」と話された。家族の事情、体調、抱えている事情は人それぞれだ。

広島市原爆被害対策部の担当者に、私は思わず「来日できない場合、どのようにして面接するのか。海外からの手帳申請も同じ手続きのはず。領事館で面接を担当するのか？　広島から担当者がいくのか？」と質問した。答えは「わからない」。これでは安穏と面接を待っているわけにいかない。何とか今回の来日中に面接してほしいと懇願し、後日広島市庁舎で面接することが決まった。

山本さんがブラジルへ帰国する前日だった。

面接 2 時間！　在学証明と戸籍も必要

面接の日、山本さんと兄、筆者、三人で広島市庁舎を訪問した。持参した「申請書」にはほとんど目を通されないまま、面接は進んだ。当時どこにいたのか、どこで被爆したのか、繰り返し、本人の記憶をたどるように、ゆっくりと丁寧な質問だ。なぜブラジルへ渡ったのか、誰と渡ったのか、被爆状況の確認とはあまり関係のない質問もあった。

申請書を作成する中で、筆者が山本さんと兄に質問したしたことばかりだった。市庁舎へ向かうタクシーの中で、ブラジルへ渡った経緯について話していたため、山本さんはまるで本番のテストを受けるように、質問に答えた。面接の最後には、担当者は、山本さんが話した内容を声に出して読み上げ、間違いがなければサインするよう指示した。地図で被爆場所を

確認、申請書に書いていた間違い（国民学校 4 年生だったが、2 年生か 3 年生と書いていた）も訂正した。「これ以後訂正はできません。本当に良いですね」と念を押された。

山本さんは念を押されると自信がなくなり、何度も「かなり昔のことで覚えていないことも多いが……」と話した。面接時間二時間、やっと面接が終了し、市庁舎を後にした。担当者の丁寧な対応に、手帳申請を受ける行政の大変さも感じた。

さて、この翌日、山本さんは空の上の人になった。しかし、これで終わらなかった。市庁舎での面接時、国民学校（現在の小学校）の在学証明を後日でよいので持参してほしいと言われた。また、「改正原戸籍」も必要と後日電話連絡があった。

両親、兄弟の生年月日を山本さんは記憶しておらず、申請書を空欄にしていたが、確認が必要で当時の戸籍が必要だった。区役所を訪問し戸籍係に相談すると、昭和 23 年に戸籍法が改正されたため、「改正原戸籍」で必ずわかる保証がないこと、そのため「当時の戸籍」と申し出したほうが良いことを助言してもらった。兄が戸籍を申請、準備ができた。

小学校へは筆者が事情を説明し、卒業証明書を受け取りに行った（小学校では在学証明でなく、卒業証明しかだせないと助言された）。

山本さんが帰国後も時間がかかったが、どうにか必要な書類をそろえ、広島市へ提出した。考えてみれば、広島市側も、面接を早々に繰り上げてもらい、「正式な申請をうけます」と言いつつ、結局そろっていない書類を待っていただき、その配慮には感謝しかない。

高齢化する被爆者の手に、被爆者健康手帳はいつ届くのか

それにしても、山本さんの「第一種健康診断受診者証」はいつ発行されるのか。山本さんは帰国後、被爆者健康手帳（3 号）への切り替えが必要だ。被爆者援護法が改正され、2008 年 12 月から、海外からの被爆者健康手帳の申請が可能になった。しかし、山本さんの場合、まだまだ道のりが長い。[注3]

被爆者は日本にいても、海外で生活していても、高齢化していることは

事実だ。山本さんが被爆者健康手帳を手にするのはいつのことだろう。「健康管理手当の診断書を書いてほしい」と相談に来た兄も、まさかこんなことになるとは思ってもみなかっただろう。山本さんは帰国する際「元気だったら、また日本に来ます」と笑顔で話された。

　私は在外被爆者の手帳申請に初めて関わり、驚きの展開も経験し、被爆者本人が手続きをすべて行うのは本当に困難を極めると感じた。特に、長く法律の外に置かれた在外被爆者にとって、当然受けられるべき法的援助も遠い。医療ソーシャルワーカーという支援職の一人として、今後の支援に生かしたいと思う。

（ヒバクシャ 26 号 2009 年 8 月発行 2019 年 3 月加筆）

注記

(1) 第一種健康診断受診者証：黒い雨降雨地域の方に交付される手帳。本書 117 ページ参照

(2) 健康管理手当：被爆者援護法に規定される手当の一種。本書 118 ページ参照

(3) 2003 年 3 月 1 日以降、日本で被爆者援護法による健康管理手当などの受給権を取得した在外被爆者が、国外居住地で手当てを受給できるようになった。2005 年 11 月 30 日以降、国外居住地から各種手当の支給申請が可能になった。2008 年 12 月 15 日以降、国外居住地から被爆者手帳の交付申請が可能になった。そして、2010 年 4 月 1 日以降、国外居住地から原爆症認定申請が可能になった。本事例においては、当時在外からの手帳申請、健康受診者証申請も困難であった時期の事例である。山本さんの場合、第一種健康診断受診者証取得後、在外から 3 号被爆者（本証）への切り替え申請を行う必要がある。

9、被爆当時の証人なしで被爆者手帳を取得するまで

松本 ソノ

　東広島市在住の竹田さん（仮名）が、2010 年の 7 月に行われた原爆被害者相談員の会主催の相談会に、被爆者健康手帳（以下、「手帳」）申請について相談されたのがそもそもの始まりだった。79 歳で膝も心臓も悪い竹田さんにとっては、東広島から広島まで出かけることもかなり負担だったはず。それをおしてでも相談したいという強い気持ちがあったのだ。

　たまたま、私が T さんの自宅と近いところに住んでいるということで、竹田さんの「手帳」申請について支援することになった。

竹田さんの被爆体験

　竹田さんは入市被爆である。1945 年当時は 12 歳で、世羅郡神田村（現三原市大和町）に住んでいた。原爆が落ちて市内から戻ってこない伯父を捜すため、また、白島に住む親戚の安否の確認のため、竹田さんは伯母と母と弟とともに入市した。向原駅まで徒歩やバスにのり、向原駅から芸備線の汽車に乗り市内に向かった。何駅か覚えていないが途中までしか行けず、そこからは徒歩で進んだ。市内に入ってからは手すりのない電車の通る木下駄の橋を渡り、下の川面が見えて怖い思いをした。また、八丁堀の福屋の建物の近くを通ったが、かつての賑やかなデパートの面影はなく、窓は吹き飛びガランドウのようだった。行方不明の伯父の安否は分からずじまいで、白島九軒町の親戚を訪ねて無事を確認し、田舎から持ってきた魚の干物や野菜などの食料を分けて帰った。

　その後、1945 年 8 月下旬から、竹田さんは原因不明の激しい下痢や鼻血、高熱などの症状に襲われた。同年 9 月 17 日の世羅近郷の大水害がおこった頃が一番症状が激しかったが、両親や祖母の懸命な看護で、秋頃にはやっと学校へ行けるくらいには回復した。今になって思えば入市被爆したことによる急性症状だったのかもしれない。

　その後、竹田さんは成人してから、そして、結婚後も、保育者として働いてきた。最後は市の保母として定年を迎えている。定年後に自宅近くの

保育所の平和学習に関わり、園児や保護者に自身の体験を話す機会が何度かあった。

手帳申請に至るまで

　竹田さんの母は 1978 年に手帳を取得している。実は竹田さんたちと入市する前にも竹田さんの母は 8 月 8 日に伯母と共に、安否の分からない伯父を探しに広島市へ入市していた(伯父は当時兵隊で中島の駐屯地にいて、結局、遺品も何も残っていなかった)。その時近所の人も何人か一緒に行っており、その人たちが証人となって「手帳」申請をしたようである。母が「手帳」を申請したとき、既に竹田さんは結婚していて、実家から離れて生活ていた。そのためか母は「手帳」に関することは竹田さんには全く話さなかった。

　竹田さんがそのことを知ったのは母が亡くなってかなり経ってからのことだ。数年前大和町の実家が取り壊されることになり、荷物の整理をしていて母の日記を見つけ、その時初めて母が「手帳」を取得していたことを知ったのだ。日記には一緒に入市した知人の名前や「手帳」の番号、「手帳」申請の顛末などが簡単に記されていた。なんで申請するとき私にも一言声をかけてくれなかったのか、悔やんでも悔やみきれなかった。

1 回目の申請

　2008 年 8 月 25 日に、竹田さんは 1 回目の「手帳」の交付申請をした。しかし、2009 年 12 月 22 日却下された。通知によると「入市日などの記憶が明瞭でない」、「福屋には誰もいなかったと申述されましたが、福屋は救護所になっており、当時の状況と相違している」、「同行したとするお母さんが被爆者健康手帳の交付申請をされた際の関係資料を調べたが、あなたが入市したことについて確認ができなかった」というのが主な却下理由だった。

　却下通知には不服申し立てできることも記載されていたが、その時は他に方法が浮かばず、何もせずに時間だけが経過した。

　しかし、あきらめられない竹田さんは 2010 年 7 月、相談会が開かれる

と知って、芳しくはない体調をおして広島市の会場まで相談に来られたのだ。

2 回目の申請までに

相談会から一週間後、私は竹田さんのお宅を訪ねて、竹田さんの被爆体験、これまでのいきさつ、1 回目の「手帳」申請の経過などを伺い、却下通知などを確認した。証人がいない中での「手帳」申請になる可能性があったので、資料は少しでも多く集めた方がよい。竹田さんが記憶している市内の様子から竹田さんが通ったと思われる橋（木下駄の電車が通る橋）を特定したり、当時の福屋の様子を調べたりした。

また、竹田さんの母の「手帳」の申請書に少しでも何か手がかりはないか調べてみたいとの竹田さんの希望もあった。そこで広島県から母の「手帳」の申請書を取り寄せた。竹田さんの母の申請書には 8 月 8 日に義理の姉（竹田さんの伯母）と近所の人たちと入市被爆したことなどが書かれていたが、2 度目に竹田さんたちと入市したことについては全く触れられていなかった。

資料を集める努力をしたものの、決め手となるものがない。白島九軒町に住んでいた従弟は存命していたが、高齢で認知症の症状が出ていて証人となれそうもない。あとは竹田さんの記憶を正確に申請書に書いていくしかなかった。何度か話し合いを重ねて文章を練り、最終的には竹田さん自身で申請書を書き上げた。竹田さんが記憶している木下駄の電車が通る橋が稲荷橋だと思われたので、当時の稲荷橋の写真と、竹田さんが記憶を頼りに書いたその橋の絵も添付した。

入市した日については、長崎の原爆の後で終戦の前、そしてお盆で先祖が帰ってくる日の前だったと記憶していたので、8 月 12 日と申請書に記入した。

こうして、2010 年 8 月下旬に竹田さんは二度目の「手帳」申請書を提出した。

聞き取り調査とその後

　県の担当者による聞き取り調査は 2011 年 5 月下旬に東広島市の合同庁舎で行われた。このとき竹田さんは大腿骨骨折の手術後で屋外でも車イス移動の状態であった。幸い近所の民生委員さんが面接時に付き添ってくださり、無事に面接を終えることができたそうである。

　面接に挑む前に確認したことは、申請書を改めて読みかえしていき、申請書と異なることは言わないように気をつける、ということであった。

　聞き取り調査は 3 時間に及んだ。竹田さんによると県の担当者は竹田さんの話をよく聞いてくれたそうだ。調査の後もその担当者から何度も電話があり、申請書には書いていなかった父親のこと、保育所での平和学習の資料で書いていることなどを聞かれた。また、県の担当者は竹田さんの被爆証言を聞いたことのある当時の保育園の保護者や保育者に別途面接をして聞き取りをしたようである。後に竹田さんが聞いたところによると、県の担当者は 70 枚あまりの資料を作成して、それを竹田さんの「手帳」申請書に添付して稟議にかけたようである。

　そしてついに、2011 年 10 月に「手帳」が竹田さんに交付された。

　実は初めは私は「手帳」取得は難しいだろうと思っていた。が、竹田さんが今回たとえ却下されても不服申し立てをしていきたいという強い意志をお持ちだったので、私もその覚悟で関わった。できるだけ竹田さんの記憶に忠実に、竹田さんの表現を大事にして申請書作成のお手伝いをした。また、不確かなことは敢えて書かない、言わないなども気をつけた。竹田さんの強い意志と一貫した主張が、県の担当者を動かし、「手帳」の交付につながったのだと思う。

（ヒバクシャ 29 号加筆）

被爆者のための制度と用語の解説

【被爆者健康手帳】

　被爆者援護法に定める「被爆者」とは次の 1 号から 4 号に該当する人で、被爆者健康手帳を所持している人をいう。

　この手帳を健康保険の被保険者証とともに、医療機関等にもっていけば、無料で診察、治療、投薬、入院等がうけられる。また、年に 4 回健診がうけられる。

区分	被爆者健康手帳の申請条件
1 号	直接被爆者：原爆投下のとき広島・長崎の下記の地域にいた人。 <広島>当時の広島市内全域、安佐郡祇園町、安芸郡戸坂村弧爪木、安芸郡中山村のうち中・落久保・北平原・西平原・寄田、安芸郡府中町茂陰北 <長崎>当時の長崎市内全域、西彼杵郡福田村のうち大浦郷・小浦郷・本村郷・小江郷・小江原郷、西彼杵郡福田村のうち高田郷・吉無田郷
2 号	入市被爆者：原爆投下から 2 週間以内に、爆心地から 2km 以内に入った人。 <広島> 1945(昭和 20) 年 8 月 20 日まで、<長崎> 1945(昭和 20) 年 8 月 23 日まで
3 号	1 号、2 号以外に原爆放射線を身体に受ける状況にあった人。 例えば、近隣の地域で被災者の救護、死体の処理などをした人、第 1 種健康診断受診者証所持者のうち、健康管理手当が受けられる病気にかかった人
4 号	胎内被爆者：1 号から 3 号に該当する人の胎児で、下記の日付までに生まれた人。 <広島> 1946(昭和 21) 年 5 月 31 日まで、<長崎> 1946(昭和 21) 年 6 月 3 日まで

【健康診断受診者証】

●第 1 種健康診断受診者証

　被爆当時、黒い雨が降った地域に住んでいた人および胎児に交付される。この受信者証は被爆者健診が年 4 回受けられ、健康管理手当が受けられる病気にかかった場合には被爆者健康手帳に切り替えることができる。

●第2種健康診断受診者証

　原爆投下のとき長崎の爆心地から12km以内の地域にいた人と胎児に交付される。年1回健診を受けることができるが、被爆者健康手帳への切り替えはできない。

【被爆者の各種手当】

　被爆者には、被爆者援護法により以下の手当が支給される。これらの手当は原爆の傷害作用により生活能力が劣っていたり、病気やけがのために特別の出費を要する人が多い等の理由で設けられた。

医療特別手当：認定被爆者で現に治療を受けている場合　月額 141,360 円

特別手当：認定被爆者で病気・ケガが治っている場合　　　月額 52,200 円

原子爆弾小頭症手当：胎内被爆者で知的障害、精神発達遅滞などの障害

　がある人　　　　　　　　　　　　　　　　　　　月額 48,650 円

健康管理手当：11 疾病に該当する人　　　　　　　　　月額 34,770 円

保健手当：2 km 以内の直接被爆者　　　　　　　　　　月額 17,440 円

　上記のうち①身体障害者、又は②70 歳以上の一人暮らし　月額 34,770 円

介護手当：他人介護手当　月額 重度 105,460 円以内、中度 70,300 円以内

家族介護手当　　　　　　　　　　　　　　　　　月額　22,190 円

葬祭料　　　　　　　　　　　　　　　　　　　　206,000 円

（＊手当額：2019 年度分）

【認定被爆者】

　認定被爆者とは、病気やけがが「原子爆弾の傷害作用によるもの、または原子爆弾の熱線などの放射能以外の傷害作用による場合には、その人の治ゆ能力が放射能の影響を受けている（起因性）」そして「現に治療を要する状態にある（要医療性）」と厚生労働大臣が認定した人。

　該当する病気として、悪性腫瘍（固形がんなど）、白血病、副甲状腺機能亢進症、放射線白内障（加齢性白内障を除く）、心筋梗塞、甲状腺機能低下症、慢性肝炎・肝硬変などがある。

第3章
被爆者とともに行うソーシャルアクション

被爆者相談活動前期

塚本 弥生

　1981 年 6 月 14 日発足した相談員の会の活動目標は、原爆被害者はその人生において原爆被害の影響をどのように抱え続けているのか、それはどのような形で克服することが可能なのか、そのために必要な援護とは何なのかを明らかにすることであった。そのための活動形態として、広島YMCA の協力のもと毎月 1 回相談会を開催することを柱に、見えない被爆者の生活と今に続く苦悩の実態を把握するために相談事例の共有と検討を積み重ねていった。1995 年までの 14 年間の相談件数は 504 件だった。

504 件の相談内容

相　談　内　容	件　数
被爆者健康手帳申請	２９６件
原爆症認定申請	６１件
生活相談	２９件
被爆者特別手当申請	２７件
被爆による精神的苦悩の訴え	８件
証言活動、手記作成の相談	４件
その他	６４件

　「その他」の相談内容は、遺骨探し、遺族、孤児の生活問題、被爆距離の訂正、準軍属障害年金請求（学徒動員で被爆した被爆者）、老人ホーム入所、精神障害者、身体障害者家族の問題、被爆 2 世、年金申請、介護相談、医療費、アルコール依存、等多岐に渡る。

　相談内容は、まるで広島の被爆者の実情を現わす縮図のようであった。第 1 回相談会の 36 事例の検討会では、被爆者の「家族もどんなに苦しんだか考えてほしい。」「ケロイドのために 30 年間下を向いて歩いた」「あの時死んでいればよかった。」等の言葉に、決して聞きっぱなしにしてはならない、相談に並行して証言活動が必要であることを会員たちで確認した。原爆症認定申請や被爆者健康手帳交付申請相談も対応は実践的なものになっていき、さらに弁護士の協力も得て、原爆二法の解釈、運用の問題

点や限界が明らかにされていった。

　ここでは、被爆者健康手帳申請相談と原爆症認定相談の概要について述べる（1975年から94年までの活動については『被爆者とともに』（95年中国新聞社刊行）に詳しく報告されている）。

被爆者健康手帳申請相談

　1993年度の被爆者健康手帳新規交付数は広島県で1054人（広島市では625人）であった。被爆者手帳申請に関する相談内容は、①手続をする上で行政との対応の仕方に困っているケース、②これまで自分が交付の対象になっていることを自覚していなかったり、あまり関心が無く過ごしてきたため、申請手続きに必要な知識が不足しているケース（原爆医療法制定当時は手帳交付の範囲が非常に狭く限られていたことによると考えられる）③差別、偏見を恐れて、あるいは被爆時のことを思い出したくないために手続きする気になれなかった等、心理的、社会的な問題を抱えているケースに大別できる。しかし①②の中にも退職や発病をきっかけに手帳申請を考えるようになった人も少なくない。手帳申請は、申請書に事細かく被爆状況を書き込んでいく作業を通して、その人が改めて「被爆者」であることを自覚し、それを受けとめて生きていく一つの人生の節目となっている。

　被爆から年数を経るに従い、当然のことながら幼少期に被爆した人の申請が増加しており、記憶が薄れているために手帳取得は困難になっている。

手帳申請相談の96人の調査回答（1984年6月、複数回答）

今まで申請しなかった理由		手続きで最も苦労したこと	
証人がいないのでダメだと思った	３４人	証人を探すこと	２３人
必要を感じなかった	２８人	申請内容を行政に信用してもらえなかった	８人
手続きが大変と思った	２６人	証人がいない	７人
交付の対象と思っていなかった	１６人	記憶がはっきりしない	６人
社会的に不利になるとおもった	９人	証人との記憶がくい違っている	２人
思い出すのが嫌だった	７人		

こうしたケースを行政窓口では、申請を受理せずに「取り下げ」を指導している。行政側は取り下げを指導する理由を説明してはいるが、指摘した問題点の解決方法までは助言しないため、ほとんどの人はどうしたらよいのか分からず諦めているのだった。取り下げのケースの傾向をみると、「子供の頃の被爆で証人を探せない」「記憶がはっきりしない」「両親は手帳を交付されているが、その時の申請書に子供が一緒だったことが記入されていない」などである。また、原爆医療法2条3項でいう「……身体に原子爆弾の放射能の影響を受けるような事情の下にあった者」この対象として唯一広島市が内規で定めている「被爆者の輸送・救護・看護・死体処理に従事した場合」の場所、人数、本人の年齢に伴う作業能力が問題となった。「相談員の会」はこうしたケースの対応を粘り強く行い、記憶の整理と記憶を文章化する作業を援助し、厚生省の通達（1957年5月14日衛発第387号・1960年9月9日衛発第399号）を説明し、取り下げをせずに正式に審査してもらい、却下であれば異議申し立てをすることによって何が支障となっているのかを明確にしていった。広島市の手帳交付状況をみると「相談員の会」発足当時は「取り下げ」が増加していたことが分かる。

年度	新規受付数	交付数	取り下げ	未処理
1976 年度	1 5 1 3	1 1 8 3	3 1	2 9 9
1978 年度	1 4 8 6	1 1 9 3	2 6	2 6 7
1980 年度	1 6 6 8	8 9 2	4 2	7 3 4
1982 年度	1 1 8 1	1 2 4 6	1 7 0	3 6 7

（1976 年度〜 1982 年度の手帳交付状況　広島市）

　手帳申請相談の中には、思い出したくなかったという心理的な理由によるものも多かった。1982 年7月に来所した被爆者の妻は「これまで、本人がどうしても申請する気にならなかった。家では原爆の話は一切しない。テレビを見ていても、原爆関係の番組になるとすぐ切ってしまう。台風・雷・地震をとても怖がり、何かあった時には家族を助けてやらねばという気持ちが強いようで、『他人は助けてくれない』という。」といい、その夫の語った被爆状況は以下のようであった。

　「8月6日の朝、まだ暗いうちに自転車で家を出た。市内に入る前、横

川橋の近くの商店街でピカーと光って、近くの家に飛び込んだ。直後、その家の梁が落ちてきた。顔が挟まって息がやっとできる程度。火が出て、外で「助けてくれー」「待ってくれよ」「往生してくれ」「成仏してくれ」などの声が遠くから聞こえてくる。いくら踏ん張っても顔が抜けない。血が流れて、口から胃に入るのが分かる。誰も自分を助けてくれる気配がない。〝焼かれる〟と思った。そして「いやだ！」と思った。体を力任せに押した。ようやく外へ出られた。顔とあごが釘でえぐられて、あごが大きく割れていた。～中略～　戦後しばらくは健忘症のように物事を覚えられなかったり、些細なことでも非常に腹が立ったり、仕事もできなかった。頭痛も 5 年くらい続いた。周りの人が死んでいくし、自分もいつ死ぬか分からないと思い、気を紛らわすために酒を飲んでいた。

　被爆者健康手帳は、もらうと健康診断があり、もし白血病と言われると怖いので、なるべく避けていたかった。」

原爆症認定申請相談

　いわゆる「原爆症」認定相談はいつも重い問題だった。「認定」とは被爆者が現在発病している病気を「原爆放射能に起因しているもの」と厚生省が認めることをいう。「原爆の傷害作用に起因する」疾病で「現に医療を要する状態」にあり、「必要な医療」を「給付することが目的」とされている。その疾病が放射能に起因するものでないとき（例えば、熱線、爆風によるもの）の場合、「その者の治ゆ能力が放射能の影響を受けている場合に限る」となっている。この認定問題をめぐっては主に 2 つの問題がある。1 つは、いわゆる「しきい値」。それぞれの疾病が発病すると考えられる放射線の「量」（主に被爆距離、被爆時年齢、屋外か屋内か、放射能に汚染されたものを食べたか否か、で判断される）の科学的判断の妥当性である。もう一つは、認定に対する被害者の「捉え方」である。もともと「認定は」1957 年「原爆医療法」制定当時、まだ生活の安定しない被爆者の医療費を国庫負担するために設けられた。しかし、その後数回の法改正により、1974 年には被爆者健康手帳をもっていれば医療費の自己負担はなくなった。1968 年には「原爆特別措置法」が施行され、認定被爆

者には医療手当に加えて特別手当が支給されるようになり、1981 年から
はそれが統合され「医療特別手当」が支給されることになった。この手当
額は毎年増額され、今日では被爆者の唯一生活を支える価値のあるものに
なっている。被爆者の多くは、家族や財産をなくし、医療費や生活再建の
負担にあえいできている。「原爆に起因する」という言葉の意味は、被爆
者にとっては「いのち」「くらし」「こころ」のすべてとして捉えられる。
認定に限らず、原爆二法は「放射能による身体への影響」だけを対象にす
る考え方が根底に据えられている。爆風・熱線による傷害や家族損失(孤児、
遺族)、地域社会の崩壊による失職、心理・精神的苦悩など被害を多角的、
総合的にみた援助を考えるには、法律を根本的に見直さねばならなかった。
被爆者が長年にわたって「国家補償による被爆者援護法」を要求してきた
のはこのためであった。認定問題は、この援護の在り方をめぐる矛盾を象
徴的に物語っている。

日曜日はいつも……

山田 寿美子

　1981 年 6 月 13 日、YMCA を会場に始まった「被爆者相談日」は、私の 38 歳の誕生日であった。ヒバクシャ 1 号に「第二日曜日の朝」として当時の自身の家族に対しての思いや、病院外部での相談活動に対しての不安感を書いている。二人の息子は今やそれぞれ二人の子を持ち、孫のうち二人は社会人となっている。

　日曜日は被爆者相談だけでなく、森永ヒ素ミルク中毒被害者と、会社や県との交渉などなど活動もあり、子どもとの接触が少なく、夫との対話も少なく、様々な面で家族に迷惑をかけてきた。夫が亡くなった後に、長男から言われたことは「日曜日はいつも父さんを放って仕事優先だったね」だった。かなり胸が痛んだが、「相談員の会」のメンバーは私と年齢が変わらず、皆同じような状況だったと思う。

　しかし、今まで、自分の苦しみを語ることもなかった被爆者の方が、自分の体験をはじめて語り、

「来てよかった」と言われる声を聞くと、真摯に向き合わなければという気持ちにもなった。

自分自身の被爆体験（2.3km で被爆し、両親を原爆で奪われた）と重なり、一緒に涙を流した O さんとは、その後、年一回の年賀状でのやり取りで安否確認をしあうようになった。2000 年に介護保険が始まり、O さんは介護保険の認定を受け、入退院を繰り返しながらも介護保険のサービスを利用しながら、在宅での一人暮らし（未婚）を続けていた。亡くなられる約一年前、姪からの相談で、

筆者はケアマネジャーを引き受け、O さんの最期につきあった。認知機能の低下と疾病による幻覚もあったが、20 年ぶりに会えた再会を喜びあったものである。

院外活動に不安を感じ、その後、「相談員の会」と疎遠になってしまったが、O さんのように、ケースの中で、被爆者が在宅で生活できるように支援してこそ、元相談活動に関わった者、また、被爆者としての役割かと思い、今後も歩んでいきたいものだ。

最後に、「相談員の会」の継続と発展を切に願いたい。

卒業してすぐの相談員は

渡辺 美加

被爆者のことに関しても、全く無知のまま、当時はソーシャルワークというものをどう学んだかもうろ覚えだが、右も左も分からず、人生経験もないまま、ゼロから教えてもらう状態で、仕事につかせてもらったのが元原爆病院の相談室長の若林相談員の下だった。

被爆者相談を長年続けている先輩の元につかせてもらった私は本当に恵まれていたと思う。

はじめに元原爆病院と書いたが、私が入職した時に、病院の体制が変わり広島赤十字・原爆病院となったのだ。

相談室も新しいビルの、人間ドックを行なっている部署の隣になった。そして、広いワンフロアの端に、カウンターがあって、軽い相談はカウンターで、長くなりそうな相談は個室にご案内するようにという、まあ区役所の窓口みたいなところに移ったのである。

長年、原爆病院に通われていた被爆者は、さぞ戸惑われたことだろう。

それまでは、外来にある小さな相談室に、気を休めるように話に来られていたのだから。

新しい場所で、健康な人々の検診がどんどん行われる横のカウンターで、靴も履き替えて入らないといけない、落ち着かないオープンな場所だった。

しかし、その不自由さをかいくぐりながら、たくさんの被爆者の方々が

「若林さん、ちょっと聴いてくださいや〜」

「こんなことがあったんよ〜」

と、毎日毎日訪ねて来た。

どの方が来られても、どんな生活ですか、どんな被爆当日だったか、その後の生活はどうでしたか、と懇切丁寧に、笑顔で話を伺い、時には涙を流しながら聴いていく。

若林さんに限らず、「相談員の会」の先輩方は、皆熱心でパワフルだった。業務が終わって家事、育児をこなして、夜の時間や、土日にも、何度も集まり、勉強し、話し合いを重ねていっていた。

それは、ヒロシマのSWとしての使命感を持って、働いているように感じられた。

先輩方が被爆者に寄り添い、ともに人生を歩もうとしている姿勢を肌身で感じられたことは、その後の仕事をする上で、原点となり貴重な財産となっている。

被爆者相談活動後期——次世代の MSW の挑戦

櫻下 美紀

被爆者相談に対応できる MSW は少数に

広島 YMCA を会場として定期的に開催していた相談会は、1994 年を最後に休止した。中堅、指導者的立場となった創設期の医療ソーシャルワーカー（以下 MSW）は、各自が勤務する機関での業務が変化したり、多忙を極めるようになった。また、様々な事情から広島を離れた SW もあった。

広島県内の MSW は、「相談員の会」が結成された 1980 年代は 20 人足らずであったが、2000 年代に入ると 200 人にもおよぶ集団となっていた。

しかし、社会情勢の変化は、私たち MSW の業務を変化させた。高齢社会に伴い、介護保険制度が創設され、医療機関では早期退院支援が求められるようになり、院外活動を通したソーシャルワーク実践を困難にした。筆者をはじめ次世代といわれる若い MSW たちが、業務をやりくりし「相談員の会」に参加し、行事を引き継いでいたが、被爆者相談に対応できる MSW は少数となっていた。

8 年ぶりの相談活動──「原爆症認定相談会」

2002 年、日本被爆者団体協議会は全国各地で積極的に原爆症認定申請を行うこと、及び却下処分に対しては国を相手に提訴することを提起した。広島の MSW としても原爆症認定申請支援や却下に対する相談に対応していく役割があると考え、8 年ぶりとなる相談会を 2002 年 6 月に中国新聞社の会議室において開催することを決めた。目的が広く周知されるようにとの考えから、相談会の名称を「原爆症認定相談会」(以下、「原爆症相談会」) とした。

しかし、若い MSW たちは被爆者相談の経験は少なく、自信がなかった。「原爆症相談会」に携わった人数は 18 人。相談担当は 7 人で、そのうち半数以上が若い MSW であった。原爆症認定制度の変遷や申請書の整え方についての学習会を重ねた。そして記者会見を開き、新聞各社が大きく取り上げたこともあり、「原爆症相談会」当日は 108 人が相談に訪れた。会場の外では順番を待つ多くの被爆者の姿があった。

来談者 108 人の男女差はなかった。平均年齢は 68.7 歳 (被爆当時の平均年齢は 11.7 歳)。開催当時 (2002 年 3 月末) の広島県と市の被爆者の平均年齢 72.9 歳と比べ、4.2 歳若かった。相談に来たくても来れない被爆者が多くいるのではないかと思われた。また、2 割は広島市外からであり、広範囲から訪れていた。

相談内容は、原爆症認定申請相談が 77 人と最も多く全体の 7 割を占めた。しかし新聞各紙で「原爆症相談会」と表記されているにも関わらず、被爆者健康手帳申請相談が 25 人と多く寄せられた。被爆状況を証明することに長年苦慮してきた人もいたが、医療制度や社会福祉制度が変革される中、

不安が増したことから新たに申請を希望する姿が目立った。15歳で被爆をした77歳の女性は、「差別への恐れからあえて申請をしなかった。夫にも結婚から四半世紀経って初めて告げた。昔は高齢者の医療費負担が無料や低額だったが、今は負担が重くなり、老後の生活が心配」と語った。「その他」の相談も6人から寄せられた。24歳で被爆をした81歳の女性は、「世情について不安を覚え、精神的にやりきれない。被爆体験を残したい。今日は被爆体験を語りたかった」と訪れた。

原爆症認定申請の相談の内容

　原爆症認定申請相談の77人のうち、過去に申請の経験がある人は、1割にも満たなかった。来談者は、「医師に相談しても、被爆によるものか判断ができないため書類は書けないと言われた」、「老いて、被爆状況を整理し申請書に記載することができない」、「被爆者団体の存在が身近ではなく相談先がない」と口にした。また、「行政窓口で苦しみを伝えても受け止めてもらえず傷ついた。このような気持ちになるならば語らないほうがいいと感じた」と話す人もあった。

　しかし、ほとんどが既存の基準では却下される可能性が高かった。当時の審査基準では、被爆距離が爆心地から2.0km以遠は、疾病の放射線起因性の確率は低いと判断されていた。来談者の半数が、爆心地から2.0km以遠被爆や入市被爆であった。また、認定疾患も一部の悪性腫瘍に限られている中で、半数が悪性腫瘍以外の疾患（肝機能障害や甲状腺機能障害、脳血管疾患、ケロイド、整形疾患など）であった。

　来談者たちに現状の審査の仕組みと却下される可能性が高いことを説明すると、多くが申請への諦めを口にした。MSWは「意志があれば申請を」と後押しを行い、相談会終了後も連絡を取り合い7割の申請を完了させた。残りの3割は疾病の発症が数十年前で、後遺障害の加療も含め現在は治療を行っておらず、医師に相談するなどしたが申請を断念した。

　「原爆症相談会」の前後には、電話の問い合わせ先としたMSWのもとに100件近くの原爆症認定申請相談が寄せられた。これらの経験から、原爆症認定申請に対する相談のニーズの高さを知り、今後も「原爆症相談会」

を開催していく方針とした。さらに、来談者に対して今後も暮らし全般に渡る相談を継続することや、証言活動や自分史づくりなどを通してともに歩むこと、被爆者同士も交流し思いを分かち合うことが重要であると考えた。また、訴訟の意志がある人には原爆症集団訴訟の動向について情報提供するなど支援の必要性を感じた。そこで、「原爆症相談会」の開催から半年後の 2002 年 12 月に「交流会」を開催し、54 人が参加した。斉藤紀医師（当時、福島生協病院院長）が原爆症認定問題をテーマに講演し、参加者が意見交換を行い、「黙っていては死んでしまう。裁判を起こすことを決めた」と話す人もいた。

　提訴は「却下処分の決定を受けた日の翌月から起算し 6 ヵ月以内」と期間が限られている中で、「相談員の会」の取り組みや、広島県内に 2 つある被爆者団体協議会の働きかけのもと、集団訴訟の原告が集約され、2003 年 6 月に 41 人が広島地裁に提訴した。

相談活動を継続──「新しい審査の方針」をめぐって

　その後、第 2 回「原爆症相談会」を 2006 年 6 月に開催し 87 人が訪れた。原爆症認定申請や提訴の意向に対応することを目的とし、「原爆訴訟を支援する会」や広島に 2 つある被団協と共催した。これにより、広島では 2007 年に 23 人が新たに提訴し、原告は 64 人となった。

　第 3 回は 2009 年 1 月に行い、79 人の相談があった。全国で勝訴が相次ぎ、国はそれまでの審査を実質とりやめ、2008 年に「新しい審査の方針」[注1]を示した。対象疾患と被爆距離が拡大され、認定件数は増加した。しかし、却下も急増することとなった。「新しい審査の方針」では、積極的に認定されるとした以外の疾患については、「被爆線量、既往歴、環境因子、生活歴等を総合的に勘案してこれまでの認定例を参考にしつつ判断する」となっていたが、ほとんど認定されなかった。MSW たちは、弁護士や研究者たちの協力を得ながら、援護法の変遷や全国各地の訴訟判例を学び、却下に対する相談に対して異議申し立て申請に取り組んだ。

　また、被爆者健康手帳の記載内容の修正申請にも取り組んだ。手帳申請当時は、被爆距離や入市時期で原爆症認定が審査されるとは考えておらず、

証人が得られる範囲で申請し取得している被爆者も多かった。MSW は関係資料を調べ、両親や兄弟の手帳申請時の開示請求支援を行い、来談者と当時の記憶をたどる粘り強い支援を行った。

　相談活動は MSW のみならず、多くの支えの中で取り組まれた。「平和的生存のためのボランティア講座」を経て主体的に参加しているメンバーが受付や誘導を担い、研究者や学者は知識を提供し、活動を支えた。また、長年被爆者医療に携わってきた青木克明医師 (当時、広島共立病院院長) が毎回参加し、医学的な助言を行った。疾患の特徴、要医療の状態をどのように考えていけばよいのか、手術などの治療後の後遺症について解説し、「原爆症相談会」には欠くことができない存在であった。

原爆症集団訴訟における陳述書作成支援

　相談会を行う一方、2003 年 6 月広島地裁に提訴された原爆症認定集団訴訟で、「相談員の会」は、原告の陳述書作成支援に関わった。

　陳述書とは原告当事者の主張をまとめ、裁判所に提出する文書である。原告数が多いことから、弁護士が取りまとめることは容易ではなく、広島に 2 つある被団協や「原爆訴訟を支援する会」と「相談員の会」が分担し援助を行うこととなった。原告 64 人のうち、42 人を「相談員の会」が担当した。陳述書には、原爆が被爆者に対して何をなしたのか、その被害を記載する必要があった。被害は大きく分けて 2 つあった。

　一つ目は、放射線被害である。その実相を明らかにするため、原爆炸裂の瞬間における遮蔽物の有無はもちろんのこと、その後どこに移動し、どのくらい滞在したのかを詳細に聞き取った。

　二つ目は、多年にわたる様々な被害を明らかにすることである。MSW はこの点に力を入れた。原告の被爆前、被爆後の生活を、社会のありようや諸制度の変遷を捉えながら、「いのち・くらし・こころ」の点から整理しようと試みた。しかし、それは若手の MSW にとっては容易なことではなかった。

　筆者は、1 年目の新米 MSW だった。戦後当時の社会のありようを、想像することすら難しかった。原告たちも、孫のような世代の MSW に、共

通の言語概念で伝わらないもどかしさを感じていたようだった。そのため、時間の許す限り自宅や原告が入院する病室を訪ね、何度も面接を重ね、原告たちの深い苦しみに真摯に向き合い、理解するよう努めた。

親戚からの反対で中絶し、その後も流産や卵巣摘出のため、子を産めない身体となったことで夫婦仲が不和となり離婚、孤独に生きる肝臓がんの女性。1歳で被爆し、父を原爆で失ったことで母は失対事業で日雇い、姉はホステスとして働くも暮らしは厳しく、物心ついたときは"楽しい"という生活はなく、家に帰ったらご飯があるだろうかといつも不安で、心細かったと語る慢性膵炎の男性。原爆孤児となり、両親がいない寂しさは勿論であるが、それ以上にそれまでの裕福な生活が一変したことを恨み、アルコールに依存した胃がんの男性。今でも火をみると、その底から助け出すことができなかった、母と妹の苦しみ狂う叫び声が聞こえてくることを、教職員となり子どもたちに語ってきた白内障の女性。13歳で原爆孤児となり、時に道を踏み外しながらも、孤児収容所の教員や妻の支えで懸命に生きてきた胃がんの男性。一人娘が無事に生まれ安堵したが、その娘が成人前に癌を発症し、原爆の恐ろしさに震える多重癌の女性。

それぞれに、被爆者であるがゆえに生じた家族関係の歪みや精神的不安が存在していた。原爆症認定集団訴訟の陳述書作成支援の過程で、原爆が人間に何をなしたのかを知ることになった。

原爆症認定制度の限界を知る

原爆症認定集団訴訟が勝訴し、健康被害が「放射線によるもの」と、司法で認められたことに、喜びと安どの気持ちを口にし、一区切りついたと感じる原告もいた。しかし、「この苦しみが消えるわけではない」と語る原告もいた。原告たちの苦しみは、健康被害だけでなく、戦後の生活すべてを通して存在し、そしてそれは今も続く被害であった。老いを重ね、病は身体を蝕み続け、生きていくことそのものに困難を強いられることは、裁判に勝訴をしようが変わらなかった。

次世代のMSWたちは、陳述書作成支援に関わることで、創設期のメンバーが感じとっていたように、原爆症認定制度は原爆被害の全体を認める

制度ではなく限界があり、さらには苦しめ「命を縮める制度」であること
に気づかされたのである。裁判は、国の姿勢である「放射線被害は他の戦
災者にはない特別な被害であるから、そこのところだけに限定して、特別
な措置を行う。これ以上は広げない」という、ごく限られた土俵の中でた
たかわれていた。

　基本懇意見書で、被爆者の犠牲の特殊性を「放射線による健康上の障害」
に限定し、その他は「一般の犠牲」として受忍を求めている以上、被爆者
の苦しみは償われることはなかった。

　被爆者たちが「原爆の被害について国に責任を負ってほしい。人生を狂
わせた核兵器を廃絶させると誓い、世界各国の先頭を歩んでほしい。それ
が叶うまでは死んでも死にきれない」と語り、他界していく姿から、私た
ちは何を学ぶべきか。

総合的な相談活動へ

　2009 年の第 3 回相談会から、名称を「被爆者総合相談会（以下、「総合
相談会」）とし、原爆症認定申請にしぼった相談会でなく、高齢となった
被爆者の暮らし全般の課題に対応しようとした。これまでの経験から、総
合的かつ継続的な支援が必要であると学んだからだ。

　ある女性は、「夫の施設入所費用が賄えない。原爆症と認定されたら介
護費用に充てたい」と話し、80 代の男性は、「近頃、原爆で亡くなった学
友が手招きする幻覚が見える」と話した。80 代の女性は、「ただただこれ
までの人生を聞いてほしい」と訪れた。原爆で夫を亡くした女性は、「病
気で寝たきりの息子を介護しているが、私も失禁をするようになった」と
高齢になってもなお、生活上の様々な課題を話した。

　2010 年 7 月、2014 年 3 月、2015 年 6 月と、2002 年以降合計 6 回の「原
爆症相談会」及び「総合相談会」を開催した。来談者総数は 408 人であっ
た。2014 年からは、長年の構想であった、常設の相談所「原爆被害者相
談センター」を相談員の会の事務所に開設し、現役を退いた MSW が対応
することとした。相談件数は、原爆症認定申請相談件数とともに次第に減
少したが、被爆者の苦悩が様々な場面に未だ存在している中で、どれだけ

支援が継続できているのであろうかとの思いが巡る。

次世代の SW たちの挑戦

　相談員の会は2002年以降、再び被爆者相談会に必死に取り組み、相談会の開催を通して、原爆症認定集団訴訟の力となった。陳述書作成支援や次項で述べる入市救護被爆者調査など、被爆者と共にたたかい、裁判において大きな力を生み出した。筆者をはじめ若い MSW たちも戸惑いながらも学習を重ね、先輩 MSW の横で面接技術を学んだ。原爆症認定申請については、異議申し立てや過去の申請についての開示請求など、はじめての経験も多かった。職場外で、他組織や市民と共同し相談活動を展開する実践も乏しく、ましてや弁護士や研究者など他の専門職と意見を交わし、報道機関に現場の声を伝える経験ははじめてであった。次世代の MSW たちは、ダイナミックなソーシャルワーク実践に自信を得た。

　考えてみれば、このような取り組みは、被爆者支援だけに限らず、必要である。MSW たちは、日常勤務する機関において、多くのクライエントに向き合い、様々な社会保障制度を用いている。ケースから課題を感じ行動を興す視点は、被爆者制度だけでなく広く求められる。被爆者相談を通して、相談援助活動を展開していく力を身に着けていった。そして、MSW の基本は生活史の把握であり、歴史の軸の中で「いのち・くらし・こころ」を構造的にとえていくという広島の MSW の源を学んだ。

　「相談員の会」は発足した当時から、原爆は人間に何をなしたのか、被爆者が被爆者としてどのように生きてきたのかを明らかにするため、一人一人に真摯に向き合い、伴走者となった。時に、支援する側と支援される側の関係性を超えた、人間としての関わりでもあった。

　2018年3月、被爆者の平均年齢は82歳を超えた。一番若い胎内被爆者も73歳。次世代の MSW は、高齢期の被爆者に求められる相談機能とはなにかを深く理解し、伴走者としての役割を引き継いでいくことが求められているだろう。私たちの挑戦は続く。

参考文献

　原爆症認定集団訴訟広島記録集　第一分冊・第二分冊（原爆症認定を求める
　　集団訴訟を支援する広島県民会議、2010 年）

注記

(1) 新しい審査の方針：139 ページ参照

「原子爆弾被爆者に対する援護に関する法律」の成立

塚本 弥生

　1994 年 12 月、「原子爆弾被爆者に対する援護に関する法律」が成立し、1995 年 7 月 1 日施行された。約 20 年間、私たちは原爆被害者援護法の制定を目標に、相談活動をはじめさまざまな活動を行った。援護法の実現は原爆被害に対する国家補償にとどまらず、そのことを通して「再び核戦争被害者をつくらない」ことを国際社会に宣言することで恒久平和の保証となると考えていたからである。

　同法の成立過程で大きな争点となり、私たちも注目した点は、「国家補償」が明記されるのか否かであった。国家補償が明記されれば、それにふさわしい援護内容ももりこまれることになるからである。結局、周知のとおり、国家補償ではなく「国の責任」で決着した。成立した援護法の援護内容が、これまでの原爆 2 法と異なる点は、第一に、「特別葬祭給付金」が新設されたこと、第二に、これまで通達によって行われてきた福祉事業（相談事業・居宅生活支援事業・養護事業）に法律的根拠が与えられ、すべての都道府県で実施することができるようになったこと、第三には、手当支給に関して所得制限がすべて撤廃されたこと、の 3 点である。しかしこの改善措置の反面、原爆被害を「放射能に起因する健康障害」と規定し、それ以外の原爆の傷害作用による被害を法律上は除外する趣旨を明確にしている。医学的には、原爆の傷作用とは、熱線・爆風・放射能の複合作用であると定義されている。

　法理論として「国家補償」でなければできない遺族の援護は、「特別葬祭給付金」として盛り込まれた。が、実質は対象を「被爆者健康手帳を交

付されている遺族」に限定され、生存被爆者への援護という枠組みを変えなかった。あくまでも「遺族への補償はしない、なぜならそれを行えば国家補償となる」という政府の苦肉の策であった。その上特別葬祭給付金は1997年6月30日までと適用期限が2年間に限定された時限立法になっており、それ以降は援護法という名称は残るが事実上もとの原爆二法に戻ってしまうといっても過言ではなかった。同法は若干の改善点があるものの、これまで日本被団協が要求してきた援護法案や野党が国会に共同提案してきた援護法案の内容とは比較にならないほど後退しており、手帳申請問題、認定問題、遺族への援護など主要な問題は解決されなかった。相談員の会の活動も、これまでの2法の問題がそのまま持ち越され、さらに特別葬祭給付金の申請相談が加わって課題は増していた。被爆者健康手帳の交付を受けていない遺族には、まず原爆手帳申請という関門があるからであった。

　被爆者相談活動の過程は、まさに被爆者と相談員（相談員の会メンバーすべてを含めて）が反原爆の思想を形成してゆく過程であり、被爆者援護とその実現ための運動はどうあるべきなのかを模索しつづける過程だった。その過程で多くの問題提起に直面した。在外被爆者問題、世界の核実験被害者問題、原子力発電所の労働者等低線量被曝者問題、一般戦争被害者（空襲被害者）の問題、沖縄など戦争被害者の補償問題、日本の戦争加害の問題、核兵器廃絶運動の在り方等々難問であり、運動を進める上で原爆被害者の苦悩だけを主張するのではすまない現実があった。しかし、そうした世界の平和と人権運動に果たす被爆者運動の意味をしめしてくれる人々との出会いも少なくなかった。その一つに南アフリカのアパルトヘイトで苦しんでいる黒人青年の支援をしている日本の小さな運動団体の報告会で忘れられない話を聞いた。「・・現地では黒人の子供たちが学校にも行けない、本1冊も買えない生活を強いられている。そんな状況の中である青年が「ヒロシマの被爆者がいまだに核兵器廃絶運動を続けていることを知ったことは自分とって希望になっている」と話していたというのである。被爆者運動は世界の希望の光でもあるのだと改めて知らされたのだった。

原爆症認定制度のうつりかわり

三村 正弘

医療が受けられるための原爆症認定制度がスタート

原爆症認定制度は、1957 年の「原子爆弾被爆者の医療等に関する法律（略称「原爆医療法」）」制定によって、原爆症と認定された疾病に対し、国の負担で医療を給付する制度としてスタートした。

当時、皆保険が実施されていなかったため、被爆者は安心して医療を受ける手段として認定申請を行っていた。厚生省も医療給付をしていく観点から 1957 年から 1961 年まではほとんどの疾病を認定しており、認定疾病もがんのほか、現在では全く認定されない熱傷瘢痕、いわゆるケロイドやガラス片などの体内異物混入による「負傷」や、慢性肝機能障害も認定していた。1960 年に「一般被爆者」、「特別被爆者」という制度が設けられ、「特別被爆者」に医療費（医療保険の自己負担分）が支給されることになり、健康保険による自己負担が被爆者健康手帳によって負担され、無料となった。同時に入・通院をする認定被爆者に医療手当が支給されることになった。

1968 年に「原子爆弾被爆者に対する特別措置に関する法律（略称「原爆特別措置法」）」が制定され、認定被爆者に月額 1 万円の特別手当が支給された。そのほかの被爆者には疾病や所得などの制限があったが、3000円の健康管理手当が支給されることになった。

病気がちで働けないといった被爆者にとって特別手当と医療手当は大きな救いであり、原爆症認定申請者が増加した。1965 年、66 年、67 年と100 人未満であった申請者は、1968 年には 399 人となっている。

1974 年には一般被爆者、特別被爆者の区分が廃止され、被爆者健康手帳所持者全員に医療費が支給されることになった。

医療給付から経済的な救済へと変化

医療給付から始まった原爆症認定制度は、認定被爆者の経済的な救済へと性格を変えていった。そのためか、1962 年の認定被爆者 4961 人 (認定

率 89％、全被爆者 26 万 2978 人の 1.9％) をピークに認定申請が増えても厚生省は認定基準を厳しくし、認定被爆者を減少させた。

1980 年 12 月 11 日の原爆被爆者対策基本問題懇談会意見書 (略称「基本懇意見書」) が出されたときの認定率は 38％まで下がっていた。意見書では「多量の放射線を被爆したと推定される近距離被爆者に対しては、被爆の実態に即した各種手当の支給等に引き続き努力を傾注すべき」と述べ、認定被爆者には特別手当と医療手当を統合した医療特別手当の支給を新設させ、原爆小頭症患者には原子爆弾小頭症手当を新設し医療特別手当と併給できるようにし、所得制限も撤廃した。なお、健康管理手当などは「原子爆弾被爆者に対する援護に関する法律 (略称「被爆者援護法」)」制定まで所得制限を継続させた。

このように一部の被爆者に対する手当は厚くしたが、対象となる原爆症認定基準を厳しくしたことで、現行の被爆者援護法が制定された 1995 年当時では、認定被爆者は 2030 人（認定率 32％、全被爆者 32 万 3420 人の 0.6％）まで減少した。

被爆者は、この数字を見て「厚生労働省は、最新の科学的知見に基づいて放射線起因性を判断していると言うが、実際の認定は予算の範囲内で行われているのではないか」と原爆症の認定審査に疑問を持ち始めていた。

初めて公表された原爆症認定基準

2000 年 7 月に長崎の松谷訴訟の最高裁判決が確定し、多くの被爆者が、今後原爆症認定は松谷さんの被爆距離である 2.45km までは拡大されるだろうと期待した。しかし、2001 年 5 月に初めて公表された原爆症認定基準の「原爆症認定に関する審査の方針」では、松谷さんさえも認定されない厳しいものであった。この審査方針は、それぞれのがんごとに被爆距離と年齢から被爆が発症の原因である確率を表示した男女別の「原因確率表」を作成し、この「認定早見表」に従って審査を行う仕組みであった。「広島共立病院での当時の認定率は甲状腺がんで 66％、前立腺がんは 17％と病名、性別で大きな差があった[注1]」。

そこで、「原爆症認定申請を自己規制することはやめよう」、「自分の病

気は原爆のせいと思う人は原爆症認定申請をしよう」として取り組まれたのが 2003 年から始まった原爆症認定集団訴訟であった。

司法の判決に乖離したままの「新しい審査の方針」

　全国的に展開された集団訴訟では原告勝訴が相次ぎ、それに対し厚生労働省は、原因確率での原爆症認定基準を全面的に見直す「新しい審査の方針」を 2008 年 3 月 17 日に発表した。この「方針」により悪性腫瘍や白血病の認定は増加したが、積極認定（別表参照）の対象疾病である白内障や心筋梗塞などの非がんの認定はほとんど認められなかった。

　その後も集団訴訟で厚労省は敗訴を続けたため、2009 年 6 月に肝機能障害と甲状腺機能低下症も「積極認定」対象とする「新しい審査の方針」の改定を行った。そして、同年 8 月 6 日には当時の麻生首相と日本被団協との間で原爆症認定集団訴訟の終結の確認書を取り交わした。2008 年度の認定数は 2919 人、2009 年度の認定数は 2807 人、2010 年度の認定数は 1435 人で年度末の認定被爆者数は 7210 人と増加したが、そのほとんどが悪性腫瘍と白血病の認定疾病に限られていた。

　そのため「新たな裁判」が各地で起きた。厚生労働省は、2010 年 12 月にさらなる見直しを検討するとして「原爆症認定制度の在り方に関する検討会」を設置した。検討会には日本被団協から 2 人加わり、被爆者の立場から種々の改善策を提案したが全てを否定し、厚生労働省事務局が主導した報告書を 2013 年 12 月に公表した。

　これを受けて厚生労働省は「新しい審査の方針」（上図を参照）を 2013 年 12 月に再改定した。しかし、集団訴訟の判決で認めた熱傷・外傷後障害なども含め、およそ 40 種類の疾病について、この審査方針でも認めなかった。司法の判決との乖離が埋まらないため被爆者と支援者たちは、新たに「ノーモア・ヒバクシャ訴訟」として裁判を継続した。

　この再改定に併せ、厚生労働省は原爆症に認定した被爆者に支給する医療特別手当の更新審査を厳しくしてきた。その結果、広島市をはじめ自治体での審査が厳しくなり、医療特別手当 (2019 年度月額 14 万 1360 円) から特別手当 (同月額 5 万 2200 円) に切り替えられる認定被爆者が続出し、

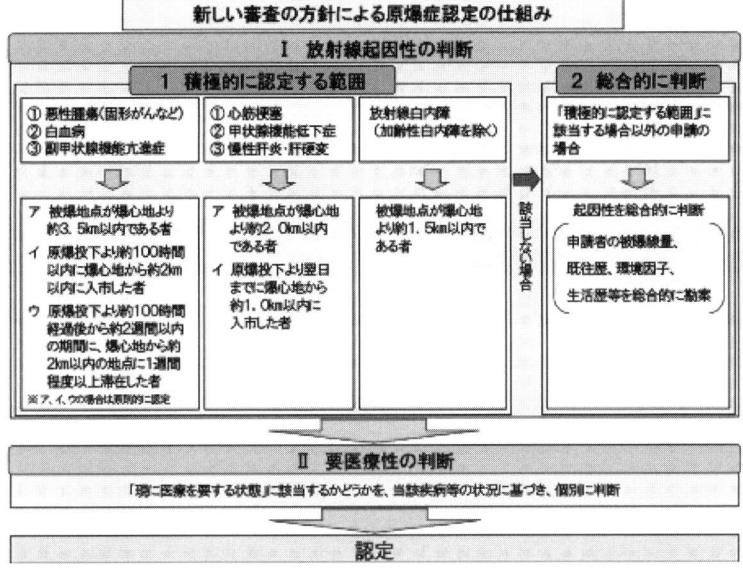

（厚生労働省作成）

新たな認定被爆者を打ち切る政策として注視する必要がある。

　現在、ノーモア・ヒバクシャ訴訟の係争中の原告は、最高裁3人（広島、名古屋、長崎）、高裁12人（うち11人が広島高裁）、地裁14人の計29人と、最終段階にきている。私たちは、国及び厚生労働省に対して、「新しい審査の方針」の誤りを認め、これを変更し、全原告を救済するよう求めるとともに、被爆者が「裁判をする必要ないように」被爆者援護法と原爆症認定の在り方を抜本的に改め、被爆者の命あるうちに問題を解決して行きたいと考える。

注記
(1)　青木克明「広島を去るにあたって」P 2　被爆者支援広島ネットワーク『支援ネットニュース』No. 47　2019年3月8日
参考文献
　第2回原爆症認定制度の在り方に関する検討会（2011年1月27日）での報告文書「原爆症認定制度の問題点とあり方」日本被団協原爆被爆者中央相談所　理事　伊藤直子

各年度の広島市『原爆被爆者対策事業概要』

集団訴訟・裁判資料作り──三次高女入市救護実態調査

三宅 文枝

　2003年6月12日に原爆症認定集団訴訟が始まった。それに加わった原告の一人吉田和子（仮名）さんの調査を「原爆被害者相談員の会」（以下、「相談員の会」）が行った。

　吉田和子さんは三次高等女学校の生徒で広島の本川国民学校で被爆者の救護活動に関わり被爆した。担当弁護士より、当時、同じ行動をとった23人の調査の依頼が「相談員の会」にあった。弁護団は当初、直接被爆ではない救護活動による被爆であるため勝訴は望めないと予測していた。吉田さん一人の裁判資料づくりのための23人の女学生の追跡調査記録である。

　1945年8月19日から25日まで爆心地250mの本川国民学校に、三次高等女学校4年生23人が救護活動に入った。その中の一人が原爆症認定訴訟の原告吉田和子さん。吉田さんは37歳で乳がん、55歳で胃がん、肝機能障害、その後、卵巣がん、腸閉塞と次から次へと病に侵されていた。また、すでに亡くなっていたが、一緒に救援活動をした同級生が白血球減少症で原爆症と認定されていた。それを知って認定申請をしたが、予期せぬ却下となった。

　調査対象者は三次高等女学校の4年生の23人である。1945年8月6日以降、広島には郡部から一般市民、高等女学校の生徒が救護所に救護活動に入っている。「広島に救援に行く決死隊」が編成された。「決死隊」は200人を超えていた。本川国民学校、草津、袋町、観音などの救護所に振り分けられて救護に入っている。三次高等女学校では原爆投下から13日目の8月19日に4年生に動員令が出された。本川国民学校に入ったのは三次高等女学校の23人であった。

　当時の郡部の女学校の生徒は相当数、広島に救援、救護に入っている。

それから見ると本川国民学校の 23 人は少数であると言える。それゆえ、この 23 人の調査がすべての救護活動を表しているものではない。が、23 人が同じ場所、同じ日数、救護活動を行い、同量の放射線量を浴びたことは事実である。そして、その 60 年後はどうであったかを知る調査であった。この事実を見据えて、この調査記録を読むと救護活動における原爆被害が見えてくる。原告の裁判の資料として提出されたが、調査記録は貴重な被爆体験であり、証言でもある。

死没者 13 人について

No	死亡年齢	死亡疾病	回答者
1	50	白血病	姉
2	57	白血病	弟夫婦
3	47	卵巣がん	姉
4	16	腸ねん転	弟
5	43	胃がん	弟
6	56	すい臓がん	妹
7	61	急性心不全	夫
8	70	くも膜下出血	夫の妹
9	63	肝臓がん	娘
10	71	肝臓がん	娘
11	75	心筋梗塞	息子
12	17	不 明	なし
13	24	不 明	姉

2005 年 12 月 31 日現在

　図表にあるように同級生 23 人のうち、生存者は 10 人、亡くなった人は 13 人、生存率は 43％である。調査した 2000 年当時の簡易生命表によると 76 歳の女性平均生存率は 83.7％。それに比べるとはるかに低い数値である。

　死亡した 13 人のうち悪性腫瘍は 7 人、白血病は 2 人であった。白血病の発症率は 10 万人に 4 人と言われている。また、10 人の生存者も直腸がん、肝機能障害、甲状腺腫瘍などの病気を抱えていた。救護活動中の内部被爆が人体に何らかの影響を与えていることがこのことからわかる。

　筆者は 23 人の追跡調査に当たり、原告の吉田和子さんとその同級生 3 人と会った。ホテルでの面談では女学校の入学式の写真を前に皆の消息や救護活動の様子が語られた。「先生に言われたら広島に行くのは当たり前」「本川国民学校では夜になると月を見ていた」「英語の授業はすぐになくなった」「被爆者の手帳を取るようにと先生がすすめてくれた」、まるで当時の女学生が目の前にいるかのように話が続く。三次高女グループは吉田和子さんのために協力を惜しまなかった。

この調査に当たって生存者用と死没者用に分けた調査票は「相談員の会」のソーシャルワーカーで作成している。この調査票を持って「相談員の会」では手分けして福岡、横浜、三次に行き、救護した女学生と直接面談し、または死没者の家族に会っている。こうしてまとめた調査記録が原爆症認定裁判で弁護士に取り上げられた

　原告吉田さんは見事勝訴した。この実態調査は、ひとりの原告のために行ったことであった。そのことが、認定訴訟裁判において、救護被爆者が認められることにつながり、裁判全体に大きな影響を与えた。

　ここでもう一つの事実も紹介したい。筆者が死没者Aさんの実家である三次の寺に、その姉に会いに行った時の事である。Aさんは50歳の時に大阪で白血病と診断され、医師から被爆者健康手帳を申請するようにとすすめられたが亡くなったと聞いた。その時に姉は初めて妹が救護活動をしたのが本川国民学校だったことを知る。実はその寺には1945年8月6日当時、広島の本川国民学校の生徒が疎開していた。その記録も見せてもらう。

　姉の話では寺には8月を過ぎても迎えに来てもらえない子どももいて、施設に引き取られたということだった。Aさんは本川国民学校で被爆、本川国民学校の子どもはAさんの実家の寺に疎開していた。その中には原爆孤児になった子もいた。筆者はこの事実にあらためて原爆が取り持つ因縁を知ることになったのである。

8.6「原爆被害者証言のつどい」開催から現在まで

三宅 文枝

8.6「原爆被害者証言のつどい」誕生のきっかけ

　1982 年 3 月 21 日に「平和のためのヒロシマ行動」の集会が広島で開かれた。ヨーロッパやアメリカの反核運動の影響を受け、既成の原水爆禁止運動とは一線を画し、多くの市民や学生などが参加し盛り上がった。3 月 21 日は平和公園周辺に 20 万人が集まり、原爆ドーム前の電車通りを挟んで人、人で埋まった。この集会に草の根のグループが結集し、青少年センターでは 7 グループが「被爆者と語ろう」をテーマに「ヒバクシャのつどい」のコーナーを設けた。そのグループの中に「被爆者家庭訪問をすすめる会」（以下「すすめる会」）と「原爆被害者相談員の会」（以下「相談員の会」）があった。筆者はその両方の会のメンバーであった。

　「すすめる会」は広島市を中心に大学生や若い世代を中心に実際に被爆者の家を訪問していた。被爆者との関係は友だちであったり、孫のようであったりした。また、春には花見、秋には紅葉狩り、年末には餅つきなども一緒に行った。

　「ヒバクシャのつどい」のコーナーでは、全国から広島にやって来る人たちに「被爆者に会ってほしい、声を聞いて欲しい」と被爆者が話しやすいように小さなグループを作り、被爆者一人と進行役の司会者を配置するスタイルを作った。外はピースフェスティバルの様相を呈していたが、青少年センターでは被爆者の話に静まり返っていた。その会場で偶然、筆者は被爆者の久保浦寛人さんに出会う。彼のめがねの下の左眼はガーゼで覆われていた。左眼は原爆で失ったと聞き、その場で被爆体験を話してもらった。後に被爆者の証言グループの代表になる人であった。

8.6「原爆被害者証言のつどい」第 1 回開催

　私たちは 1982 年 3 月 21 日の「ヒバクシャのつどい」で被爆者の話を聞

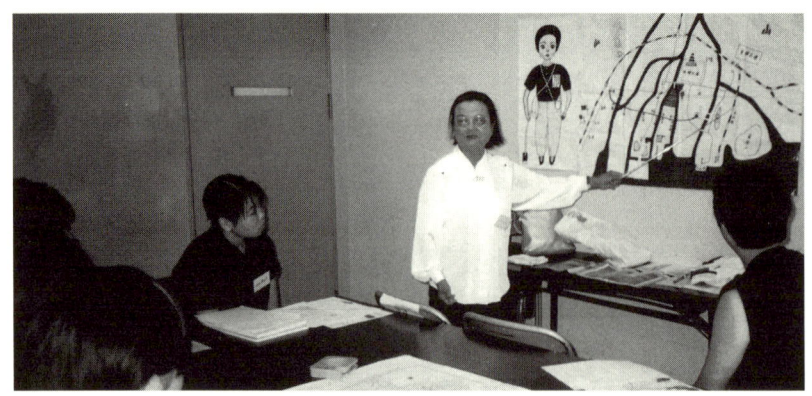
市内地図を示しながら証言する被爆者

く人の反応に手ごたえを感じた。8月6日に広島に集まる人たちにも被爆者と出会い、被爆者の体験を聞いてもらおうとその年の 8.6「原爆被害者証言のつどい」を広島 YMCA で「相談員の会」を中心に開催した。証言者は「すすめる会」が訪問している被爆者や「相談員の会」のソーシャルワーカーが相談援助をしている被爆者だった。

　当日、「証言をした被爆者 40 人、参加者 400 人、運営に携わったボランティアは 40 人」という数字が残っている。YMCA の教室には被爆者を囲んだ 10 人ぐらいのグループの輪がいくつもできていた。記念すべき 1 回目の「原爆被害者証言のつどい」であった。また、この日が被爆者を中心とした組織である「原爆被害者証言のつどい・証言グループ」の誕生の日になった。

　翌年からも 8 月 6 日に広島 YMCA で「原爆被害者証言のつどい」を開催。2019 年で 38 回開催となる。

8.6「原爆被害者証言のつどい」の 38 年の歴史

　証言をする被爆者は当初から被爆者が高齢化にすることについては危惧していた。1982 年「原爆被害者証言のつどい・証言グループ」代表の久保浦寛人さんはこう語っている。

　「戦後 37 年経て被爆者は次第に高齢化し、その数も年とともに減少の一途を辿りつつあります。戦争を知らない世代への転換期を控えて、被爆体

8.6 証言のつどいは車座になって行われる

験の若い世代への継承は今を置いて二度とチャンスはないだろうと思います。私たちは今強く焦りを感じております」(ヒバクシャ1号)久保浦さんは高齢化の危惧から、被爆者の使命とも言えるメッセージを伝えている。

ほとんどの被爆者が使命感をもって8月6日の1日だけは被爆体験を語る証言の日と捉え駆けつけている。はじめの頃の証言は被爆した時の記憶をたどり、8月6日の証言から始まる。聞いている人もいっしょに辛い思いをした。証言はあの日を語り、終りになることも多かった。

次には被爆前の生活を語ることから入るようになった。家族との穏やかな暮らしが原爆で家族も何もかも奪われたと語られた。1986年には証言の在り方をめぐって1泊の学習会をソーシャルワーカーと一緒に行っている。被爆の実相を語りながらもあの戦争はどうであったか、被爆者の気持ちや願いを打ち出すことも課題として挙げられた。

1989年の第4回「証言のつどい」からメッセージカードを作り、参加者一人一人から証言を聞いた被爆者にメッセージを書いてもらうようにした。「被爆後の体験の話を聞いたのは初めてでした。叶さん自身が経験してきた辛い人生をこうやって伝えて下さるのは、本当にありがたいことであり、私達はそういう機会を大切にして、私達が今度は少しでもいいので伝えていけたらと思いました」(神戸市の大学生20歳)。このメッセージカードが被爆者にとっては証言を続ける原動力となり、証言の内容についても工夫や学習を重ねるきっかけとなった。年数を重ねていくと、証言の

8.6 証言のつどい　受付は毎年ごったがえす

　内容は被爆者一人一人がどうしても若い人にこれだけは伝えたいということが力強く語られるようになった。
　近年は被爆者の高齢化が現実に大きな課題である。若年被爆のため、被爆体験を記憶に持たない被爆者が証言をするようになった。しかし、証言をすることでさらに被爆者として生きたことを確信し語り継いでいる。

被爆者にとって証言をするには

　被爆者がすぐに 8 月 6 日に証言をするにはハードルが高い。被爆後 37 年間沈黙していた人が、何をどう話していいのか考え込む。そこへソーシャルワーカーはともに悩み、支え、証言グループの司会役になり、被爆者の背中を押してきた。
　「相談員の会」では自分史を書きたい被爆者のグループを作り、グループ内で励まし合い、サポーターと一緒に自分史を書き出版してきた。その自分史を書いた人に証言を依頼するが、知らない人を前に証言するには準備が必要であった。ある人は証言をしている先輩の見学を行い、次の年に証言を行うようになった。1 人で証言をするには不安があり、被爆者 2 人で証言をスタートしたこともあった。証言当日に娘さんが付き添う人もいた。近年は「相談員の会」から呼びかけられて 10 数人が証言を行う。証言する前にソーシャルワーカーが事前に訪問し、被爆体験を聞くこともし

ている。

8月6日のつどいの昼食の時間には、長年の「相談員の会」会員や被爆者、研究者、ジャーナリストが集まり、さながら同窓会のように年に一度のおしゃべりをする。毎年、8月6日に「証言の場所」が確保されていること

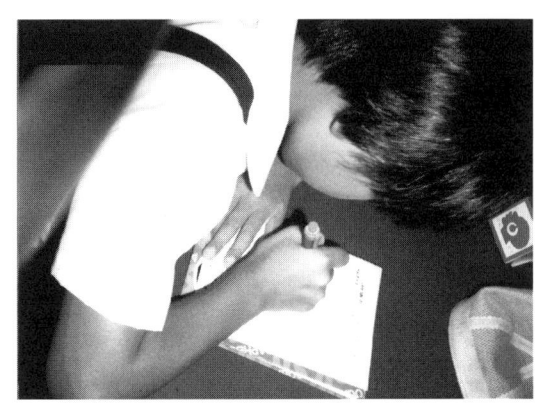

熱心に被爆者へのメッセージを書く子ども

は、広島を訪れる人たちにも私たちにも大切なことだと感じる。

私たちが38年続けてきて……

前述したように4回目の「証言のつどい」から証言を聞いた参加者に被爆者に向けてメッセージを書いてもらっている。

12歳の男子「ぼくは、この話をきいて戦争は怖いと思った。戦争なんか始めた人はバカだと思う。それはかってもまけても、みんな苦しまなければならないからだ。もう二度と戦争をおこしたくない。平和であってほしい」——広島で見たこと、聞いたことを大人になっても記憶にとどめてもらいたい。

6回目の1987年「証言のつどい」全体会で日本原水爆被害者団体協議会の医師肥田舜太郎さんから「証言を聞いた人は、何かしようというように変わって欲しい。また、被爆者も話し始めると変わる。証言を語る人、聞く人、共に変わることができる」との発言があった。その言葉通り、それまで、何も語ってこなかった被爆者が一度、証言をすると変わっていく、反原爆について語る。それに呼応するように証言を聞いた人は何かしなければと焦りを感じる。メッセージには「帰って被爆者の話を伝える」「どうやってこの事実を伝え、何をするのかと考える」「また、広島に来たい」とある。

証言をする人、聞く人の間に立ち、企画、運営する私たちも変わってきた。被爆者は未来に向かって平和の尊さを語り、いつも前を向いている。その姿はどんな人をも惹きつける。その被爆者に毎年出会うことは喜びであり、被爆者に感謝しかない。

今後の展望

「証言のつどい」の回数を重ねるうちに20年前からしだいに証言をする人が少なくなっているが、「証言のつどい」の運営はスムーズに行われ、これも積み重ねた経験によるものである。「相談員の会」の世代交代ができているといえる。世代交代というよりも「相談員の会」の構成年齢の幅が広がったという捉え方もできる。確かに「証言のつどい」を支える人は20歳から80歳まで、年齢の幅は広い。

しかし、被爆者の高齢化とともに証言者が減ってきているのは事実である。証言を依頼するのも至難の業である。しかし、被爆後75年たっても毎年、広島を訪れる人は絶えない。証言ができる人が一人でもいるのなら、「証言のつどい」を開催しなければならないという使命感が私たちにはある。

「証言のつどい」の運営の準備は毎年、「証言のつどい」開催後から始まる。反省会を開き、翌年に合わせて証言を行う部屋の空調から、参加費の集め方、会場の誘導、準備段階から細かい打ち合わせが続く。証言の内容については被爆者の証言の内容に合わせた資料、戦時中の広島の街の様子がわかる地図、防空壕や空襲警報などの戦時中の用語の解説書も用意する。司会者と被爆者のペアを事前に決めて、打ち合わせの時間も確保するようにしている。

証言のつどいの参加者というより、参加団体は近年は固定化している。大学のゼミ、長野や北海道、新潟からの自治体の「広島の旅」の企画、生協関係、地元の高校生の平和学習など予約が入る。昼食も頼まれ、食事もいっしょにする。200〜300人の参加者と被爆者15人前後で司会者や運営スタッフ合わせて約25人。毎年、スタッフとして岡山や東京からも参加するソーシャルワーカーたちもいる。証言のつどいの午後は全体会と称

して時のテーマに合わせて講演会と交流会を開く。その目的に合わせて早くから講師の選択にあたる。

始めに書いたように世界的な反核運動のうねりの中で、原爆が投下された広島に草の根の運動は広がった。そのうねりは今、思えば長く続かなかったが、「相談員の会」の活動は現在も継続している。その事業のひとつ「証言のつどい」も今年で38回目になる。「実際に原爆の被害には遭ってはいないが被爆者の辛さや思いはわかる」という言葉を大学生から聞いた。何を持って継承できるのかが私自身の課題であったが、被爆者の言葉に触れて被爆者の辛さ、悔しさ、身体の痛み、平和への思いを理解する人がいる。このことが継承できたということになるのかもしれない。何も難しいことではないかもしれない。今では8月6日に広島YMCAに来ると被爆者の話を聞くことができると伝えられている。このことが大事なことで結果、「継承」であると信じたい。

今は被爆体験の記憶を持たない被爆者や、胎内被爆者が証言を行う機会が増えている。原爆被爆の瞬間の記憶はないが、産まれた時から彼らは「被爆者」として生きてきたと言う。その言葉に被爆者としての決意を感じる。

また、今まで私たちが関わってきた被爆者から聴き取った体験を次世代に語ることも体験継承の一つであると考える。ソーシャルワーカーが被爆者の辛さや強さや原爆症認定問題を語ることも継承である。

昨年の8月6日、沢村道子（仮名）さんが証言に行くと言って家を出たものの、道に迷い、YMCAの会場まで辿りつけなかった。彼女は長年に渡り、1945（昭和20）年当時の広島の大きな地図を用意して、必ず、同級生が原爆で亡くなったことを証言してきた人である。今年は彼女を送迎することを考えている。また、まとまった証言が難しくなってきた被爆者には数々の思いを口にでき、懐かしい人との交流の場となる「証言者の同窓会」の部屋を設けることにしている。すでに具体的に証言の内容やスタイルが変わる次の時代に入っていると言える。

「8.6原爆被害者証言のつどい」の証言者・参加者、全体会の状況

回数・西暦	証言者 参加者	全体会
1982年 3月21日		82年・平和のためのヒロシマ行動（20万人）で、相談員の会、被爆者家庭訪問をすすめる会、平和を語る青年のつどいなどで企画して「ヒバクシャのつどい」（青少年センター）を開催
第1回 1982年	50人 300人	原水爆禁止世界大会の関連事業として第1回「原爆被害者証言のつどい」を開催。被爆者と参加者との意見交換会
第2回 1983年	70人 300人	企画団体が昨年の3団体から7団体に増加 被爆者と参加者との意見交換会
第3回 1984年 ※	60人 900人	午前：映画「トマホーク」上演、午後：原水爆禁止世界大会の行事「被爆の実相を語る会」として開催。他の会場をキャンセルしたため200人規模のYMCA会場に900人が集中し大混乱した。
第4回 1985年	55人 700人	被爆者と参加者との意見交換会
第5回 1986年	40人 400人	被爆者と参加者との意見交換会
第6回 1987年	40人 450人	被爆者家庭訪問をテーマに寸劇、日本被団協の肥田舜太郎氏のあいさつ、被爆者と参加者の意見交換会
第7回 1988年	40人 450人	参加できない病弱な被爆者のスライドによる紹介、被爆者と参加者との意見交換会
第8回 1989年	30人 300人	ビデオで土井久男さんを偲ぶ、土井さんの『証言』冊子の発行に至るまで・愛知県教師土屋登氏、核実験被害者ヤミ・レスター氏(オーストラリア先住民)の訴え、被爆者と参加者との意見交換会
第9回 1990年	30人 450人	構成劇「援護法ってなあに？」被爆者と参加者との意見交換会
第10回 1991年	30人 400人	小・中・高校生の平和意識調査を実施し発表。被爆者と参加者との意見交換会
第11回 1992年	25人 500人	スライド「ともに生きる」（相談員の会、証言のつどいの活動紹介）被爆者と参加者との意見交換会
第12回 1993年	25人 400人	被爆者と参加者との意見交換会
第13回 1994年	28人 300人	被爆者と参加者との意見交換会
第14回 1995年	23人 300人	被爆者と参加者との意見交換会
第15回 1996年	25人 300人	被爆者と参加者との意見交換会
第16回 1997年	9人 300人	被爆者と参加者との意見交換会
第17回 1998年	24人 250人	講演：「私とヒロシマ」中沢啓治氏(はだしのゲン原作者)
第18回 1999年	25人 200人	講演：「ヒロシマを継承するために」大牟田稔氏(広島平和文化センター前理事長)
第19回 2000年	25人 200人	講演：「21世紀のせこへいです」世界の子どもの平和像を広島につくる会より高校生(中本小百合さん・貝原史香さん)、澤野重男氏(安田高校教諭)
第20回 2001年	21人 160人	原爆被害者証言のつどい20周年記念パーティー
第21回 2002年	19人 不明	不明
第22回 2003年	15人 150人	在ブラジル被爆者裁判原告の向井隆さんの訴え
第23回 2004年	18人 170人	重住澄夫氏(原告団団長)から原爆症集団訴訟から訴え、下幸子氏(在アメリカ被爆者)から在外被爆者裁判の支援の訴え、 講談「ヒロシマの川は黒かった」綴急車雲助氏
第24回 2005年	17人 250人	講演：「きのこ雲の下から、明日へ」の出版・斎藤とも子氏、「ヒロシマに学ぶ」村上須賀子氏 盆子原国彦氏(在ブラジル被爆者)から支援の訴え

第 25 回 2006 年	19 人 175 人	原爆症集団訴訟 41 人全員勝訴報告 (広島原告団広島弁護士)、落語「9 条変えたら苦情がいっぱい」安産亭徳丸さん
第 26 回 2007 年	15 人 170 人	講演：「体験を語る者・受け継ぐ者」究所 高橋信雄氏 (広島教育研)
第 27 回 2008 年	19 人 170 人	盆子原国彦氏 (在ブラジル被爆者) から支援の訴え 講演：「原爆報道について思うこと」羽原幹男氏 (ジャーナリスト)
第 28 回 2009 年	19 人 190 人	講演：「戦後は続く沖縄と広島」比嘉康文氏 (元沖縄タイムス記者)
第 29 回 2010 年	15 人 220 人	講演：「被爆者相談のこれから〜被爆者とともにあゆんで〜」若林節美氏
第 30 回 2011 年	14 人 270 人	30 周年記念レセプッション・好井一條氏 (ジャズピアニスト) の演奏・運営委員 7 人の朗読劇「この子たちの夏」
第 31 回 2012 年	12 人 220 人	講演「学生たちと取り組む継承活動〜被爆者の体験と思いに心をよせて〜」黒岩晴子氏 (佛教大学教授)
第 32 回 2013 年	11 人 170 人	講演「福島のソーシャルワーカーからの報告」熊田貴史氏 (医療生協わたり病院ＭＳＷ)
第 33 回 2014 年	16 人 235 人	「琴で伝えるヒロシマ〜広島と京都をつなぐ演奏会〜」一箏：奥山貴美子さん、・津熊淳子さん、二箏：河合美代子さん、尺八：上村武三さん
第 34 回 2015 年	14 人 160 人	講演「原爆被爆者と憲法 9 条〜原爆症認定裁判からみえてきたもの〜」平田かおり氏 (弁護士)
第 35 回 2016 年	12 人 250 人	講演：「ビキニ事件は終わっていない〜ヒロシマ、ナガサキ、ビキニ、フクシマをつないで〜」山下正寿氏 (ビキニ国賠訴訟を支援する会共同代表)
第 36 回 2017 年	16 人 340 人	シンポジウム：「真実を語り合うこと、向き合うこと〜 35 回の原爆被害者証言のつどいの軌跡〜」河本謙治氏 (被爆者)、藤爪澄氏 (被爆者)、橋爪俊和氏 (広島文化学園大 4 年)、國分裕りこ (佛教大 4 年)、古寺愛子氏 (相談員の会) 司会：三宅文枝
第 37 回 2018 年	14 人 220 人	講演：「基本懇で何が語られたか」田村和之氏 (広島大学名誉教授)

※ 毎年 8 月 6 日にＹＭＣＡで開催しているが、第 3 回のみ 8 月 5 日に開催。

一日カメラマン

胡明 憲二

　カメラの向こうに、悲憤の顔がある。8月6日「原爆被害者証言の集い」のひとコマである。

　わたしは素人カメラマンとして、この日の記録を委嘱された。37 年目の夏を迎えた被爆者は、カメラを通してみるとき、皆老いていた。語る口調は、始めはたどたどしく思えたが、話す間に一つ一つの記憶が甦ってきたのか、次第に熱っぽさを増し、時に怒り、時に悲しみをこめて語られた。

　わたしはプロカメラマンではないので、その熱っぽさを写し撮ることはできないはがゆさを感じながらも、今この瞬間語っている証言者の姿をありのまま撮りたいと思いつつ焦点を合わせ、シャッターをきった。

　このような思いで、数枚シャッターをきった頃「カメラは勘弁してください」との証言者の言葉に会った。私はこの言葉を聞いて、写真を撮ることの了解を得なかった迂闊さを恥じるとともに、37 年の歳月を経ても、未だカメラの前面にでられない被爆者の現実の厳しさを知っ

た。

　一か月余り後に「集い」の反省会があった。少し遅れて参加したわたしは、ピンボケもなく写っている写真に出会った。写真をみながら、安堵の思いと写真のメンバーには是非来年も参加してもらいたいものだと思った。

（ヒバクシャ創刊号より転載）

私にとっての相談員の会

黒岩 晴子

　私が「相談員の会」に入会したのは被爆60年の頃だったと思います。被爆者支援の仲間として誘っていただき、とてもうれしかったことを思い出します。長い間、医療現場を離れ孤独だったのかもしれません。被爆者との出会いは1977年、被爆者問題国際シンポジウムの実態調査でした。当時、民医連加盟の病院で事務職兼医療ソーシャルワーカーとして働いていました。医学調査、生活史調査、一般調査等すべての調査に、全院所をあげて取り組むことになり、私は事務局として調査や報告書の作成、地域報告会の開催などを担当しました。聞き取り調査では初めて聞く原爆の激甚な被害や被爆者の実態、健康被害、理不尽な扱いに怒りがこみあげてきました。次世代への継承を強く意識し、核兵器をなくす運動の重要性を痛感しました。

　数年前、「相談員の会」の活動を続けている方々にインタビューをさせていただいたことがあります。被爆者の『反原爆』の想いを受け継ぎ、矜持を持って広島という地で援助を続けていること、その実践は社会正義の発揮だということをあらためて知りました。被爆者の人権や人間としての尊厳を守る福祉理念を軸とした活動です。学生には被爆者の証言、会員の想いやソーシャルアクションから平和と社会福祉を学んでほしいと思い「証言の集い」に参加しています。「相談員の会」は、教育現場での継承活動や核兵器廃絶運動への前向きな「力」になっています。社会福祉学部で開催している原爆展は「私たちのような被爆者を世界のどこにも生み出してはいけない」と願い、「生きている限り証言を続けます」と奮闘してくださる被爆者の方々のおかげです。核兵器禁止条約の歴史的前進をさらに進め、いずれ本流となる支流の一滴として、学生と共に継承活動を続けます。

「原爆被害者証言のつどいグループ」の誕生と活動

三村 正弘 / 山地 恭子

被爆者自身が証言活動の中心に

「原爆被害者相談員の会」が毎年「8・6原爆被害者証言のつどい」を開催することができたのは、「証言のつどいグループ（以下、つどいグループ）」の存在が大きい。この「つどいグループ」は、被爆者自身が中心となり、証言者として互いに学び、活動の幅を広げていった1982年の活動の当初から、中心メンバーであった久保浦寛人さんは、「相談員の会」が毎年発行する会誌「ヒバクシャ」に、活動の詳細について報告している。

ここでは、毎年の「8・6原爆被害者証言のつどい」だけにとどまらなかった活動について、また、「相談員の会」のソーシャルワーカーと証言を行う被爆者が共に学び、成長してきた姿を記しておきたい。

幅広い活動

「つどいグループ」発足から間もない、1983年10月には、平和記念資料館展示及び施設の点検調査を行い、広島市へ提言する活動を行っている。1980年代、広島ではいくつかの証言活動を行うグループなどが誕生していたが、お互いの交流はもたれていなかった。1987年、「被爆体験証言者交流のつどい」発足のために中心的役割を果たしたのが「証言グループ」である。この「交流のつどい」は、発足当時5団体（広島平和研究所、ヒロシマを語る会、原爆被害者証言のつどい、ヒロシマ・ナガサキ平和基金推進委員会、広島平和文化センター）であったが、現在は18団体で、定期的な活動が今も継続されている。

当「つどいグループ」は、1989年頃から、被爆建物「広島赤十字病院本館」保存のための県や市への要請、街頭署名、『いのちの塔 広島赤十字・原爆病院への証言』出版など様々な活動を行った。1996年からは、3年間に渡り、計3回、チェルノブイリ訪問に被爆者自身が同行した。チェルノブイリ原発事故の被曝者の「心の問題」に焦点をあて、被曝者らが聞き取り調査を行い、お互いの体験を交流するなど先駆的な活動を行ったのである。

つどいグループメンバーとその家族とレクリエーション旅行（1983年4月）

　また、毎年日本被団協の被爆者援護法制定中央行動に参加するなど被爆者運動にも積極的に関わってきた。

　これらの活動の背景には、「相談員の会」のメンバーと共に定期的な学習会、時に泊まり込みの学習会を行うなど、被爆証言を行うために様々な模索、努力があった。また、会員同士の交流を深めるため、レクレーションも活発に行った。「相談員の会」のメンバーと「つどいグループ」のメンバー、時にその家族と共に、証言活動だけでなく、幅広い活動を展開していった。

　これらの活動に対して1986年4月には、アリス・ハーズ平和基金より「平和賞」が授与された。1982年から1999年までの証言回数は1445回、証言者は延べ4971人、対象人数は19万4473人と、「つどいグループ」の証言活動では驚異的な数字を残している。

「相談員の会」から「原爆被害者証言のつどい」が独立

　1999年、「つどいグループ」は、「相談員の会」から独立し、「原爆被害者証言のつどい」との名称で、独自の活動を歩み始めた。修学旅行生などからの被爆証言依頼も多くなり、日常的な活動に発展したこと、「相談員の会」のメンバーは日常業務を行いながら週末の活動が中心であったため

に、事務局的な活動の支援が十分できなくなっていたことも要因としては大きい。久保浦さんは1999年に相談員の会から活動を独立する際に「被爆者を囲んで少人数で被爆体験を語り、悲惨な原爆の恐怖と人類と核兵器は共存できないことを未来に切る人たちに継承し、ヒロシマ・ナガサキを再び繰り返してはならないことを、広島を訪れる人に訴え続けているのが『原爆被害者証言のつどい』です」と残している。長く中心メンバーとしてグループを先導した久保浦寛人さんは2010年他界されたが、現在も「ひろしま被爆体験証言グループ」に名称を変え、活動が引き継がれている。

若干、メンバーの活動を紹介しておく。1989年1月に亡くなった土井久男さんの証言は、愛知県の高校教師グループによって1987年8月に『証言』として冊子を発行した。中心メンバーであった山崎静子さん、米田美津子さん、青木勇さん、河合隆平さん、河口修三さん、定信多紀子さんは相談員の会が2000年から取り組んでいる自分史づくりに参加した。また、定信さんは久保浦さんとチェルノブイリにも訪問され、光井キヌエさん、河口修三さんらと共に、8.6証言のつどいに長く参加した。彼らは「相談員の会」から独立しても、共に歩んできた仲間であることには間違いない。8.6原爆被害者証言のつどいは、「相談員の会」と「つどいグループ」メンバーとの協働作業であり、自分史づくりなど相談員の会の活動は共に歩んだ車の両輪のような仲間である。

現在、被爆者は高齢化し、証言の担い手が少しずつ若い世代に移っている。体験の内容は当然変化している。しかし伝えたいことは何か、証言活動の本質的課題は何か、を中心に据え、未来を担う私たち一人一人が、二度とヒバクシャを作らないための考え方、生き方を考える機会であり続けるだろう。そして、証言活動を支える集団的援助も私たちSWに課された課題である。本稿は「原爆被害者証言のつどい」の代表であった、久保浦寛人さんの執筆であるべきだが、それがかなわないのが残念でならない。

参考文献
　『ヒバクシャ』第1号〜第18号　久保浦寛人「『原爆被害者証言のつどい』1　　年の歩み」など

「手記集」編集委員会『いのちの塔・広島赤十字・原爆病院の証言』中国新聞社 1962 年

第 3 回国連軍縮特別総会への参加

石橋 京子

　今から 30 年前のことになる。1988 年 5 月 30 日から 6 月 14 日まで、ニューヨークで開催された第 3 回国連軍縮特別総会（SSD Ⅲ）に日本原水爆被害者団体協議会の団員として、相談員の会より被爆者の久保浦寛人さんと共に参加させていただいた。「相談員の会」のそれまでの 7 年間の活動が実を結び、多くの方の思いと支援に支えられた派遣であった。

　23 名の団員は、4 つの都市に分かれて活動した。久保浦さんと私は、ニューヨークで国連代表部を訪問したり、「広島・長崎の火」パレードに参加したり、街頭署名や市民団体との交流も行った。国連では約 40 か国の代表部を手分けして訪問し、被爆者の訴えと核兵器廃絶に向けての協力要請を行った。また、サンフランシスコではホームステイをしながら、平和行動や在米被爆者、平和グループとの懇談会に参加した。

　集会で出会った人々、署名をしてくれた街ゆく人々は私たちの主張に真摯に耳を傾けてくれた。原爆投下が早期終戦に繋がったと信じる人との意識の違いは明らかだったが、それ以上に語り合うことの大切さを確信することができた。また、アメリカ人にとっての“パールハーバー”の意味や在米被爆者が置かれている現実と課題を肌で感じられたことも、とても貴重な経験となった。

　伊東壮団長は「一つの署名、一つの行進への参加、こんなことをして何になるかと思っていても、世界は究極的にはその積み重ねの中で動いている」と語られた。被爆者には、こうした活動が被爆の実相を語り続ける新たな決意をもたらし、自分たちの存在の意味を感じる大きな自信になったと思う。そして、相談員としては、「いのち、くらし、こころ」にもたらす原爆被害をソーシャルワークの視点から伝えることの意義を強く感じることができた活動であった。

　振り返ると、残念ながら 30 年を経ても変わらないことがある。SSD Ⅲ総会は、その前年の中距離核戦力

全廃条約締結を受け軍縮ムードが高まりつつある中で開かれたが、最終文書の採択は失敗に終わった。圧倒的大勢は核兵器全廃を目指していたが、それに消極的な少数の国の一つが日本だった。「核の傘」に依存し続ける日本政府の姿勢には苦々しい思いがする。また、総会には日本から約1200名が参加したが、代表団が統一行動を取れず、まずは日本の団体が協同して日本政府を動かすことが先ではないかとの批判を受けた。ひとりの人として望む平和が、運動となると統一した行動がとれないのも今も変わらない。

しかし、変わったこともある。2016年に現役大統領として初めてオバマアメリカ大統領（当時）のヒロシマ訪問が実現した。また、2017年核兵器廃絶国際キャンペーンが

ノーベル平和賞を受賞し、サーロー節子さんが被爆者として初めて授賞式で行ったスピーチに感動した人も少なくないだろう。

久保浦さんが活動報告書の最後に「平和のための挑戦を進めていくことが大切」だと書かれている。今日まで、被爆者の存在は核兵器の脅威について警鐘を鳴らし続け、被爆者とそれを支える人たちの地道な努力が積み重ねられてきた。戦後74年間、核兵器が使用されなかったことこそ、ヒロシマ・ナガサキの平和のための挑戦がもたらしたものではないかと思う。障がいをもつランナーと伴走者を繋ぐロープを"きずな"と呼ぶそうだが、まさにヒロシマでは被爆者とソーシャルワーカーとのきずながその挑戦を支えてきたといえるのではないだろうか。

被爆証言の場につどうということ

奥西 栄介

　私と広島、原爆との端緒について少し述べておきたい。原爆の問題に積極的な関心を抱いたのは遅く、35歳を過ぎてからであった。広島を初めて訪れたのは、兵庫県の老人ホームに勤めていた頃、新卒職員のリクルートで、施設長と一緒に広島女子大学へ一人の学生に会いにいった時のことである。その人は吉田美穂さんという、その春に卒業をひかえた学生であった。つい先日書き終えたという卒業論文について尋ねると、長崎の原爆を

テーマにしたものだという。後日吉田さんから卒業論文を送ってもらった。論文は長崎原爆松谷訴訟の経過を分析し、被爆者行政に投げかける意味について社会福祉の観点から考察したものである。第1章で、松谷英子さんの生活史が詳しく記述されており、それは何度も長崎を訪れては松谷さんとの交流を重ね、まとめられたものだった。被爆者ではなく、一人の女性として生きたいと思う松谷さんを、女性の目線で誠実に捉えた卒業論文に感銘を受け、この人に来てもらいたいと思った。1994年3月、吉田さんは大学を卒業し、兵庫県芦屋市にある特別養護老人ホームに就職されたのだった。

　その後、私は高齢者福祉の現場を離れ、1998年4月、広島国際大学開学時の教員として広島に赴いた。所属する学科に村上須賀子先生がおられ、「原爆被害者相談員の会」の証言のつどいに誘ってもらったのが、被爆者の方たちとの最初の出会いである。吉田さんが学生時代に証言のつどいや学習会に参加していたことを知った。

被爆証言を聴く者の立場を自覚すること

　証言のつどいで被爆者の方たちの8月6日とその後の人生行路に耳を傾けてきた。被爆時の証言はどの方のものも凄惨なものであった。戦後をどのように生きられたかはあまり多くを語られなかったが、言葉の端々から戦後社会のさまざまな抑圧の中を生きてこられたことが察せられた。被爆者の方たちの言葉に私はいつも圧倒される。返さねばならない私の言葉は今も見つからない。それでも被爆者の方たちの言葉は私の胸の内に響き続けている。

　1998年8月6日、最初に証言の集いに参加した時の被爆者の方の言葉が忘れられない。午前の証言の部に続き、午後の部の「はだしのゲン」の作者、故中沢啓治さんの講演会が終了した時、司会者の村上先生からコメントを求められた。私は会場の最後列に座っていたのだが、そこで起立し感想を話し始めた。すると、最前列に座っておられた女性の方が前を向きながら、「私は眼が不自由で耳も遠いのであなたが何を言っているのかわかりません。前に来て話してください！」と大きな声ではっきりと言われ

たのであった。私は驚き、慌てて会場の前に行き、その方と参加者に向かって感想を述べたのだった。当惑してしまい何を言ったのか覚えていない。だが、被爆者の方が証言することの意味、そして、その証言を聴くことの意味を肌身の感覚で思い知らされた。被爆者の方と面と向かい合うこと、その人生を受けとめること、証言を聴く者の立場を自覚することの意味を考えた。

生きていくことの希望を灯す証言

　2005年8月6日の光井キヌエさんの被爆証言は胸に迫った。「わたしは絶対に許せない！でもしょうがないけんね…」と、光井さんはしばしばこう繰り返された。前半部は力をこめて。後半は呻くように小声で漏らされた。この両極端の心理を60年間、光井さんは漂流されてこられたのであろうか。絶対に許してならぬものが、しょうがないことへと反転する。人生のその時々において個人ではどうすることもできない、しょうがないことなのだからと、自ら強く言い聞かせ、自身の立場をなんとか受け入れることで、明日を生きる力を得られてこられたのか。光井さんの言葉を聴く立場の者として、この言葉の奥底に横たわり続け、身を裂いてきた不条理な事実と感情に対して、共感的理解などという言葉をあてがうのは浅薄なことである。1メートル先で語られる光井さんの姿がはるか遠くの闇の中にぽつりと浮かんで見えた。戦争で傷つくのは常に徹底して一個人である。

　深刻な語りの中でさえ、光井さんは私たちを和ませてくださる。「私は明治に勤めててね、キャラメルを作ってたのよ。あれ美味しいでしょ。やっぱりキャラメルは明治ね」と戦後製菓工場に勤めていた話をされた時、同じテーブルで証言を聴いていた労組の方が、「いやぁ僕たち、森永なんですよ」と言うと、すぐさま「森永のキャラメルも美味しいわね。私、森永も大好きですよ、とにかく甘いものはなんでもね」と、にこやかに切り返された。皆に笑いがひろがった。光井さんのユーモアがその場の空気を柔らかにする。光井さんは、私たちに生きていくことの希望を灯された。

互いを必要とする関係における被爆証言の意味

　2016 年 8 月 6 日、岡三郎（仮名）さんの証言に耳を傾けた。岡さんは、初めて証言されるという。「人に嫌なことを聞かせて、嫌な思いをさせたくなかったからですね…相談員の会の人が何回も来られて頼まれるものだから、今日ここに来ました…」と冒頭に言われた。

　岡さんは、8 月 6 日の阿鼻叫喚の巷と化した広島の情景を淡々と静かに話された。強い光線と爆音、爆風が背中から襲い、廊下まで吹き飛んだ、という。防空壕に向かう途中、倒れていた女生徒の腕を引っ張ると皮がずれてしまったこと、母親は全身にガラス片を浴び、父親は半身に、弟さんは顔面に大やけどを負ったこと、黒い雨が降ったこと、人を茶毘に付せたこと、燃える広島を見てもなにも感じなかった、と岡さんは言われた。突如現出したあまりに現実離れした状況に放心した精神状態であったのだろう。

　岡さんの語りに集中していた私がハッと気づいたのは、岡さんの傍で夫の証言を聴く奥様の姿である。目を閉じ、口を真一文字に結んで夫の語りを聴いておられる。奥様自身、初めて夫の被爆体験を詳しく聴かれたようである。これまで夫を案じ、夫を慮って暗黙のこととしてこられたのだろうか。翻ってこの日、被爆証言のつどいの場で 8 月 6 日の広島の惨状を聴かれながら、夫とともに原爆に焼かれた広島の町を彷徨されているかのように見えた。

　もう一点、私が証言の場で気づいたことは、少し離れた席で岡さんを凝視し、懸命に証言に耳を傾けられている娘さんとその夫と子どもの姿であった。家族総出で岡さんの証言を聴かれている。次世代の家族が、岡さんと奥様が共有されようとする被爆体験の語りを支えておられる姿があった。証言の後、娘さんは言われた。「私たちの子どもにきちんと父親の話を聴かせたかった」と。と同時に、父親の証言を聞く母親を支えるためにこの場に来られたのだろう。母親にとってこの日が重々しい時間になることを察しておられたのだと思う。

　被爆証言は、互いを必要とする関係の中に在る。証言は家族の刺を抜き、

癒し、明日を生きる希望の拠り所となり得るのではなかろうか。さらに、岡さんと奥様と、ここに集ったこの家族以外の他の多くの人たちも、ともに互いを必要とし、岡さんの語りを支え、その被爆体験を受けとめ、共有したのだろう。そして、この証言のつどいの場は、反原爆の立場をあらためて明確にした。

被爆者、非被爆者の〈立場〉を超えて

1995 年 1 月 17 日、阪神淡路大震災で吉田美穂さんは 23 年の生涯を終えた。松谷英子さんは彼女の悲報に接し、卒業論文を読み返しては裁判に臨んだという。そして、2000 年 7 月最高裁で勝訴された。

吉田美穂さんは卒業論文のむすびにこう記している。

「被爆者、非被爆者の〈立場〉を超えて、一人の人間としての〈立場〉に自分を置いた時、人間であり続けることをことごとく否定する原爆に、じっとしていられないと感じるのである。それは、被爆者、非被爆者に関係なく、今、同じ時代を生きている人間としての義務だと思う。私のような一学生にも何かできることがあるのではないだろうか。それは世界の核兵器問題、平和問題に関心を向けることであるかもしれない。また、原発について考えることであるかもしれない。しかし、考えるより行動しないことには何も始まらない。わが国に現在もその被害に苦しみ続けている被爆者の思想に触れ、語り継ぐことにあるのではないだろうか」

「本当に小さな一人一人の反原爆の思想が集まり、社会を動かしていく。そのためには、被爆者、非被爆者が一体となって同じ反原爆の〈立場〉を造り出さなければならない」

改憲の動きが顕著な今日、被爆者の願いを「継承」し、平和への「目覚め」と反戦・反核に向けての「決意」を一人ひとりがどのようなかたちで表明していけばよいのだろうか。「『自分には何もできない』と信じさせられて」いる（2005 年 8 月 6 日 平和宣言：秋葉忠利広島市長）ことから決別し、各自が、たとえ小さくても、いかに「行動」に移していけばよいの

であろうか、と考える。

　これからも 1945 年 8 月 6 日、 8 月 9 日に広島と長崎で確かにあったことに対する重い責任と義務が投げかけられる。

文献

　吉田美穂「長崎原爆松谷訴訟—その歩みと今後の被爆者行政に投げかける意味—」『社会福祉の焦点』第 11 号、広島女子大学文学部社会福祉学科、鈴木ゼミ卒業論文集、1994 年．

12.11「基本懇意見書」にこだわる

中村 有紀子

はじめに

　原爆被害とは何か、私たち「相談員の会」は、ながらくその意味を模索してきた。1957年「原子爆弾被爆者の医療等に関する法律（原爆医療法）」が制定され、被爆者に対する医療給付が、1968年「原子爆弾被爆者に対する特別措置に関する法律（特別措置法）」が制定され、被爆者への金銭給付が整ったはずだった。しかし、実際には、「特別措置法」の諸手当申請には、所得制限など制限があり、半数以上が非該当となる状況であった。MSWたちは日々被爆者の相談に応じ、制度の矛盾にぶつかり、理不尽な説明に追われ、そもそもソーシャルワーカーの役割とは何かを突き付けられた。

　1979年6月、厚生省の私的諮問機関「原爆被爆者対策基本問題懇談会（以下、基本懇）」が、1980年12月11日、1年6か月に渡る検討会を経て「意見書」を発表した。その内容は、被爆者の特殊性を「放射線による健康上の障害」に限定し、戦争の「一般の犠牲」として国民すべてが受忍すべきとしたのだ。

　「相談員の会」の誕生は、健康被害のみに原爆被害を矮小化し、戦争の一般被害として受忍することを強いられた被爆者の憤りを共に憤り、「このままにしてなるものか」との思いからであった。

被爆者援護をともに考える日として

　基本懇意見書が出された日である12月11日を忘れないため、この日を援護法制定要求の新たな運動展開の起点としていくことを目的に、1982年12月11日に第一回目の「12.

1988 年 12.11 シンポジウム「被爆者援護法への道」

11 シンポジウム」を開催した。以後、現在に至るまで、「ふたたび被爆者をつくらない」との思いで継続し、2018 年には第 36 回目を開催した。

　とりわけ、広島では被団協がふたつに分裂し、被爆者にとって悲劇的な状況であったため、開催に当たっては、二つの被団協、関係する団体と、被爆者援護の願いを一つにできるような場にしたいという思いをもって取り組んできた。（別表 1）の通り、被爆者を取り巻く情勢や懸念されること、その年を象徴するテーマを掲げ、多岐にわたる学識経験者とともに議論してきた。意見書を乗り越えようとする、「相談員の会」のその年の活動の総括の場でもあり、今後のソーシャルアクションの方向性を見出す機会にもなった。一方で、支援者同士の理解を共有する場であり、私たち「相談員の会」への理解を深めてもらう場にもなっていったように思う。

　初回の開催以降、1990 年代は主に被爆者援護について議論を交わし、2000 年代には継承をテーマとすることが増えた。特筆すべきものとしては、1992（平成 4）年に長崎原爆松谷訴訟弁護団事務局長を招いて認定制

2012 年 12.11 シンポジウム「広島から福島への思い」

度の問題点を明らかにしたことや、2000（平成 12）年には原告本人を招いて最高裁判決の報告をしていただいたこと、2011（平成 23）年以降、東日本大震災・福島原発事故における被災者支援について協議、協働したことなどが挙げられる。

未来に向けて

　まもなく戦後 75 年目を迎えようとしている今、被爆者だけでなく、支援団体、支援者の高齢化も否めない現実がある。今後は、基本懇意見書が出された当時の被爆者とワーカーの思いはもちろん、その過程すら知らない世代が被爆者支援を担っていくこととなるのであり、次世代への継承は大きな課題である。被爆者支援を担うには、個々の被爆者が抱えている問題は放射線による健康被害（からだ、こころ）だけでなく、生活（くらし）すべてに及んでいることを正しく知る必要がある。そのためには、原爆被害とは何かを、被爆者とともに考え、議論できるシンポジウムは非常に有意義であると考える。

別表1

年	テーマ	講師、シンポジスト
1982	援護法制定のために私たちは何ができるか 「援護法制定運動の今日的意義」	岩垂弘氏（朝日新聞編集委員）
1983	未来を問う！被爆者援護法制定の意味 - 私たちは何をすべきか - 「次の世代にとっての被爆者援護法」	浦田賢治氏（早稲田大学教授）
1984	援護法制定のために、私たちは何をするのか	田村和之氏（広島大学教授） 中本剛氏（県被団協） 近藤幸四郎氏（市原爆被害者の会） 舟橋喜惠氏（広島大学教授）
1985	（開催せず）	
1986	被爆者援護法制定に向けて - 被爆者の生活史に学ぶ -	石田忠氏（一橋大学名誉教授・日本被団協専門委員）
1987	ヒロシマ・ナガサキから未来へ - 核兵器なくせ・援護法制定の声・今こそ -	小西悟氏（日本被団協専門委員） 両被団協（迫田正利事務局次長、中本剛事務局長）から挨拶
1988	被爆者援護法への道	シンポジスト 宇吹暁氏（広島大学原医研助教授） 大牟田稔氏（中国新聞社論説主幹） 迫田正利氏（日本被団協代表理事） 市岡正憲氏（県被団協副理事長） 島方時夫氏（原爆二法研究会・弁護士） 若林節美氏（相談員の会）
1989	被爆建物を考えるシンポジウム ―またひとつ消される被爆の証― 「被爆建物は何を語るか」	石丸紀興氏（広島大学工学部助教授） 証言：片岡チヨ子氏（当時日赤看護学生）、定信多紀子氏
1990	基本懇意見書から10年 　平和と福祉の原点―発足の頃をふり返って― 報告1「原爆被害者証言のつどいの9年間をふりかえって」 報告2「研究者として原爆被害者相談員の会に関って」	河合幸尾氏（立命館大学教授） 報告1：久保浦寛人氏（原爆被害者証言のつどい代表） 報告2：舟橋喜惠氏（広島大学教授）
1991	それでもまだ援護法 - 核兵器廃絶と被爆者援護法 - - 求められる被爆者援護法 -	山口仙二氏（日本被団協代表委員） 田村和之氏（広島大学教授）
1992	だから今こそ被爆者援護法 - 長崎原爆松谷訴訟をとおしてみた認定制度の問題点 -	中村尚達氏（松谷訴訟弁護団弁護士）
1993	原爆と人間　 - 被爆者援護法の思想 -	石田忠氏（一橋大学名誉教授）

1994	どうしても国家補償 ―あるべき被爆者援護法を求めて―	小西悟氏（日本原爆被害者団体協議会事務局次長） 二国則昭氏（原爆二法研究会） 上杉聡氏（アジア・太平洋地域の戦争犠牲者に思いを馳せ・心に刻む会事務局長） 桶舎洋子氏（相談員の会）
1995	長崎原爆松谷訴訟と「被爆者援護法」	山田拓民氏（長崎原爆松谷訴訟を支援する会事務局長）
1996	国家補償としての援護法を ―切り捨てられた援護をめぐって― 報告1「在外被爆者の援護問題」 報告2「遺族の立場から」 報告3「放射線被害の認定問題」 講演「援護法は原爆被害を償っているか	報告1：豊永恵三朗氏（韓国の原爆被害者を救援する市民の会） 報告2：塚本弥生氏（相談員の会） 報告3：松本ソノ氏（相談員の会） 講演：池田真規氏（弁護士）
1997	長崎原爆松谷訴訟　福岡高裁勝訴 原告　松谷英子さんをむかえて ①松谷英子さん挨拶 ②「長崎原爆松谷訴訟」高裁判決の意義 ③長崎原爆松谷訴訟高裁判決を契機に考える	①原告：松谷英子氏 ②中村尚達氏（長崎原爆松谷訴訟弁護団事務局長） ③田村和之氏（広島大学教授）
1998	被爆者と介護保険 - どうなる？被爆者の介護と暮らし -	コーディネーター：鈴木勉氏 シンポジスト：三村正弘氏（相談員の会・広島共立病院ソーシャルワーカー）、山崎静子氏（原爆被害者証言のつどい・被爆者）、山田寿美子氏（福島生協病院在宅介護支援センターソーシャルワーカー）、肥田舜太郎氏（日本被団協原爆被爆者中央相談所理事長・医師）
1999	原爆被爆者と東海村被曝者 - 放射能被害の実態と援護を考える - 講演1「東海村被曝の実態と今後の課題」 講演2「放射線障害の臨床から - 原爆被爆者と東海村被曝者 -	講演1：荻野晃也氏（京都大学工学部原子核工学科助手） 講演2：斎藤紀氏（福島生協病院院長）
2000	長崎原爆松谷訴訟勝利報告 報告「長崎原爆松谷訴訟勝利」	原告：松谷英子氏 報告：山田拓民氏（長崎被災協）
2001	ヒロシマとテロ問題	岡本三夫氏
2002	原爆症認定申請者の交流会	
2003	原爆裁判原告団と市民のつどい	
2004	今なおつづく原爆被害 ―被爆医師は語る	肥田舜太郎氏（日本被団協原爆被爆者中央相談所理事長）
2005	入市被爆・直接被爆のからだへの影響	鎌田七男氏（広島原爆被爆者援護事業団理事長、広島原爆養護老人ホーム倉掛のぞみ園園長）
2006	被爆61年　日本被団協50年のたたかいと未来	田中熙巳氏（日本原水爆被害者団体協議会事務局長）
2007	継承すべきは被爆体験なのか	直野章子氏（九州大学准教授）

2008	被爆地と憲法九条の危機	関口達夫氏（長崎放送報道部専任部長、ジャーナリスト）
2009	『自分史』を書く・『自分史』を読む	
2010	今、被爆者が求めていること 被団協からの発言 ①被爆者援護法改正要求の動向 ②広島黒い雨降雨地域拡大や原爆症認定運動など シンポジウム ①基本懇意見書とその後の被爆者援護について ②総合病院で相談活動を行ってきた中から ③被爆者の医療・福祉・介護の実情から ④若手ソーシャルワーカーから体験継承を考える 特別発言	被団協からの発言 ①木谷光太氏（日本被団協代表理事・県被団協事務局長） ②大越和郎氏（県被団協事務局長） シンポジウム コーディネーター：舟橋喜惠氏（広島大学名誉教授） ①三村正弘氏（相談員の会代表） ②塚本弥生氏（広島市民病院ソーシャルワーカー） ③山田寿美子氏（山田居宅介護支援事業所所長） ④古寺愛子氏（吉島病院ソーシャルワーカー） 特別発言：直野章子氏（九州大学大学院准教授）
2011	東日本大震災・福島原発事故と今後の被災者支援に向けて 「福島の被災者からの訴え」	丹波史紀氏（福島大学准教授） 青木達也氏
2012	広島市民としての福島への思い、私たちにできる取り組みを考える 県被団協からあいさつ：箕牧智之県被団協事務局長、大越和郎県被団協事務局長、福島県調査報告：三村正弘氏、胡明憲二氏 ①福島から広島に避難して考えていること ②私が東京から広島に引っ越した理由 ③ソーシャルワーカーとして継続した支援について ④ボランティアではなく大きな動きを	コーディネーター：舟橋喜惠氏（広島大学名誉教授） ①手塚雅孔氏（老健相談員） ②吉屋直美氏（医師） ③山地恭子氏（広島共立病院ソーシャルワーカー） ④三宅文枝氏（相談員の会副代表）
2013	大詰めに来た原爆認定症問題を考える	田村和之氏（広島大学名誉教授）
2014	今、「自分史」を書くということ ―被爆70年を振り返って	栗原淑江氏（NPO法人ノーモア・ヒバクシャ記憶遺産を継承する会）
2015	被爆体験の継承 -ヒロシマMSWの生活史から-	村上須賀子氏（NPO法人日本医療ソーシャルワーク研究会理事長）
2016	被爆者を引き受ける ―71年目の広島で-	直野章子氏（広島市立大学平和研究所教授）
2017	ヒロシマの戦後史から	宇吹暁氏（元広島女学院大学教授）
2018	原爆被害とは何か：その複合性	川野徳幸氏（広島大学平和科学研究センター長・教授）

④自分史

被爆者が書く「自分史」活動を支えて

古寺 愛子

自分史づくりの歴史

　相談員の会における歴史的な取り組みに「被爆者の自分史づくり」がある。1995 年に第 1 集が出版され 2016 年に第 5 集が出版された。今後、第 6 集の出版を目指す予定である。

　「自分史」に着目するようになったのは、1986 年頃ボランティア講座終了後も継続していた OB 会の学習会で、被爆者から「自分史」をまとめたいと希望があったことがきっかけだった。1987 年 9 月、児童文学者の三浦精子氏による「自分史としての原爆体験を書き残すため」の学習会、1988 年に「自分史づくり」の研究会を開催した。石田忠先生より被爆者の「いのち・くらし・こころ」に焦点を当てた生活史把握の大切さを学んだことで、被爆体験にとどまらず被爆前と被爆後の生活をまるごと記述する取り組みを実践していた。

　転機が訪れたのは、1993 年である。石田先生を師として被爆者問題と向き合ってこられた栗原淑江さんは、長崎で被爆者の生活史調査を行い日本被団協の事務局員を勤め、被爆者の苦悩や願いを何かの形で後世に残したいと考えていた。1980 年 12 月、被団協が「被爆者の基本要求」を策定した運動を受け、被爆者が自らの人生を振り返り総括しながら思いを遺すための有効的な方法として「自分史づくり」が最善であると考え、被爆者自らが自分史を書くことを広く社会に提唱された。栗原さんは書き手の手引き「誰でも書けるヒバクシャの自分史」を作成し、自分史年表とあわせて全国的に被爆者の自分史づくり運動を広げていった。

　「相談員の会」は栗原さんの呼びかけに共鳴し、模索していた被爆者支援の方法として自分史づくりを重要視した。1993 年 6 月、会の総会に栗原さんを招き被爆者が自分史を書く意味についての講演会を開催した。また栗原さんが毎月一度発行していた「自分史つうしん　ヒバクシャ」(240 号で終刊) の購読を執筆者に呼び掛け、発送作業を広島から行った。

被爆後 50 年を迎え、全国的にも多くの被爆体験記が出版されていたが、広島では 1994 年 4 月、相談員の会が中心となり被爆者らに呼びかけ、第 1 回「自分史のつどい」を開催した。参加者は被爆者 8 名、ボランティア 7 名、報道関係者 2 名だった。さらに書き手を探し被爆者を説得してまわった。集まった被爆者らはこれまで胸の奥にしまっていたものを一気に吐き出すかのように筆を執り、次々に新たな原稿が寄せられた。

　1995 年 2 月、出版が本決まりとなり、約半年間のスケジュールで 1995 年 7 月、執筆者 19 名で 530 ページの被爆者の自分史『生きる』を出版した。表題は執筆者の益川琢磨さんが何度も練習を重ねた。表紙絵とカットは上河内昌巳さんに協力を得た。出版に深く関わった会員の相良カヨさんは「被爆者自身もなんとか自分史をまとめたいと思っていたことの実現のチャンスとして、或いは自分や家族を納得させるのに 50 年という節目の年を選んだのではないかと思う」と記している。

　その後も第一集の執筆者にアンケートを実施し、引き続き参加する人と新たに参加する人で 1996 年 2 月、「自分史を書くつどい」をスタートさせた。参加した被爆者らは、自身で原稿を書きためていた。つどいは毎月 1 回土曜日午後開催した。1997 年 4 月に長崎の被爆者で自分史を自費出版した小峰秀孝さんを広島に招いた。会員の熊谷睦子さんは「赤裸々な自分を人前にさらけ出すことに対する悩みを克服して書かれた勇気ある文章が、読む者の共感を得、戦争・原爆への限りない怒りを喚起させる」と述べている。

　第一集出版から 5 年後、1999 年度に入り 2 冊目の自分史出版に熱が入った。1999 年 10 月、長崎県の被爆者温泉保養所で自分史交流会があり、若林節美さんが参加した。「長崎被災協・自分史つたの会」、「福岡原爆被害者の会・つくしの会」主催でなぜ自分史を書くのか、どのように書けばよいのか、今書くことの意味が話し合われた。

　2000 年 8 月 6 日、執筆者 6 名、編集委員 4 名、協力者で第二集を出版した。第二集以降の表紙絵とカットは熊谷さんの作品である。

　2001 年 6 月には第三次自分史のつどいを発足し、毎月 1 回会合を重ねた。第二集までは相談員の会と交流がある人達だったが第三集は初対面の人が多かった。第三集に参加した被爆者も自身で書きためたものを持っていた。

第二集出版から 2 年後の 2002 年 7 月、執筆者 11 名で第三集を出版した。

その後約十年の間に会の運営メンバーは入れ替わり、先輩から若い世代に自分史づくりに取り組むようすすめられ、第四集は自分史づくりを経験したことの無いメンバーが取り組むことになった。

自分史づくりに挑戦して

第四集の取り組みにあたり、2009 年 12 月、再び栗原淑江さんを招いて講演会を開催した。講演をきっかけに執筆者を募り、2010 年 1 月に第一回「自分史のつどい」を開催。以降、毎月 1 ～ 2 回の頻度で 15 回つどいを開催した。第四集からは「自分史のつどいだより」を作成した。執筆者の最高年齢は 102 歳だったが、高齢や闘病生活で自ら書くことが難しい人を子や配偶者、支援者が聞き書きし執筆に協力した。

後半になり、先輩の提案で集中編集会議を 2 日間開催した。そこで第三集まで中心で舵をとってきた舟橋喜恵さん、相良さん、熊谷さんから「サポーターは被爆者の苦悩を全て受け止める責任があるが本気で被爆者と向き合ったのか？」と覚悟を問われた。戦前のこと、戦後間もない頃を知らない筆者たちは、被爆者に遠慮していたことに気付かされた。熱い思いをぶつけてくれた先輩の存在はとても誇りである。

そのような中、2011 年 3 月、東日本大震災・福島原発事故が起こった。執筆者たちは心を痛め、被災者への思いを綴った。

2012 年 9 月、執筆者 11 名で第四集を出版した。完成を待たず 3 人の方が他界し、出版後まもなく 1 人が他界されたことでかけがえのない時を刻んでいたことを思い知った。

第四集出版から約二年が経ち、一人でも多く被爆者の自分史をまとめたいと第五集出版に向け動き出した。恒例となったが 2014 年 12 月、栗原淑江さんを招いて講演いただき、執筆者とサポーターを募った。

第五集では低年齢期に被爆し記憶が無いが、家族から被爆体験を語り継がれてきた若年被爆者が筆を執ったことが特徴的である。また期間中、オバマ氏が広島へ来る歴史的出来事があり、締め切り後ではあったが追記を希望する人が多かった。

第二集を除き広島市原爆死没者慰霊等事業の助成が受けられ、また出版社の協力により無事刊行に至った。

執筆者をサポートして

　筆者が第四集で担当した箕牧智之さんは北広島町から被団協の事務所へ通われていた。サポーターの三宅文枝さん、中村有紀子さんと共に終業後や休日に打ち合わせをした。病気を抱える家族の介護と被団協の活動で多忙なため執筆作業で体調を崩されないか気がかりだったが、箕牧さんは自分史を書くことでいっそう被団協の活動に熱心に力を注がれ、逆に刺激を受けた。

　ブラジル在住の盆子原国彦さんは、戦争に翻弄されながらもブラジルで生活基盤をつくり、在外被爆者が国からの援護を受けられるよう身を粉にして運動を展開したことを綴られた。

　第五集では在ブラジルの渡辺淳子さんも参加して下さることになりメールで連絡し合った。丁度来広予定があり編集会議にも参加された。ブラジルへ行くことを決意しあらゆる逆境に力強く立ち向かった人生を執筆された。現在も盆子原さんと渡辺さんが核廃絶を訴え、在外被爆者のため未来のためにと活動される姿から学ばされている。

　また第五集出版の数か月前、爆心地から800ｍの電車内で被爆した山本八重さんとの出会いがあった。本人がぎゅうぎゅう詰めの電車内で奇跡的に助かったという話しを姪御さんに聞き、過去の自分史を抱えて会いに行った。山本さんは家族以外に被爆体験を語ったことは無いが心が動いた。脳梗塞により自ら執筆することは難しく、姪御さんがまとめていた本人の人生年表を参考に聞き取りながら文章にし、本人へ確認と修正を繰り返した。本人が描いていた「市民が書いた原爆の絵」の利用手続きをとった。完成した本を見て「良くできたねえ」と褒めてもらったことは忘れられない。出版記念祝賀会も参加され、これを機に「証言のつどい」で証言をお願いしたところ引き受けて下さった。山本さんの証言は大きな反響で新聞にも掲載されたが、翌年他界され最初で最後となった。「本になり安心したのだろう。本が遺産になるとは思わなかった」と姪御さんは言われた。

自分史づくりの特徴

　「相談員の会」の自分史づくりには特徴がある。一つ目に「自分史のつどい」を開催し、グループワークで執筆に取り組むことである。原稿を持ち寄り読み合わせることで当時の記憶を呼び起こし曖昧な点が確認し合える。執筆者同士の生活に共通点が見つかることもあり、会合を重ねる度に交流が深まった。書くことが苦手な執筆者も「もう少しがんばって書いてみるか」と積極的な姿勢がみられた。

　二つ目は相談員がサポーターを担い、執筆者とペアとなりすすめることである。執筆者は被爆前の楽しい思い出は書きやすいが被爆後の生活には筆が進まなかった。被爆後の生活が悲惨で苦しいほど文章にすることは容易ではない。家族に伝えていないことを「知られたくない」と葛藤する被爆者にサポーターは寄り添った。サポーターの客観的な意見で読み手に届きやすい文章に繋がる。逆に原稿を代読し、読めない語句に立ち止まるサポーターに執筆者が助け舟を出し、当時の情勢や用語を解説してくれた。サポーターが涙で言葉に詰まる場面もあり今なお続く原爆被害を学んだ。

　第四集執筆者の藤井澄さんが入院し大きな手術をされたときは、病院を転院される度に担当の村田朱さんと原稿を持って病床に伺った。藤井さんの計り知れない熱意が出版へとこぎつけたが、サポーターがこまめに連絡をとり様子を伺ったことも支えになったと思える。

自分史づくりの意義

　被爆体験記や調査ではなく、なぜ自分史なのか、栗原さんは次のように述べている。「自分史は自分でつづるということが原則で、それは極めて能動的・主体的な作業になる」「まるごと人生を書く中で、初めは原爆とは関係があるとは思っていなかったことも、実は被爆による影響を受けていたことが、書くうちに自分が被爆したことでこういう風につながっていたんだと、当初は予期していなかったつながりが見えてくる……書きながら改めて戦争や原爆と自分とのつながりを見つめ、その中で生きてきた自身の姿、戦後何が変わり何が変わらなかったのか等みなおしてみることができたら、新しい記録を作り出していけるのではないか」「原爆は普通の

生活者であった普通の人の上に落され、もしもあの時自分が生きていたら同じように苦しんでいただろうということが、その人のまるごとの人生を通じて重なり合い、共感しやすいものとして読み手に伝わっていく」

筆者が考える「相談員の会」における自分史づくりの意義として、一つ目は被爆者として人生を振り返ることは、人として尊い生き方を獲得する作業になることである。被爆者であることを再認識し犠牲となった身近な死やもたらされた苦しみ、傷を乗り越えることでこれからの生き方を見つめ、二度と被爆者をつくらないようにと死者を弔う気持ちと未来へ生きる他者のために被爆者として願い、運動し、核兵器廃絶への思いを馳せていく。栗原さんは「書くことによって見えてきた残る人生をよりよく生きる道をしっかりとたぐり寄せているように思える」と記している。

二つ目は、サポーターも被爆者の思いを受けとめることで何ができるかを考え成長できたことである。

三つ目は、被爆者とサポーターとの間で継承が形づけられたことである。被爆者の心と触れ合い信頼関係が生まれ、被爆者とサポーターがともに自分史をつくりあげてきた過程そのものが継承であり、大きな意味をもたらしてくれたものと実感する。

四つ目は、家族と繋がり、未来とも繋がることである。完成を待たず他界された執筆者の家族からは、遺品として親戚中に渡したいと希望があった。他の家族からも本が家宝になったと感謝の意を述べられた。

五つ目は、貴重な記憶遺産になるということである。鈴木勉さんは「一切の虚飾を自ら剥ぎとり、自分の人生を率直に語る勇気、そこに感動と共感が産まれる。原爆という負の遺産にあらがって生きてきた人生を伝えようとする使命感こそ、後世への最大の『世界遺産』となる」と述べている。

自分史づくりに取り組んで——会での活動を通して

筆者は、第四集編集の傍ら長女を出産し、第五集の編集は仕事、家事、育児との両輪だった。昼休みに連絡調整し、終業後は三宅副代表と出版社へ足を運び、夜中の2時、3時に電話で確認し合った。執筆者からの連絡をコンロの火を止めながら受けた。休日は編集作業を得意とする熊谷さん、

胡明憲二さんに校正原稿を届けた。会の活動は全て昼休み、終業後、週末、年休を利用して行う。家族や周囲の理解無くして活動できない。筆者はこの本の編集中、双子に恵まれた。娘を片手に原稿と向き合う。

　会設立時、幼児だった筆者は三村代表の誘いで運営委員となり、現在事務局を務めるが、今や日常生活とは切り離せない。継続してきた背景には、世代を問わず身分を問わず誠実に活動してきた積み重ねがあるからではないだろうか。例えば舟橋元代表は行事の際、早々に会場入りし、到着する被爆者と雑談しながら近況を伺う。三村代表は資料の準備をきめ細かく行い、重たいダンボールを自ら搬入する。三宅副代表は一息つける差し入れを欠かさない。自らが足を運び、何気ない気遣いなど先輩から学び、活動への情熱を感じてきた。活動内容は、事務作業から被爆者や関係機関との打ち合わせ、企画・運営と幅広い。筆者も被爆者宅や関係機関へ出向いて、誠意を表すことを運営委員らと実践してきた。去る者を追い、来る者を引き込みながら運営に取り組んだことが継続の礎として根付いていると考える。仕事や家庭を持ちながらも当たり前に被爆者支援に時間や力を費やしてきた偉大な先輩の功績や、そっと手を差し伸べてくれる先輩の存在を糧に、今後も着実にバトンを受け継いでいきたい。

　出会った被爆者からは、取材がありテレビ放映されるという知らせや自身の体調の動向など日常的に連絡がある。原爆ドーム前で長年取り組んでいる証言状況の報告、記憶が無くても証言する意思を固めたという声、行事の裏方を手伝いたいと申し出てくれる被爆者など、人生の大先輩として生きる力や姿勢を示してくれる大切な存在だ。筆者には他界した入市被爆の祖父と、2.5キロで直接被爆し半身にケロイドを遺す98歳を迎えた祖母がおり、被爆三世としての使命感も活動を後押しする。被爆75年が経っても未だにあの日を語れない被爆者、福島原発事故を受け福島の子どもたちの未来を案じ福島新聞を購読するようになった被爆者の存在もある。被爆者から「もうこれで心配なことはないよ」と言ってもらえる日まで、活動の意義があると考えている。

参考文献　ヒバクシャ　第 5 ～ 7 号、第 13 ～ 19 号、第 27 ～ 34 号

（別表 1 ）被爆者の自分史『生きる』第 1 集

執筆者	被爆時年齢、被爆場所など
張　泰熙	「置き去りにされた　－韓国人原爆犠牲者慰霊碑－」 1912 年 11 月、韓国に生まれる。1924 年に父が働いている広島へ。32 歳の時、山口町（現在の銀山町、爆心地から 1.2 キロ）の友人を訪ねた際に被爆。
佐々木　悟	「若き日を振り返って」 1914 年 9 月、広島県山県郡戸河内村に生まれる。30 歳の時、五日市町と己斐の中間にある工場で被爆。
西原　直登	「ピカドンと私」 1916 年 9 月、当時の朝鮮慶尚南道馬山府に生まれる。28 歳の時、広島城近くで見習い士官教育中に被爆。
山崎　静子	「むくげの花さえ二度咲くに……」 1916 年 10 月、京都府に生まれる。1940（昭和 15）年に広島へ嫁ぎ、28 歳の時、千田町（爆心地から 1.7 キロ）の自宅で被爆。
目見田　武市	「私のいのち」 1916 年 11 月、福岡県に生まれる。1934 年、商業学校を卒業後、母方の里である広島で仕事をするため弟とともに移住。原爆投下時（28 歳）は東京に赴任しており、8 月 8 日に入市。
久井　スエ子	「焼け野原に夫を探して」 1919 年 2 月の生まれ。1940 年に看護婦となる。原爆投下時は世羅郡の自宅におり、8 日に夫を探すため入市。
益川　琢磨	「途切れなかった道　－昭和 20 年 8 月 15 日－」 1921 年の生まれ。原爆投下時（24 歳になる年）は岩国陸軍燃料廠に勤務 1 週間くらい過ぎた頃に入市。
冨田　美栄子	「我が人生街道」 1922 年 1 月、呉市に生まれる。1945 年 4 月に結婚し、広島市観音町に住む。23 歳の時、妊娠初期に自宅で被爆。1946 年 2 月に出産した長男は原爆小頭症と診断された。
青木　勇	「原爆で消えた町」 1922 年 4 月、広島市材木町に生まれる。23 歳の時、広島工兵第五聯隊本部で被爆。
森末　晃子	「私の戦争と原爆」 1923 年 3 月、呉市に生まれる。原爆投下時（22 歳）は甲立町で教員をしており、広島から運ばれたけが人を救護した。
山本　志津子	「八月のドーム」 1925 年の生まれ。19 歳になる年、、牛田早稲田の官舎へ向かう途中に神田橋近くで被爆。父と兄は産業奨励館（現在の原爆ドーム）へ勤務。
朱　碩	「もう一つのヒロシマ　－朝鮮人被爆者の回顧－」 1926 年に生まれる。1940 年に金泉から下関へ。19 歳になる年、爆心地から七キロの自宅を出て中国新聞社へ出勤途中に被爆。
砂谷　津弥香	「平和の尊さを子や孫に」 1929 年、世羅郡に生まれる。1945 年春、16 歳になる年に呉市広共済病院で見習い看護婦となる。原爆投下の 2 日後からトラックで多くのけが人が運ばれてくるようになり、救護にあたった。
河合　隆平	「絆の回復」 1931 年 2 月、広島市舟入町に生まれる。14 歳の時、学徒動員で鶴見橋東詰に集合していた際に被爆。
佐々木　春子	「平和を願って」 1932 年 3 月、船入町（当時の町名）に生まれる。13 歳の時、母、妹とともに自宅で被爆。
丹土　美代子	「わたしの戦後は終わらない」 1932 年 5 月、広島市内に生まれる。13 歳の時、父の手伝いのため学徒動員（水主町辺り）を休んだ日に父、弟、妹、祖母とともに自宅で被爆。
河口　修三	「死からの生還」 1933 年阿多田島に生まれる。12 歳になる年、学徒動員先の比治山橋近くで被爆。
綿崎　直子	「10 歳の時、被爆して」 1935 年 3 月、大須賀町辺りに生まれる。10 歳の時、母、弟二人と自宅で被爆。
吉国屋　せいこ	「死を背おいて」 1943 年 10 月、尾道町（爆心地から 0.5 キロ、戦後には名前が消えた町）に生まれる。建物疎開で幟町（爆心地から 1.5 キロ）に転居し、1 歳の時、自宅で被爆。

（別表2）被爆者の自分史『生きる』第2集

執筆者	被爆時年齢、被爆場所など
山崎　静子	「まだ死ねません」 第1集に続き、アジア太平洋法律家会議での証言について執筆。
小守　アサ子	「ジャパンに来て戦争と原爆に会うたけど」 1923年3月、ハワイに生まれる。1936年叔母の養女となるため日本へ移り、大竹に住む。22歳の時、通勤途中に鉄道病院近くで被爆。
溝口　久子	「太田川　今日も流れて」 1923年12月、広島市榎町に生まれる。21歳の時、千田町（爆心地から2キロ）で被爆。
定信　多紀子	「がむしゃらに生き続けた人生」 1932年1月、広島市古田町に生まれる。13歳の時、学徒動員で鶴見橋方面へ出かける途中、警戒警報で引き返し、古田町の自宅（爆心地から3.6キロ）で被爆。
竹村　伸生	「被爆を乗り越えて」 1933年1月、広島市雑魚場町に生まれる。12歳の時、学徒動員先の八丁堀付近で被爆。
河口　修三	「自分史は人生の羅針盤」 1933年1月、大竹市阿多田島に生まれる。12歳の時、学徒動員先の比治山橋付近で被爆。

（別表3）被爆者の自分史『生きる』第3集

執筆者	被爆時年齢、被爆場所など
田中　眞佐子	「呉空襲と広島原爆」 1929年2月、賀茂郡竹原町に生まれる。1944年6月、呉海軍工廠へ勤労動員となり寮生活する間に三度の呉空襲に遭遇。動員解除となり、1945（昭和20）年7月21日に広島高等女子師範学校に入学。16歳の時、教室で被爆。
河野　正史	「私のヒロシマ被爆体験」 出生に関する記載なし。20歳の頃、広島に設置された第二総軍司令部参謀部情報勤務将校を命じられており、徹夜当直勤務明けの朝、庁舎（現在の広島市南区大須賀町、爆心地から1.7キロ）で被爆。
梶本　忠司	「原爆の地に生き残って　－俳句を愉しむ－」 出生に関する記載なし。広島県立第二中学校2年生の時、戸外作業の集合時間に陸軍東練兵場（現在の若草町から光町一帯）で被爆。
沈　載烈	「韓国に生きる被爆者として」 1926年4月、韓国の南部、慶尚南陜川郡に生まれる。1932年に渡日。19歳の時、勤務先の日本通運㈱皆実町支店の車庫内で被爆。
李　順基	「陜川で芽生えた広島のどんぐり」 1930年12月、広島市舟入町に生まれる。14歳の時、父の代わりに勤労奉仕に出た富士見町で被爆。
鄭　相石	「在外被爆者に陽はさすか」 1929年4月、韓国の南部、慶尚南陜川郡に生まれる。1937年に家族で広島県安佐郡原村（現在の広島市安佐南区西原、東原）へ移住。16歳の時、養成工の学校の寮から自宅へ帰省している時に被爆。
中田　義明	「ピカドンの日から50数年を生きて　母の証言を踏まえて」 1歳5か月の時、吉島の自宅で、母、祖父母とともに被爆。母の語りのままに紹介。
代島　幸江	「聴覚障害の娘を育てて」 1932年2月、神戸市灘区に生まれる。父母は広島県宮島町出身。1945年3月、神戸の空襲が激しくなり、母と子ども4人で広島へ戻り、廿日市に住む親戚宅を間借りする。原爆投下時は13歳で親戚宅におり、昼頃から学校に運ばれた人の救護にあたった
杉原　叶衛	「遠い夏」 1936年広島市竹屋町に生まれる。建物疎開のため自宅は壊され1945年4月、9歳になる年に姉とともに筒賀村へ学童疎開。自身に被爆体験はないが、集団疎開での体験を通して当時を綴られている
飯田　齊	「ピンク色のきのこ雲　呉海軍工廠動員学徒の記」 1929年12月、島根県浜田市に生まれる。1935年、父が亡くなり、長兄のいる広島市へ一家で移住。1944年5月、学徒動員にて呉海軍工廠阿賀寮へ入る。15歳の時、建物疎開先の鶴見橋付近で被爆。

（別表 4 ）被爆者の自分史『生きる』第 4 集

執筆者	被爆時年齢、被爆場所など
小田　松枝	「生かされた長い年月を思い出すまま」 1909 年 1 月、兵庫県姫路市に生まれる。1926 年、18 歳の時、父の転勤で広島へ転居。1929 年に結婚後、牛田町に住む。36 歳の時、自宅で 2 人の娘と被爆。
熊田　照子	「今が一番幸せ」 1937 年 12 月の生まれ。7 歳の時、当時住んでいた比治山町の自宅で母、長兄、次兄、弟とともに被爆。
厳粉連	「日韓被爆者の架け橋として」 1928 年、韓国に生まれる。（戸籍上は 1929 年）。1929 年 11 月頃渡日。17 歳になる年、学徒動員先の三篠本町の工場で被爆。2011 年に広島で開催された「厳粉連さんの証言を聞く会」でのお話をもとに記載。
河本　謙治	「消せない原爆痕（ケロイド）－平和を祈り生きる－」 1927 年 3 月、岡山県御津郡（現在の岡山市）に生まれる。母が病弱であり、5 歳から柳井市の祖父母のもとで育ち、1940 年から広島の段原町で両親と住む。18 歳の時、横川駅前（爆心地から 1.5 キロ）で上半身裸で防空壕を掘っているときに被爆。
藤井　澄	「それでも生きて」 1929 年 2 月、東京都小石川区（現在の文京区）に生まれる。1942 年に父が他界し、伯父の住む広島へ転居。原爆投下時は 16 歳で可部町に住む友人を訪ねていて直爆を免れた。当日から 8 日まで親族の捜索のため入市。
田中　勝	「生かされて生きた」 1932 年、廿日市市宮島町に生まれる。家業は土産物店。13 歳になる年、建物疎開先の比治山橋付近で被爆。
平井　譲	「昭和を生きて」 1932 年の生まれ。小学校 1 年生の時に父が他界し、家族で己斐へ転居。原爆投下時は 13 歳で学徒動員先の中深川へ向かう汽車に乗っていた。当日の夕方過ぎに帰宅し、翌日から中広の学校で救護にあたるため入市。
盆子原　国彦	「ブラジルの大地に生きて」 1940 年 6 月、静岡県に生まれる。1945 年 3 月末頃、舟入川口町へ家族で転居。5 歳の時、自宅近くの父の職場（爆心地から 2 キロ）で父とともに被爆。1960 年、産業開発青年隊としてブラジルへ渡る。
叶　和雄	「原爆孤児のその後の人生」 1942 年 7 月、安佐郡川内村（現在の安佐南区川内）に生まれる。原爆投下時は 3 歳で、通院のため横川町に出かけた父の捜索のため、当日に祖母、母とともに入市。父は 1 週間後に他界し、母も 4 年後に亡くなった。
箕牧　智之	「原爆体験と私のあゆみ」 1942 年 3 月、東京都板橋区に生まれる。1945 年 3 月、父の出身地である安佐郡飯室村（現在の安佐北区安佐町）へ転居。原爆投下時は 3 歳で翌日と翌々日に母、弟とともに父を探しに入市。
浅川　晴恵	「長崎からヒロシマへ」 1935 年 12 月、長崎市戸町に生まれる。9 歳の時、爆心地から 3.5 キロの自宅で被爆。自宅の畳の間に多くのけが人がたどり着いた。

（別表5）被爆者の自分史『生きる』第5集

執筆者	被爆時年齢、被爆場所など
山本　八重	「生かされた生命」 1925年8月、山県郡中野村（現在の北広島町）に生まれる。17歳から己斐の叔母宅に下宿し、細工町（現在の大手町、爆心地から0.1キロ）の郵便局へ勤務。原爆投下時は19歳。いつもの電車に乗り遅れ、満員の電車内で小網町付近（爆心地から0.8キロ）で被爆。
吉田　寅夫	「我が航路」 1926年1月、山県郡加計village（現在の安芸太田町）に生まれる。17歳の時、神戸市の海員要請所で訓練を受け洋上生活となる。原爆投下時は19歳で、蓄膿症の手術のため広島赤十字病院へ入院中に被爆。
高安　正明	「生きる目標に向かって一日を精いっぱい生きる」 1926年12月、段原末広町（現在の南区段原）に生まれる。原爆投下時は18歳で国鉄の車掌をしていた。当日の朝、下関を発車し大阪へ向かう列車に乗務していた。広島に着いていったん帰宅後、客車の乗務を続けられた。
樽見　亨二	「生きのびて」 1928年2月、賀茂郡竹原町（現在の竹原市）に生まれる。16歳で陸軍船舶特別幹部候補生隊に入隊し、1945年5月、安芸郡江田島町（現在の江田島市、爆心地から13キロ）の海上挺進戦隊に転属。原爆投下時は17歳できのこ雲が舞い上がる様子を目撃。当日午後より救援作業のため入市。
佐々木　信江	「無我夢中で生きた70年　－忍耐と努力の道のり－」 1935年、南蟹屋町（現在の東区南蟹屋町）に生まれる。10歳になる年、比治山国民学校（爆心地から2.8キロ）で被爆。
寺尾　興弘	「心の支え　ドームと共に」 1941年2月、鍛冶屋町（現在の本川町）に生まれる。1945年7月中頃に父の生家がある安佐郡祇園町（市内から4キロ）へ家族で疎開し、4歳の時、自宅で被爆。当日、横川へ買い物に出かけた母を探すため、叔母、兄とともに入市。
箕牧　智之	「被爆体験と私のあゆみ　～被爆と私の人生～」 第4集に続き、ＮＰＴ会議での証言、被爆アオギリ二世の植樹などその後の活動について執筆。
古家　美智子	「3歳で被爆して」 1942年5月の生まれ。原爆投下の二週間前に祖母、姉とともに可部へ疎開。両親は上柳町（現在の中区幟町、爆心地から1.2キロ）の伯母宅に住んでおり、8月4日から姉とともに両親と過ごしていた際に被爆。原爆投下時は3歳。
渡辺　淳子	「共に生きる」 1942年11月、西区天満町に生まれる。その後、父方の実家である安佐郡久地（現在の安佐北区久地、爆心地から18キロ）へ転居。原爆投下時は2歳で久地にある神社で遊んでおり、黒い雨に打たれている。1967年にブラジルへ移住。
川中　宏子	「原爆を知らない被爆者が70年生きて」 1945年5月、舟入幸町に生まれる。原爆投下時は生後2か月、自宅で母ととも被爆。当日、母は父を探すため本人を背負ったまま入市。誰にも話せなかった悲しみや苦しみが綴られている。

原爆小頭症患者に医療ソーシャルワークを

村上 須賀子

「きのこ会」との関わり始め

　「原爆被害者相談員の会」へ原爆小頭症患者とその親たちのグループである「きのこ会」事務局の大牟田稔（当時 中国新聞社）さんから、「もう僕たちで支えることの限界が見えてきた。社会福祉の専門家として協力してほしい」と援助要請を受けた。大牟田さんは「きのこ会」発足当初より会の世話役として関わり続けているジャーナリストの１人である。

　1983年末「きのこ会」総会に原爆病院の若林節美さんと広島市民病院の筆者が初めて参加した。総会の議事も終わり、会長の長岡千鶴野さんは、グッと身を乗り出して「今日は特別に、私たちの力になっていただけるワーカーさんに来てもらっています。皆さんが一番悩んでいること、親なきあとのわが子のめんどうを誰がみることになっているのかを正直に話してください」。ときりだした。

　施設入所中、精神病院入院中、在宅で用便にも介護を要する人、働いている人、結婚している人などなど、さまざまな生活形態が報告された。筆者は、参加者11名の人物名とその生活をメモするのに追われるばかりだった。個々人の能力レベルの大きな幅、そして彼らをとりまく家庭環境の違いもあり、「原爆小頭症」と一言にはくくれない複雑多様さがあった。

　「とにかく私より早く死んでくれたらと思うとります。夜も眠れんことがさいさいで……。一緒に死のうかと思うこともあります」とシワが深く刻まれた顔をうつむかせて語る人など、わが子のゆく末に不安をつのらせている親が大半であった。たまたま気立ての良い婿が、または心優しい嫁が来てくれて、兄弟がめんどうを見てくれることになっているとの答えには、羨望の嘆息がメンバーの中に流れた。とりあえず居合わせた会員で緊急度の高い人からインテークし、その後のソーシャルワークは「相談員の会」のメンバーで分担した。

被爆50年目の医療・福祉調査

筆者は広島市立安佐市民病院に転勤し、新たな原爆小頭症の認定申請の相談を受けた。来談者は広島市の原爆対策課の窓口で原爆小頭症の認定申請に詳しい医師として平位剛病院長を紹介されて受診したのである。うかつにも筆者は、勤務地の病院長と「きのこ会」の誕生日会ごとに顔を合わせている物静かな医師とが同一人物であったことに気づかないでいた。この新規の認定申請をきっかけに、「きのこ会」会員の生活実態が気がかりであることを伝えると、院長との思いは一致した。

「きのこ会」会員のうち、広島被爆の19人の医療・福祉、生活全般にわたる聴き取り調査を1995年5月の連休を利用して行った。

医療面は院長であり、産婦人科医として彼らの認定申請診断書を記載した平位剛医師があたった。福祉生活面はＭＳＷである筆者が担当した。19人中1人は調査直前の1995年2月に宇部の精神病院で死亡していたことが判明した。医療面の報告は、省略するが人工腎透析治療中が2名もあった。

18人中両親健在は1人のみで両親死亡は4人、不明は1人、ひとり親は12人であるが、その親のうち養護ホーム入所中、長期入院中、痴呆の出現などを除けば小頭症児を援助している親は4人にすぎない。保護者が兄弟の代に移っている事例は6件（33％）である。年老いた親も、そして後を継いだ兄弟たちも異口同音に「この子より一日でも長く生きてやりたい」ともらした。将来への不安は強い。社会資源未申請項目は14件で、その内訳は、療育手帳2件、身体障害者手帳2件、障害年金3件、介護手当7件であった。

18人中11人、61％の人に未申請の事項があった。これら国の施策はすべて申請主義が原則で、当事者および家族の意思で自ら申請しなければ彼らの手元には届かない。当事者には申請能力が欠けている場合が多く、頼りの父母も平均年齢78.2歳に達しており、複雑な手続きを処理することは困難である。その未申請項目へのソーシャルワークが筆者の仕事となった。

ネットワーク会議の試み

　前記調査結果を第36回原子爆弾障害研究会において報告するや、調査結果とともに、院長のコメントとして「介護などを保護者だけに任せるのは無理がある。強力な支援体制が必要だが、小頭症患者への理解が低く、行政の対応も不十分」と報じられることとなった（中国新聞 1995.6.8）。

　すぐさま広島市原爆被害対策部から電話が入った。「広島市職員が行政批判をするのはいかがなものか」「被爆者相談員の保健師12名は、夏の暑さ、冬の寒さの中も家庭訪問をして、誠心誠意、相談にあたっている。彼女たちの努力を、ないがしろにしないでほしい」という主旨であった。筆者は広島市役所の原爆被爆者対策部長室で、調査結果とともに、保健師とソーシャルワーカーとの視点と役割は異なることを説明した。

　お互いの専門性の違いの理解を得て、広島市保健師などを含めネットワーク会議が持たれるに至った。メンバーは「きのこ会」で長年サポーター役に徹してきたジャーナリストや作業所などの関係者、担当する MSW 達で勤務時間外の会議であった。担当する個々の事例によりメンバーはそれぞれに変わった。しかし、残念なことに筆者が大学教員に転出してからは途絶えてしまった。

「すべての原爆小頭症患者に対する専任相談員の配置を」

　2010年、7月末という国の予算配分が大枠決められた頃だったが、「きのこ会」は秋葉忠利広島市長宛てに「すべての原爆小頭症患者に対する専任相談員の配置を」との要望書を提出し、厚労省などにアピールを行った。その直後の8月6日の平和祈念式典で菅直人首相（当時）の「母親の胎内で被爆された方々やご家族の要望を踏まえ、こうした方々への支援体制を強化します」とのあいさつを耳にした筆者は照りつける平和公園会場で息が止まる思いだった。要望がすぐさま実現したのである。この異例中の異例の幸運な展開には人と人とのつながりの伏線があったと言える。

　秋葉市長（当時）は、米タフツ大学准教授時代に「原爆投下は戦争を終結させるために必要だった」とするアメリカの世論に影響を与えようと、

70年代にアメリカの地方記者たちを広島に招へいし、被爆者を取材させる企画、「アキバ・プロジェクト」を立ち上げ、記者たちと広島訪問を続けていた。インタビューに応じる被爆者を紹介する関わりから MSW を知ることになり、その後広島に移住した彼とは「相談員の会」の小グループの勉強会を続けていた時期もあり、長年の顔見知りだった。市長は個人的に「きのこ会」の総会にも顔を出し、原爆小頭症の彼らともカラオケを楽しむ場面もあった。こうした当事者たちの様子を見知っていたことが、市長自ら国に働きかける原動力になったと推測される。彼は国会議員時代の知己などに直接電話で説得したと思われる。

専任医療ソーシャルワーカーの存在

　人、ひとり看おくることは、諸々のプロセスを要する。それらを原爆小頭症患者のために初めて設置された河宮百合恵 MSW が担った。その一例として、92歳を越え、まだらな認知症も加わって入退院を繰り返す小頭症患者の母、川下兼子さん、それに寄り添う娘のヒロエさんを注意深く支援し続けたのである。病院との交渉、必要物品の調達、お金の管理など療養生活上、親子が必要とする幅広いサポートである。もしも、「この医療ソーシャルワーカーが配置されていなかったら」川下さん親子はこれらの局面で、孤独の中、多くの苦難と悲しみに襲われたことは想像に難くない。
（変化を生みだすソーシャルワーク―ヒロシマ MSW の生活史から―加筆・修正）

原爆小頭症患者の専任相談員として

河宮 百合恵

かくして私は、2011 年 4 月 1 日、原爆小頭症患者の専任相談員（医療ソーシャルワーカー）として広島市の原爆被害対策部援護課に席を置くことになった。それまでは「原爆被害者相談員の会」の末席にひっそりと座る会員であったが、市立病院から本庁へ配置転換の命が下り、原爆行政のど真ん中に放り込まれた。50 歳半ばにして、専任相談員としての位置づけと仕事の確立のための闘いが始まったのであった。

2010 年夏、小頭症患者とその家族、支援者からなる「きのこ会」は、国と広島市に対して「体と知能に障害を抱え老いが迫る原爆小頭症患者は、いま、医療サービスと福祉サービスの両方を必要としている。国の責任において、行政の中に原爆小頭症患者を担当する医療ソーシャルワーカーを設置してほしい」という要望書を提出した。支援者メンバーの中には、「原爆被害者相談員の会」の村上須賀子の姿があった。異例の速さで次年度の国家予算の中に「原爆小頭症患者のための相談員の設置」が盛り込まれ、これを受けて、広島市は 2011 年度から、既存の原爆被爆者相談事業を充実すべく、医療ソーシャルワーカーを配置することを決めた。即時に原爆小頭症患者及び家族の要望に応えたのであった。

広島市にはすでに被爆者相談員として保健師が配置されていた。市内各区窓口に原爆相談員（保健師）を配置し、本庁援護課の原爆相談員（保健師）が取りまとめを行うという仕組みがあり、原爆小頭症患者に対しても定期的な相談支援が行われていた。課内には「相談体制は十分にできている。何で今さら医療ソーシャルワーカーごときが配置されなければならないのか」という怒りと戸惑い、トップダウンに対する諦めなどが混然として漂っていた。しかし、私はもはや新人ではない。私に与えられた使命に向かって邁進するのみと心に言い聞かせた。

当時、65 歳の最後の被爆者となる原爆小頭症患者は全国で 22 人（その内広島市に 10 人、広島県に 3 人、長崎市に 2 人、長崎県に 1 人、大阪に 2 人、他東京、神奈川、山口、福岡）が確認されていた。まずは、広島市在住の

10人の置かれた現状を把握することから始めた。

　原爆小頭症患者の生活状況は、兄弟の生活支援を受けながら、一人暮らしをしている人・作業所へ通所している人、障害者施設やグループホームから作業所へ通所している人、特別養護老人ホームに入所している人、自宅で妻の介護を受けている人など様々であった。ほとんどの人が医療を必要とする状況下にあった。親亡き後、緊急介入を必要とする人が3人、大阪からの転入希望者が1人いた。彼らは、知的障害を伴うために理解や判断が充分でなく対人関係に支障を来していた。契約・交渉、社会資源の利用が難しいために生活しづらい状況下にあった。さらに放射能に起因する股関節脱臼や糖尿病等に苦しみ、病院へ定期受診しなければならなかった。

　Aさんは、障害者のグループホームに入所していたが、訴えが多くわがままなトラブルメーカーとして扱われ、施設内で孤立していた。彼と共に新たな転居先を探し、支援チームを作りながら生活の安定を目指した。定期受診にも付き添った。Bさんは、親なき後を苦悩する母親から厳しい躾を受け、毎日泣いて過ごしていたが、その母も90歳を超え認知症を発症、入退院を繰り返すようになった。彼女に付き添い、病院や自宅を訪問して手続きや支払い必需品の購入等を手伝いながら日常の生活を見守った。山の中で孤独な一人暮らしをしているCさんの元には頻回に通い、うす暗い部屋で一緒にコーヒーを啜りながらあれこれと話した。

　行政の立場で、生活を支援するということはどういうことなのか、実情に合った支援とはどうあることなのか問い続ける毎日であった。明らかに行政がいう「市民に平等なサービスの提供」からは逸脱していたであろう。しかし、今なお、原爆小頭症患者たちは「原爆」を背負い、「生きること」と戦い続けている。今後は増々、彼らのすぐそばに居て、「生きること」への支援が必要になる。

⑥同志と手を組む・その1・専門職との協働

かって、筆者が現場のMSWであったころ、大学教授が仕事ぶりを見て「まさに、真珠の畑にいるのですね」と言った。何のことを言っているのか意味が解らなかったが、教育の世界に身を移した今、現場のもつ重要性と魅力を羨む言葉だったのだと実感している。「原爆被害者相談員の会」の前史である「原爆被害者問題研究会」当時から若林節美MSWなどの呼びかけで社会学、政治、歴史、法律、社会福祉など多方面の研究者が参加していた。現場の「真珠」の価値を認識している人たちだったのだろう。かれらに分析的、俯瞰的視点の示唆を受けた。会の発展、継続において、会の代表を担った歴代の研究者の存在に負うところは大きい。

毎年6月〜7月ころになると各新聞、テレビ局などマスメディアの人たちが病院の医療相談室のMSWの元にやって来る。「○○のテーマを追っている、そのために、取材に応じてくれる被爆者を紹介してほしい」とか、時には「今年の原爆特集のテーマはなにが良いだろうか」といった相談である。役所は「守秘義務があるから」と門前払いである、かといって、彼らには恒常的に被爆者と関われるチャンスも時間もない。日常的に被爆者に接しているMSWが頼りにされた。その関係もあって「相談員の会」の活動には殊に好意的に報道してくれ、大いに助力となってくれた。地元の記者を始め、全国紙の記者も転勤で広島から離れても8月6日の「原爆被害者証言のつどい」に顔を見せ、交流を続けている例もある。

ソーシャルワーク実践途上で殊に継続的な協働専門職は弁護士たちだっただろう。MSWたちは一様に原爆二法（原爆医療法、原爆特別措置法）の運用における被爆者の苦悩に向き合わざるを得なかった。原爆二法の矛盾をなんとか乗り越えようと「原爆二法研究会」を弁護士、法律家と立ち上げ、学習を重ねた。やがてその流れは原爆認定訴訟へとつながって行った。

（村上須賀子）

本会を構成する多様な人たち

鈴木 勉

　1983年4月、私は広島女子大学（現在は県立広島大学）文学部社会福祉学科に着任した。広島には高校の修学旅行で来たことはあるが、血縁もなく住むのは初めてだった。もっとも、カタカナ表記のヒロシマには以前から関心があり、高校時代から原水爆禁止の署名などには取り組み、カンパを集めて代表を派遣したこともあった。赴任後しばらくは、大学に近い宇品御幸に住んだ。家賃を持参した時、家主夫妻との会話からお二人が被爆されていることを知り、広島に住むことになったことを実感した。

　本会の初代代表の河合幸尾先生とは専攻が近く、個人的にも親しかったこともあって、「原爆被害者相談員の会」の活動については、折に触れお聴きしていた。私の広島赴任が決まった年に、河合先生は立命館大学に移るので、本会に協力するよう強く依頼されたことを思い出す。それから20年間は同大学に勤め、今は京都に移ったが、校務がないかぎり8・6には広島に戻り、本会の催しに参加するようにしている。

　赴任当初から本会の活動には参加し、河合先生の後任として代表にもなった。思い出すのは、原爆病院や市民病院、福島生協病院などに勤務する医療ソーシャルワーカーたちが、仕事の後や休日に研究会や会合で報告する姿である。あわせて、「証言のつどい」のメンバーや「自分史づくり」の参加者からライフヒストリーをお聴きするなど、関わりをもった広島・長崎の原爆被害者の話は心に刻まれている。また、ソーシャルワーカーではないけれど、本会の活動を日常的に支えてくださる市民も多数おられたことも印象に残っている。さらに、課題に応じて協力をいただいた弁護士や医師、研究者などの専門家もいらっしゃる。つまり、本会は「反核平和と被爆者支援」をミッションとする多様な関係者によって構成されていることが、40年近くも本会が存続してきた理由ではないかと思う。

　私は社会サービスを提供する協同組合が研究対象の一つであるが、イタリアには、ケア利用者と職員、そしてその活動や事業を支援する市民が、同じ権利と義務を負う組合員となるタイプの協同組合がある。それは社会

的協同組合 B 型と呼ばれ、1991 年に制定された社会的協同組合法に規定され、福祉など社会サービスの提供において、公的機関とともに多大な役割を果たしている。多様な立場の人々（マルチ・ステークホルダー）によって構成され、社会サービスの供給を行う協同組合は、イタリアにとどまらずヨーロッパ諸国やカナダ、つい最近では韓国にも設立され、新たな福祉供給主体として注目されている。もとより本会はケア事業を行っているわけではないが、運動の民主的発展を考える時、多様な関係者によって構成されることの組織的優位を、本会の活動とその担い手からみても確認できる。「反核平和」という人類史的課題を実現するには、多くの人々の参加による国際的な運動を必要とする。広島で知った言葉に「死者との連帯」があるが、被爆死した人々とも連帯して、時空を超えた地球規模での協同組織が求められていると感じている。

　広島での 20 年間の暮らしのなかで、研究と関連する活動に参加することで問題関心は大きく広がり、研究課題も鮮明になった。その第一は本会の活動にあるが、第二には、当時広島では始まったばかりの障害者共同作業所づくり運動に参加し、事業体の運営にも加わったことである。この延長に社会的協同組合研究も位置づけられる。さらに第三として、公私の福祉労働者や当事者たちと広島県・市の高齢者・障害者福祉施策について、政策提言活動を行ってきた。福祉政策研究には史的検討をふまえた現状分析、さらに国際比較を欠くことはできないが、重要なのはオルターナティヴ（代案）を提示することにあるからである。後にあげた二点については論文や著書などの形で発表しているが、ヒバクシャ問題に関してエッセイはいくつかあるものの、きわめて不十分であることは自覚している。

　現任校の退職まで、残すは 2 年間である。その決算として『共生社会（Inclusive Society）の基本原理』（仮題）を公刊するための準備に入った。平和学の知見に依拠して共生を反暴力と捉え、「直接的暴力としての戦争」に対して「平和（Peace）」、「構造的暴力である差別・抑圧・貧困」に対して「平等（Equality）」と「福祉（Well-being）」の三つの基本理念を内にもつ共生概念を検討したいと考えている。とくに平和に関しては、本会の活動の中で得た知見も織り込んで述べてみたいと思っている。また、退

職後は広島に戻り、本会のメンバーとも日常的に交流することを楽しみにしている。

相談員、原爆二法研究会、在外被爆者裁判

田村 和之

1　まず、広島のソーシャルワーカー（SW）と研究者の関わり・交流をメモ風に記す。日本科学者会議広島県支部が編集・発行した『地域と科学者』4号（1977年）の「被爆・核・広島」特集に若林節美「原爆が人間にもたらしたものは」が、同8号（1986年）に江崎（村上）須賀子「被爆者の実態と生活史」が掲載されている。また、「基本懇意見書」を批判し、乗り越えようとする試みとして、1983年8月に「原爆被害と援護問題第一回シンポジウム」が開かれ、小川政亮（金沢大学）、湯崎稔（広島大学）、河合幸尾（広島女子大学）の各氏と並んで、若林節美さん（広島原爆病院）が報告者として立たれ、「被爆者行政の現状と限界」について報告している（同シンポ報告集は84年に広島自治体問題研究所より刊行）。

このシンポの延長線上で「原爆二法研究会」（のち「被爆者援護法研究会」に改称）が活動した。二國則昭弁護士、島方時夫弁護士など弁護士数名、村上さん、塚本弥生さんなどSW若干名と筆者が常連メンバーだった。この研究会に在外被爆者問題が持ち込まれたのは、1992年の初め頃だった。筆者の記憶によれば、SWから「渡日治療で広島に来た在韓被爆者が帰国すると手当支給が打ち切られるが、なぜか。何とかならないか」と提起された。最初は何のことか分からなかった。「行政は何を根拠としてそのようなことを行うのか」と尋ねると「402号通達にそう書かれている」とのことだった。五里霧中、暗中模索の中での検討であり、手分けしてあれこれ調べた。その歩みは遅々としていたが、やがて少しずつどこに問題があるかが分かってきた。分かったことの整理・発表は、主に筆者の役目だった。

その後、渡日治療の在韓被爆者・沈載烈（シム・チョヨル）さんによる行政不服審査請求、パンフ『在外被爆者にも被爆者援護法の適用を』の発行（1998年）、各種

の在外被爆者裁判へとつながっていく。「原爆二法研」とSWがいなければ、在外被爆者裁判はなかっただろう。

2　広島・長崎の原爆被爆者は、日本国内だけでなく国外にもいる。戦前・戦中、朝鮮半島から連れて来られた人たち、渡米二世（戦前渡米した一世の郷里・広島で学校教育を受けるため「帰国」して被爆。戦後「帰米」）、戦後ブラジルなどに移住した人たちなどだ。

　日本政府は、原爆二法・被爆者援護法は国内法だから国外に適用できないとして、法の適用の対象から在外被爆者を除外した。この法解釈を打ち破ったのが在外被爆者裁判である。20件以上の裁判がたたかわれ、原告の多くは在韓被爆者だったが、在米や在ブラジルの被爆者もいた。被告は、広島・長崎県市や日本政府だ。この裁判を支えたのは国内の支援者であり、その中にSWもいた。渡日・訪日・帰国した被爆者が真っ先に訪ねたのは医療機関であり、そこに配置されているSWによる援助が欠かせなかったのである。

　21世紀に入り、原告勝訴の知らせが次々と舞い込んだ。在外被爆者裁判の決着をつけたのは、2015年9月の在韓被爆者医療費裁判最高裁判決だった。1995年の三菱重工広島・元徴用工被爆者裁判の提起から２０年経っていた。

　現在、在外被爆者が居住地で受けた医療について、日本政府は一般疾病医療費又は医療費を支給する。各種手当も支払う（介護手当を除く）。手帳の交付申請や原爆症認定申請を居住地から行うことができる。なんと大きな変わりようであろうか。

　日本政府の被爆者援護のあり方を大きく変えたのは在外被爆者裁判であるが、勝訴を勝ち取る力の一角にSWがいたことを記憶にとどめておきたい。

原爆症認定裁判とソーシャルワーカー

二國 則昭

1　私が、被爆者の手帳申請や認定申請、裁判とかかわるようになったのは、ソーシャルワーカー（SW）を介してである。

　1976年4月に弁護士になって、しばらくしてSWの若林節美さんや塚本弥生さんから、被爆者の手帳申請や認定申請についての相談会をしているが、弁護士も手伝ってほしいと申し出を受け,相談会に出席して少しお手伝いをした。そのなかで、SWが、被爆者の健康手帳申請や認定申請に必要な書類を作成する際に被爆状況や急性症状、疾病について、1時間どころではなく3時間近くもかけて丁寧に聞き取っている姿をみた。弁護士からすると、必要なことだけを要領よく聞き取ればよいと考えていたので驚きだった。しかも必要なこととは直接関係ないいわば世間話的なことをしながらだった。その当時ですら被爆から30年を経ており、被爆者の記憶をたどりながら被爆状況や急性症状について手帳申請書や認定申請書に記載する手伝いをすることがいかに根気の必要な事であるかを思い知らされ、SWの困難な業務の一端を知った。

2　このようなかかわりと並行して、当時の広島大学の行政法の先生であった田村和之先生と弁護士数人、SWも加わって「原爆二法研究会」を結成して、被爆者援護の法制度について少しずつ研究をしていった。この研究会のなかで、参加されていたＳＷからその仕事の内容を知り、対象の方に対するやさしさと丁寧さと根気がその中核であると感じている。

3　その後、2003年4月から原爆症認定申請について却下処分を受けた全国の被爆者が、その処分の取り消しを求める集団訴訟が、2003年から全国的に始まった。広島でも同年6月に提訴、その後も提訴は続いた。そして、第1陣の判決が2006年8月全員勝訴となり41人の被爆者の認定申請却下処分が取消された。

　これらの裁判以降も同種の裁判は続いているが、それらの裁判において

被爆者の生い立ち、被爆状況、被爆後の急性症状、その後の健康状態、生活状況などのいわば一代記を記した陳述書を裁判所に証拠として提出する必要があった。この陳述書の作成については、多くの SW にお手伝いいただいた。ご承知のとおり、被爆者は高齢であり被爆から 70 年余経過して、記憶もあいまいになっている。そこで、SW にお手伝いしていただき、根気よく、そして優しく接していただき、記憶を喚起し整理してもらうなど陳述書の作成のお手伝いをしていただいた。これにより、被爆者の記憶がよみがえるとともにその気持ちが陳述書に表現された。これによって、弁護士の陳述書作成にかける時間が、大幅に短縮された。陳述書は、裁判所に提出前に担当弁護士が、被爆者本人と面談して内容について確認しているが、どれも被爆者の思いがよく表されていた。弁護団として、SW の方々に深く感謝申し上げる。

　ただ、広島地方裁判所の 2017 年 12 月の判決では、被爆者の認定申請について厚労大臣の認定却下処分の取消しを認めず、敗訴となった。そのため、11 人の被爆者が広島高等裁判所に控訴して、現在も裁判が続いている。

　これからも、SW の方々がいろいろな問題で困っておられる方の大きな味方であり続けられるよう期待とお願いをして筆をおく。

原爆症認定集団訴訟・広島地裁判決で 41 人全員勝利に歓喜（2006 年 8 月 4 日）

幅広い市民（同志）との協働

村上 須賀子

平和的生存のためのボランティア講座（相談員養成講座）からの拡がり

発足3年を経過した1984年には、原爆被害者相談員の会への相談件数は300人にも達した。しかも他団体からの協力要請は年毎に幅広く増加し、特に「きのこ会」からの援助要請には深刻に受け取らなければならない内容が含まれていた。

そこで、すでに来談した被爆者同志の相談世話活動の芽生えがあることに意を強くし、①被爆者自身が相談員の担い手になってもらう。②地域で被爆者を支えてくれる主婦層を中心としたボランティアを養成したいという願いのもとに6月に公開講座を企画した。その名も「平和的生存のためのボランティア講座」である。

呼びかけ文には「この核におおわれた時代に、被爆者とともに、生存への道を拓いてゆくこと。原爆問題、平和問題にかかわろうとしている、あなたのための講座です。」と掲げた。

はたしてこうした硬派の講座に参加者があるのだろうかと、企画側は不安一杯だった。が、初日に、会場のYMCAの教室にあふれる受講生、しかも「金太郎飴」でない見知らぬ人々の顔を前にした時、「ああ、世の中、捨てたもんじゃないなあ」と、背筋をのばされる思いだった。（全参加者は66名にのぼった。）

平日の午前中という、主婦層に合わせた時間帯のため、講師はもちろん、各回当番で司会進行を担ったMSWたちも、休暇をとってのボランティアだった。

最終日では、軽い昼食をとりながら、講座終了のつどいをもった。その時、受講生の一人である熊谷睦子さんが声を挙げた。「この講座を終えて、私たちはいったい何に取り組んだらいいのですか」と主催者を問い詰めるものだった。次々と積極的な意思表示が続いた。

私たちは驚きそして歓喜した。

早速、夏の８月６日の証言のつどいにスタッフとして加わってもらい、秋には講座 OB 会をスタートさせることになった。

　その後の長い付き合いの中で知れたことだが志のルーツがそれぞれの人にあった。被爆者の会に関わってきた人、組合の事務局で働いてきた人、元 MSW で夫の転勤で広島に住むようになった人たち等々である。胸に何らかの埋火をかかえていた人たちとその後の長い付き合いが始まった。

　講座 OB 会は、その後、被爆者調査やアンケート集計、機関誌「ヒバクシャ」の編集、「被爆者証言つどい」のスタッフ、それに被爆者訪問等誠実に続ける心強いメンバーとなった。

Ｓ・Ｏ・Ｓのサインに応じて

　講座 OB 会の働きの例である。

　梅雨の合い間の蒸し暑い夕暮れに、私達三人は市営アパートの並ぶ急な坂道を登っていった。「きのこ会」総会の席上耳にした長岡千鶴野会長の言葉が気になり事務局の大牟田稔さんに案内してもらって、ボランティア講座 OB 会の肥後さんと共に家庭訪問に出かけたのである。

　総会への欠席を知らせてきた木田孝子さん（仮名）の「電話の声が弱々しくて、疲れ切っている様子だった、御主人が長い間入院しとっちゃたらしい。」という長岡会長の報告だった。その一言に、何か問題をかかえて困っているのではないだろうか、疲れ切った声は、SOS のサインではないだろうかと筆者は考えた。多忙な大牟田さんに都合をつけてもらって、引き合わせてもらうことにしたのである。

　広島市民病院医療ソーシャルワーカーの名刺を出し、簡単な自己紹介の後に、私はどんどん木田さんの生活に入り込む質問を続けていった。休暇をとって、長時間バスにゆられて度々家庭訪問することは困難だと思われたので、初回の面接で問題点を明らかにし、方針を立てるまでにしておきたいと考えたからである。

　その後、１週間程した７月下旬、ご主人から突然電話が入った。孝子さんが『寝てしもうて、どうにもならん。すぐ来てください。』と電話口でくり返される。すぐ来てくださいと言われても困るなあと思いながらも、

その電話口の緊迫した様子に一応昼休み時間にタクシーを飛ばしてみることにした。

　ボランティア講座 OB 会の人達に次々に電話をして、都合のついた志満幸子さんとかけつけてみると孝子さんは、横になったまま起き上がれない。私は薬袋を出してもらって、かかりつけの内科にダイヤルを廻した。入院ができないだろうかと問い合わせると、「夏バテですよ。この暑い盛りに実家の三次市に墓参りに出かけてぐるぐる動き回ったようです。僕は行くことに反対したのになあ。」と親戚のように事情をわかってる様子の主治医の声にホッとした。病状的に問題がなければ、安静がとれるように手だてをすればよいと解り、私はその場で、ホームヘルパー要請の電話をし、後の家事手伝いを志満さんにまかせて、職場にトンボ帰りした。

　志満幸子（ホランティア講座 OB 会員）の訪問日誌の一部である。

７月２６日

　市民病院より突然の電話がかかる。訪問ヘルパーとして行ってほしいとのこと。梅雨明けの猛暑に、家の中でだらだらとしていた私だが、洗濯の手伝いぐらいはできそうなので、とにかく、市民病院に駆けつけ、村上さんと共に木田さん宅に向かった。

　木田さんはしんどそうに起き上がる。食欲がないという。元気を出すためにも食べるように、御主人とともに励ます。私は洗濯にとりかかる。他所の家の洗濯機は使い方から教わるような始末だった。他のお手伝いすることを聞いても遠慮されている様子であった。

その後の平和的生存のためのボランティア講座

　「相談員の会」の活動も活発になり、“出かけていく相談活動”が必要だとの議論が起こり、アクティブな相談員の養成を目指し、講義を通し学ぶという内容に加え、自分の足で歩き、自分の目で見る中から学びとってもらおうと、フィールドワークを企画した。被爆地で証言を聞き、周辺の原爆遺跡を歩いて見るとし、広島駅から牛田までを設定した。証言者は米田美津子、久保浦寛人、宮田幸子の三氏である。受講者のコメントに「暑くなりはじめた６月末、広島駅前郵便局から牛田まで、三人の被爆者の方の

証言を聞きながら、避難の経路を一緒に歩いてみました。当時の体験を追体験する重みと感動がありました。被爆者の方が元気な限り、このフィードワークは被爆証言の原点だと感じました。」とある。

ボランティアの意図も明確化した。

募集のチラシである。

求む！！ボランティア

☆原爆・平和の問題を学びたい、なにか被爆者のために役立ちたいと願っている意欲のある方。

＜仕事の内容＞

1．被爆者の相談をうける

2．被爆体験の傾聴

3．相談日のお茶くみ

4．被爆体験のテープおこし

5．その他、発送作業、証言のつどいの司会等々

　交通費・昼食代等全て無支給

＜出勤日＞　毎月第２日曜日

＜場所＞　広島YMCA

　　●常時面談に応ず。　　●当方心やさしい仲間多数

□連絡先　広島市中区八丁堀　広島YMCA奉仕活動部　TEL（082）228-2266

勤労者SWと市民との協働

MSW達は所属機関で勤務している。勤務時間には自由な活動ができない。その限界をリタイヤした人たち、主婦である人たちが強力に補い、支えることで活動が継続できたと言える。MSWと被爆者、それに志を同じくする専門職や市民とが、機関誌「ヒバクシャ」のサブタイトルに示すように「ともに生きる」というフラットな関係での協働を展開したことが「相談員の会」の特色である。

殊にソーシャルワーカー歴があり被爆者の会にもかかわり続けていた相良カヨさんの存在は大きい。「相談員の会」発足時からのメンバーであり、主婦という勤務時間を持たない立場から「相談員の会」の専門職ボランティ

アとして加わっていた。彼女はバイクに乗って MSW の勤務する病院から病院へと意思疎通のため駆け巡り、なにより日中、平日活動している被爆者、ボランティア講座 OB 会メンバーの強力なまとめ役だった。

私のボランティア活動の報告

相良 カヨ

出会いを重ねて

人はだれも様々な出会いを重ねて生きている。私も今 80 歳となり、なんとたくさんの人々と出会い、ともに働き、喜怒哀楽を味わってきたのかとしみじみ思う。相談員の会が 1981 年に発足した時、私もほぼ同時期に会員となっているが、元 MSW だったというだけで入会したわけでもない。それまでの私について自己紹介的に触れさせていただく。

私は栃木県で生まれ、2 歳の時に父が陸軍に召集され戦争終結後にシベリア抑留中死亡し、母と姉の 3 人の母子家庭に育った。母は助産婦で、未亡人会の世話役をしていた。ときどき母子福祉を担当する人が来て話をしているとき、東京の日本社会事業大学への進学を勧められた。あまり深く考えもせず 1 校だけ受験した。合格したが、母にとっては「清水の舞台から飛び降りたつもりの」進学承認だった。

全国で巻き起こった 60 年安保闘争の時期に大学生活を送った。59 年に原水禁大会に自治会代表で参加した。学生だけでデモ行進をしたり、お寺に宿泊したりしたが広島の被爆者や市民との交流もなくよそ者だけが浮き上がっているように感じた。

1961 年に大学付属病院の MSW に就職し、4 年ほど勤めたが結婚出産を機に退職。それ以来無職無収入の専業主婦になった。

1967 年に夫の仕事のため広島に転居。翌年、婦人民主クラブ広島支部に入会した。

新聞の発送や、学習会や読書会、母親大会、原水禁大会などだんだん出歩くことがふえた。70 年にはこの婦人民主クラブは分裂し、支部は解散を認めず再建を期して連絡会を結成した。こんな中で活動していた先輩に、

「山下会」という母親の学習サークルに参加してほしいといわれた。ここで私は被爆した女性のグループで文集発行の手伝いをすることになった。文集「あさ」は年 1 回発行で既に 10 号を準備していた。私を誘った先輩はその後転勤になり広島を去ったため、したこともない文集の編集作業や原稿の読み合わせなど、とにかく忙しくなった。でも被爆者が毎年体験や、生活記録などを書き続けていることに惹かれ、被爆体験をこつこつと書き続けて証言者とし出かけていくメンバーと共に行動しながら学ぶことが多かった。マスコミもよく取材してくれた。「あさ」は 18 号まで発行し終刊とした。グループで最後のころまでチューターとして山下会を支えて下さったのが広島大学の舟橋喜恵教授だった。山下会は大学、高校の先生、画家、教育学者など様々な協力者に恵まれていた。全国に文集の読者もいて感想が届いた。1982 年に『ヒロシマの朝　そして今』(あゆみ出版) を出した。原爆被害者相談員の会に参加している私には山下会の延長のように感じていた。証言の集い、自分史づくりなどが相談活動だけでなく拡がっていくのは自然なことだと思えるが、実際、仲間といかに協力して継続していけるかはなかなか大変なことだという思いになっていく。

被爆者との協働　実践のために

1977 年の NGO 被爆問題国際シンポジウムに向けて、報告のために実施された一般調査の調査員となり数十件の被爆者の家庭訪問をし、聞き取りを行った。初めて調査に協力してくれる被爆者がほとんどで、その語りに圧倒された。このシンポジウムで「ヒバクシャ」が国際的共通語になった。この年の原水禁大会は統一して行われたのも運動の未来を明るくするように思えた。1978 年は国連 SSD Ⅰ (軍縮特別総会) に要請する国民代表団 501 名の代表がニューヨークやアメリカ国内に行き、訴えや交流を行った。私は女性団体から派遣され、全員が国内で集めた核兵器禁止の署名簿を国連に積み上げた。被爆者の代表もこの派遣で頑張っていたがかなりの強行軍に疲れて椅子に横になったり、文句を言ったりしていた。

その後数年で原水禁運動はまた分裂状態となり本当に大きな運動が団結することの難しさを痛感する。世界に核被害者が広がっているときに、「唯

一の被爆国」などと言いながら何もしない政治を許しているのも私たちなら被爆者と共に腹をくくって進むために必要な理論武装もしたいと思った。

★　被爆者の精神的傷痕を研究したアメリカのリフトン著の『デス・イン・ライフ』を取り上げた研究会に参加したが研究会を呼び掛けた秋葉忠利氏の事情で中断してしまったが、相談員の会で研究会を持ちたいと舟橋先生にもお願いしてそれぞれのテーマを決めてまとめていくことになった。私は「被爆者とABCC」をテーマとして図書館通いを始めたがなかなかまとめるのは大変なことであった。1995年にようやくまとめたものを舟橋先生が広島大学平和科学研究センターの研究報告のNo. 23「原爆被害者相談員の会からの報告」（1996年3月）として4人の報告がだされた。

相良カヨ　被爆者とABCC
三村正弘　原爆被害者援護法と社会保障の一考察
若林節美　被爆者は今
舟橋喜恵　原爆被害者相談員の会の歩み

　それから何年もたった後私に、広島ジャーナリスト会議の方から電話がありインターネットでダウンロードして読んでいる人から聞いて、会誌に私の報告を転載したいと言われびっくりしたが、広島大学の方の了解も受けられて数回に分けて載った。ジャーナリストたちが被爆者とABCC（現在は放射能影響研究所）の問題を今後も研究したいと思ってくださったことが私はうれしかった。

★　原爆遺跡保存運動で原爆ドームは全国のカンパが億単位で集まり保存されたが、日赤病院の被爆の痕跡が病院の改築に合わせて壊されるというニュースに反対の声があちこちから上がった。日赤病院は被爆者にとって忘れられない施設、場所である。原爆の放射線によって地下室のレントゲンフイルムが感光していたことはよく知られている。相談員の会は被爆建物の保存を考えるシンポジウムを開催した。保存を求める取り組みの中で『いのちの塔』（中国新聞社刊）が病院関係者、医療者、看護婦　被爆者

周辺住民などの協力でだされた。日赤にかかわる被爆者は多く相談員の会や証言の集いにかかわっている被爆者も日赤で命をつなぎ、何回もの手術を受けて戦後を生きてきた。被爆当時の記録をまとめるためのサポーターとして相談員の会が協力した。私は、当時日赤で看護婦だった方の記録の手伝いのために郡部の町に出かけた。一日がかりで話を聞き夕方バス停までどんどん積もる雪の中を歩いたことを思いだす。

　1990年4月から取り壊しが始まったが、爆風で曲がった窓枠の鉄格子やガラスが壁一面に突き刺さったまま保存されてきたものなどは部分的に切り取られ病院の庭に残された。

★「デルタの記」　岡田春さんの消息を尋ねて
　1986年の夏、ボランティア活動で一緒の熊谷睦子さんからの電話で、東京から来られるタウン紙の記者大塚さんと会ってほしいといわれ出かけた。ソーシャルワーカーの村上須賀子さんも一緒に話を聞く。東京でこの原稿を預かったままその後の岡田さんの消息が分からないと大塚さんに調査を依頼したのは画家で、その画家が広島の画家（熊谷さんの恩師である）の知人にも頼んだことで熊谷さんが数か所で調べたが何もわからないという。
　東京で分かっているのは、絵画と彫刻を学んでいた広島の女性で、画家たちに被爆の話をしていたという。原稿の表紙に「デルタの記」岡田春と書かれた130枚の原稿は万年筆で書かれ達筆である。「1945年8月6日、澄み切った夏空に、雲一つない晴れた日であった。」の書き出しの後、「圧縮しきった気体が一時に放たれたような鈍い音がして、生暖かい熱気を含んだ閃光が、目のくらむような速さで全身を射流れ、ユラリと地軸が揺らいで、むくむくと上昇し、キーンと肋骨が疼いて、私の体が抛物線をえがいたようだった。」と被爆の瞬間の描写に驚く。崩れた家屋に挟まれ逆さづり状態から抜け出し、迫る焔からの脱出の様子も克明に描かれている。家族についての記述からあの日、岡田春さんは一人で家にいた、東京大空襲を逃れ広島に来たがその後、父母が亡くなったことがわかる。幾度も気絶しながらも春さんは生きて救助され、収容所に運ばれた。それから敗戦

となり収容所から出て広島に戻り、10 月に広島を離れるまでの記録、2 か月の記録なのだ。被爆者収容所の中の様子、そこから戻ってきた広島の焼け野原で見たもの、人々の様子の描写に私は感動していた。春さんの被爆時の年齢も不明だが、写真と合わせてみると 30、40 歳代と想像した。消息を探す自信はないがともかく原稿と 3 葉の写真をお預かりして探してみることにした。数年もかかることになるとはその時はわからなかった。私は原稿をコピーして、広島の被爆者で、詩集を出している I さんに読んでもらい被爆地を含め原稿からわかることを教えてほしいので協力を頼んだ。しばらくして戦前の電話帳が広島の古本屋にあると教えてくれる。早速二人でその電話帳で岡の付く名前を探すと市内中心部に近い住所に岡田姓があった。原爆ですっかり消えた町で建物などなくなっているが、もしこの名前が岡田春さんにつながれば調査は進む気がした。結果は大成功、電話帳の名は春さんの父親で、弁護士であること。広島市田中町 28 番地が家の在ったところであることが分かり、ここから調査は展開した。ここからの報告は、紙面の関係でいくつかのポイントを要約して書くことにするが、だんだんこのことにのめりこんでいく自分が、岡田さんに「ここよ、ここよ」と呼ばれているような不思議な感覚であった。

★岡田家を知る近くの八百屋の息子が戦後復員して転地として得た繁華街に住んでいたこと。この人の話で岡田さんの顔も覚えていて、家族のこともよく知っていた。原爆でこの人も家族を亡くした。当時の町の復元地図を作っていた。

★「デルタの記」の内容を様々な資料と照らし合わせてみる作業をした。なぜなら文中には固有名詞を使わず、アルファベットの頭文字が多いのである。

★出身の学校、おそらく高等女学校を明らかにすることも必要と思い、この後中国新聞文化部の記者に依頼し、岡田さんを知る人を探している記事を出してもらう。

　その記事の出たすぐ後に私に電話がきた。岡田さんと戦後一緒に暮らしたことのある人からだった。びっくりしたが嬉しくなってすぐにその人に会いに行く。

広島女学院の同級生で、市内の寺の奥さんだった方のところに身を寄せたことがあり、私に電話した人はその方の娘さん（2人）であった。戦後の厳しい生活をどうしていたかが少しずつわかってきた。この人たちのお陰で女学院の同窓生が春さんを助け、その友達の夫の妹の母子のところへも住まわせてもらったことがわかる。この日山さん親子との話でデルタの記を書いたころのことが分かってきた。私がこの調査の中で一番感激したお母さんと娘さんである。

★岡田さんの日山さんの娘にあてた手紙を見せてもらう。大阪に住んでいたことと、春さんが広島を逃れるように去り、広島の関わる TV やラジオを拒絶していたこと、これは自分が爆心地に最も近くで被爆したことを意識して原爆症を恐れていたことが書かれている。日山さんに「デルタの記」を読んでいただいた。春さんがこれを出版する方法を考えていたこと、川端康成のところに持参したが「だめだ」と言われ落胆していたこともわかる。

★広島女学院の同窓会名簿で岡田春さんは亡くなったことがわかる。春さんと同級生で大阪の住所があった人に電話をしてみると、その方はお元気で大阪に住んでおられ、春さんと親しくしていたこと。1979 年に大阪で亡くなるまでの春さんをよく知っている方だった。私は大阪に会いにいった。ここで春さんが絵を学んだ先生が小林万吾という芸大の教授になった人の私塾にいたことがわかる。

★この辺りまでの調査結果で私たちは東京の大塚さんに報告し後はそちらでどうするかを考えてほしいと伝え、預かった原稿写真は返却した。もちろん調査にかかる費用など一切請求することもなく、何とかデルタの記が出版できる方法を探してほしいと思った。

★相談員の会の会員としての調査協力はここで終わったのだが、私にとっては調査の中で感じた様々なことを自分なりに整理し、なぜ？と思うことを解明したい気持ちになっていた。デルタの記に書かれていることすべてが確認できてはいないこともあった。なぜ「デルタの記」か？なぜ頭文字が使われているのか？原爆という文字がつかわれていないのは？なぜ川端康成のところへ持ち込んだのか？　私は「プレスコード」のことを考えて

いた。

★1991年に突然東京の雑誌『暮らしの手帖』の大橋鎭子編集長から電話があり「デルタの記」を『暮らしの手帖』に掲載させてほしいということだが、私にはそれを了解する権限もないことを話した。なぜ編集長が「デルタの記」を読んでいるかというと、広島文学資料保全の会の三浦精子さん（私たちの自分史づくりのために協力していただいた方）が、大橋編集長にこんな原稿を出版できないかと「デルタの記」を読んでほしいと渡していたのだ。峠三吉の住んでいた家の整理をしていた時行李の中に当時の子どもの詩が出てきて『行李の中から出てきた原爆のこどもの詩』の出版のために広島に来られた時のことであった。編集長はデルタの記を読んで、岡田春さんの冷静で克明な記録に驚き原稿を読みながら自分も一緒に逃げているような記録だ、書かれていることが絵になって頭に浮かぶ。といわれる。

「デルタの記」は、1991年に雑誌『暮らしの手帖』33号34号に掲載され、反響をよんだ。朝日の「天声人語」毎日新聞の「余録」に取り上げられている。デルタの記が克明に描いている被爆直後からの記録として今までにない記録だとの評価であろう。

1995年に『暮らしの手帖』から、戦争、原爆、引き揚げ、戦争中の暮らしの記録など雑誌に掲載した10編の作品をまとめた出版があった。題は『デルタの記』である。「戦争の恐ろしさ、無残さを子どもたちに伝え、もう二度と戦争を起こさないために、読み継がれ、語り継がれることを願って」出した。とあとがきにある。

私は1991年に『デルタの記』が出た後、婦人団体の新聞に消息を尋ねた経過を連載で載せたいといわれ、記録していたものを連載してもらった。相談員の会のボランティア活動として私一人ではなく協力してくれた仲間と共に岡田春さんの消息が分かったことで、被爆の実相が、渾身の記録が広く読まれることに繋がったことが今でも忘れられない。ボランティア活動がもたらした意味を皆さんにお知らせしたい思いで書いた。ぜひ『デルタの記』を読んでほしいと思う。

爆心地の遺族を訪ねて

熊谷 睦子

1984年、原爆被害者相談員の会で企画された「平和的生存のためのボランティア講座」という会に出席し、私と同じように家庭にいる多くの女性が、何か自分で世の中に貢献できることはないかと熱い思いで生活しておられることを知った。8回の講座を終えて、講座OB会という形で第二のステップ台が設けられた。行動することを知らない私たちに、ケースワーカーやYMCAの一主事などの指導で、老人ホーム見学や老人介護のビデオ視聴や討論の場をつくってもらった。しかし、お互いにもう一歩の踏み出し、もうひとかきの腕ののばしのもどかしさがあった。

そんな思いの時、3月、ワーカーからNHKの被爆に関する調査の手伝いをしてみないかとの呼びかけがあった。指定された日（3月15日）に10人くらいのメンバーが集まり、「被爆40年・爆心地と死の記録」というタイトルで8月6日に放映される番組の手伝いであることを知った。爆心地500mの旧中島本町だけ

にしぼり、10人の調査員で訪問面接を行うということになった。まず、該当リストを2日間にわたり、火の気のない寒い部屋で写した。

いよいよ行動に移った。月末には調査結果を報告しなければならない。まず、電話帳からの調査が出発。転居を重ね現在不明の人、調査そのものを拒む人、一家全滅のため詳しい状況のわからないケースなどがあり、爆心500m圏内という地理的位置と40年という歳月を感じさせられた。

しかし1日1件ないし2件の訪問をしなければならない。私はこの30余年間広島に居住しているということで、もう何十回と被爆体験は聞いているし、実際に被爆者の看護も経験している。が、爆心の事実は、今までの私の知識の範囲外だった。

茶の間にあった場所で食卓を囲んでいたのであろう親子4人の大小の骨。店と金庫の前に2人の白骨を発見した遺族。防空壕の中で焼けないで残った腐ったナスのような色をした遺体。映画館の前の路上にはヘソの緒がつながったままの母子の遺体がころがっていたなど、そのどれもが40年前の出来事とも思えないリアルな表現で、ある人は涙を流し、

ある人は淡々と、ある人はあきらめ顔で話された。そうして又、被爆後住む場所のない人は、被爆から1か月も経たない時期に、焼け残ったトタンを拾い集めたり風呂釜を引っ張ってきたりして、粗末なバラックらしきものを爆心地に立てて生活をはじめたという話。焼け跡を掘り起こして市役所からもらってきた野菜のタネをまいたところ、土の中からはたくさんの白骨がでてきたが、なんでもよくできたということ。原爆当日川面は死体で埋まっていたが、その同じ元安川でアサリを拾ってきては食べたという言葉。

多くの人々の生死を分けた事実は、運命と言って片付けるには、あまりにも微妙な時間（日時）の差があったような現実。この地域の人は特別な任務のある人（消防団員・隣組の世話役など）以外は、大部分の人が田舎に疎開し、中島国民学校の生徒たちも学童疎開でこの地を離れていった。しかし、5日が日曜日だったので、中島本町の家に残した荷物を整理するため、わざわざ田舎の疎開先から帰ってきていたというケースが私の担当で3件もあった。久しぶりにわが家で家族が顔を合わせ、明朝全員犠牲になっている。その

他、東京在住の人が夫だけを東京に残し、妻が幼い子ども2人を連れて実家のある西条町に疎開したが、たまたま子どもが病気になり、よい医者にかかりたいため夫の実家のある中島本町に8月5日母子3人で出かけて行って、夫の両親と共に原爆の犠牲になった方もあった。

3月末で中島本町の調査を終え、次に現在も当時のまま残っている日銀ビルでの被爆状況調査に移った。昭和20年当時財務局の事務所の一部がこの日銀ビルの3階におかれていたという。被爆死された財務局職員のうち、私の担当は32名の方々の状況調査だった。夫や娘を亡くされた方は、妻に当たる人も親に当たる人もすでに死亡されていたり、高齢のため話すことが困難であったりして、なかなか思うような調査ができないのも多数あった。その中で、日銀裏に現在もある頼山陽記念館の屋根の上に女子職員が2人飛ばされて死んでいたという、その2人の遺族の方のお話を偶然にも同じ日に聞くという経験もした。

しかし、8月6日に放映されたNHKテレビの画面に登場された爆心地500m圏内の被爆者2万1000人のうち、現在まで生存しておられ

るという 56 名の方々にはお会いすることはできなかった。私が会ったのはすべてが遺族の方であり、犠牲者の知人の方々であったため、「生と死の記録」のうち、「死」の状況調査にかかわったことになった。私たちは、今回の機会を与えられたことにより、わずかな期間内に多くの残忍な事例を聞くことができたが、あの日から 40 年という歳月を費やした現在では、被爆者と非被爆者の相当な努力がなければ、原爆の生々しい事実も風化してしまいそうな心細い気持ちになっている。

あの 15 年戦争と言われた初めの年に生まれた私は、数え年 15 歳の時、日本の敗戦を経験した。大きな歴史の流れの中にあって、この時代を生きてきた証しとして、生命のある限り微力ながらも平和を維持することにこだわり続けていきたいという思いを強くした調査活動だった。

（ヒバクシャ 4 号 1985 年 12 月発行より転載）

⑧被爆者とともに成長したSW

「被爆者」の真の意味を学んだ「相談員の会」

米澤 美紀

　私が「原爆被害者相談員の会」に参加する契機になったのは、医療ソーシャルワーカーとして初めて勤務した病院の先輩ワーカーの存在である。「広島のソーシャルワーカーとして働くなら、被爆者支援は必須の活動」として紹介され、初めて参加した事務局会議の光景を今でも思い出す。私自身、広島市で生まれ育ち、一般的な知識として原爆被害に思いを馳せたことはあったが、どこまでも「過去」の凄惨な体験として捉えることしかできていなかった。このため、今なお続く、「いのち・くらし・こころ」への影響に触れ動揺した。

　8・6証言のつどい、被爆者相談会、集団訴訟における陳述書作成、自分史執筆支援など、会のメンバーとしてたくさんの被爆者と交流を持たせていただいた。一度だけではなく、何度も何度も顔を合わせて話をしていくうち、ときに笑顔で、ときに涙ながらに被爆者は私に苦しい心の内を明かしてくれた。心が触れ合う喜びと同時に、語らせて良かったのだろうかという自責の念、この大きな苦しみに対して、いったい私に何ができるのだろうかという責任の重たさで潰れそうになった。被爆者と関わるのであれば、歴史的背景、法的問題、被爆者の実情などしっかり把握しておかなければならない、中途半端な気持ちではできないことだ、と一人で決め込み、また、忙しくなる所属医療機関での業務とのはざまで悩むことも多くなった。私にとっては、そんな一面を会の活動は持ち合わせている。

　しかし、所属医療機関の業務の中だけでは、出会うことがなかった人との出会いを通じて、私はたくさんの刺激をもらっている。「被爆者」という枠を超え、一人の人間として真摯に向き会えるよう努力していきたい。体験を直接聞くことができる世代として、その責任を果たしたいと思う。

被爆者の願いを受け取って

村田 朱

　私が「相談員の会」に参加し、運営委員に入って8年がたった。なぜ関わり続けているのか振り返ったときに「被爆者の願いを受けとった責任」として活動しているのではないかと感じる。

　そもそも会に関わるようになったきっかけは広島に就職した際に近隣の病院のソーシャルワーカーから声をかけてもらったことだ。それまでは被爆者の問題に関心があったわけでもなかったが、広島のソーシャルワーカーとして働くには原爆のことを知らないではいけないと感じて学ばせて頂こうと思い、参加することにした。恥ずかしながら「被団協って何？」というレベルで最初は会議の話しの内容についていけず、「相談員の会」が開催する催し物の手伝いを先輩に言われるがまま手伝っていた。しかしその関わりのなかで出会った被爆者の方から『戦前戦後の当時の話をすると辛い過去を思い出すから本当は話したくない。でも今の若い人に戦争の恐ろしさを知ってほしいから話をする。また戦争をおこし、同じ過ちを繰り返すようなことはあってはならない。』という切なる思いを聞き、その思いを受け取った責任を感じた。自分に何ができるのかと考えると、この「相談員の会」の活動のお手伝いをするとことだと自然に思うようになった。

　いま「相談員の会」は月1回運営委員会を開催しており、私もそこに参加している。平日仕事終わりに集まり、原爆関係の勉強会や証言のつどいや講演会開催の準備等を行っている。運営委員のメンバーは仕事や家庭もあるなかバタバタと準備をすすめている。先輩方が築き上げたものをさらに発展させるためにはどうしたらいいか。この本作りをきっかけに会として模索しているところだ。これからも微力ながら尽力させて頂きたいと思う。

「相談員の会」で学んだソーシャルワーク

吉岡 智子

　私が「相談員の会」に参加させていただくようになったのは、広島市内の病院に MSW として就職後、地域の先輩 MSW に声をかけていただいたのがきっかけであった。「相談員の会」では 8.6 証言の会、被爆者相談会、原爆症認定訴訟の陳述書作成支援等、様々な活動を通して多くの被爆者と関わらせていただいた。

　被爆者の語られる体験や被爆後の歩みは、その不条理さと生き抜いてこられた力がこめられており、重みと憤りに言葉を失う程であった。話を聴きながらその時どんな気持ちで、これまでどういう想いでこられたのか。そして、高齢や疾病による負担を抱えながらも今私達に語って下さり、活動をされている内面にはどのような気持ちがあるのだろうか。多くの事に想いを巡らせるうちに、自分に出来ること、取り組むべきことは何かと考えるようになった。

　「相談員の会」の活動に出会わなければ、おそらく私はそこから前に進むことはできなかっただろう。しかし、この会で関わらせていただいた被爆者や、いつもともに歩んでいる先輩 MSW の姿を見て、ただ話を聴くことに留まらず、そこから社会制度上の問題点を分析し、課題の具体的解決方法を模索、被爆者を中心としながら様々な人々と解決に向けて変化を生み出していく、また実際に生み出してきた姿に、MSW の神髄のようなものを学ばせていただいた。

　被爆者の中には、これまで被爆について堅く口を閉ざしてこられた方も少なくない。原爆被害について語ることは心理的苦痛を伴うものでもある。だからこそ、被爆者の語りはとても重く大切なもので、またそれを話していただけるような関わり方も、とても大切なことだと今は実感している。私は MSW としても一人の人としてもまだまだ学ぶべきことばかりであるが、今後もソーシャルワーカーとして、活動に携わっていきたいと思う。

3世として、医療ソーシャルワーカーとして

岡野 恵美

　私は、生まれも育ちも生粋の広島人で、祖父母が皆被爆者である。被爆3世という自覚はあまりない。他界した祖父が書き遺した被爆体験記を読んだり、生前祖母の被爆体験を聴いたことがあり、被爆者との関わりに何も違和感はなかった。祖父母は人探しのため入市被爆者であり、「あの時の広島は何もなかった。えらいにおいじゃったんよ」と幼い私に、二度と思い出したくないと言わんばかりの表情で語ってくれたことを覚えている。学校では、毎年夏になれば平和学習をし、8月6日午前8時15分に黙とうを捧げた。「この瞬間、多くの人が一つの爆弾で奪われた」と思うと、胸が苦しくなった時もあった。そんな私は今、福島生協病院の医療ソーシャルワーカーで、微力ながら被爆者と関わる活動に参加している。

　私は病院に勤務し9年目を迎えるが、今まで関わって下さった多くの被爆者から、平和への強い願いを受け取り、また被爆体験から語られる壮絶な人生にも触れた。また、その人生を歩んでこられた力強さにいつも圧倒されっぱなしだった。「いのち」「くらし」「こころ」に寄り添う福祉の専門家として、技術向上の糧になったのは間違いない。被爆者と関わり続けることは、平和を願い続けることに繋がり、ソーシャルワーカーである自分を成長させてくれるとも感じている。

　被爆者から直接被爆体験を聴く機会は、高齢化と共に年々少なくなっている。今の自分に出来ることとは何か、受け取った平和へのバトンをどのように繋いでいくのか、この先も考え続けたいと思う。

自分史サポーターの経験を通じて得た学び

福原 優子

　私が初めて「相談員の会」に関わったのは、MSW として働き始めた 1 年目の夏だった。毎年 8 月 5 日に行われている「原爆被害者証言の集い」で司会をする先輩の横で、被爆証言を一緒に聞かせてもらったことを覚えている。職場でも「原爆被害者の会」の事務局を担当し始めた頃であった。当時の私は、被爆者の方の横で司会を行うのがなぜ SW なのか、その理由を理解できていなかったような気がしている。

　2015 年の冬、被爆者の方の自分史作成にサポーターとして関わることが決まった。被爆体験やこれまでの人生を言葉にしてまとめる、とても大変で苦しい作業。「SW としての経験年数も少なく、知識も少ない私に、何ができるのだろうか」と不安でいっぱいの中、被爆者Ａさんの自分史作成が始まった。下書きされた原稿には、被爆によってもたらされた辛い幼少期の経験、原爆、戦争に対する考え、そしてどのような思いで今を生きておられるのか、当時の現状やＡさんの感情が溢れていた。私にとって初めて 1 人の被爆者の方の人生を深く覗いた瞬間だった。打ち合わせを重ね、質問や相談を繰り返すうち、Ａさんとの信頼関係も深まっていった。Ａさんをサポートするつもりだった私は、気づけばＡさんに多くの事を教えていただいていた。

　月日が経ち、今では「相談員の会」の事務局の一員となった。被爆者の「いのち・くらし・こころ」を理解し、共に歩む SW が証言の場で一緒に思いを伝える役割を担う理由が今ではよく分かる。サポーターを務めた後、職場で証言の司会をする機会も増えた。「一緒におってもらえて、よかった」という言葉をいただくこともあり、嬉しく感じている。まだまだ未熟で、勉強不足な部分も多いが、被爆者の方や SW の先輩方に沢山のことを教えていただけるこの貴重な場で、活動を続けていきたいと思う。

「相談員の会」のこれから

舟橋 喜惠

　原爆被害者相談員の会（以下、「相談員の会」）は、発足以来、年 1 回、機関誌『ヒバクシャ―ともに生きる』を刊行している。近年は毎年 8 月 6 日に間に合うように刊行している。会員たちが、今回の本の刊行のための原稿を準備していた 2019 年 1 〜 3 月段階では、2018 年 8 月 6 日に刊行された第 35 号が一番新しい号だった。

　その 35 号に、広島女学院大学の教授だった宇吹暁先生の講演記録「ヒロシマの戦後史から」が掲載されている。この講演は、前年の 2017 年 12 月 2 日に相談員の会が開催した講演会の記録であるが、この記録は主催者がまとめたのではなく宇吹先生ご自身が書いてくださった。その記録の最後の「四　おわりに」のところで、先生は「相談員の会」について三つのことに言及された。

　一つは「a　ヒロシマの中の原爆被害者相談員の会」の項目。宇吹先生は原爆被害を主要テーマに掲げる数多くの団体と交流してこられ、「相談員の会」もその一つであるが、つぎのように書かれている。「これらの団体の活動は、1970 年代後半から活発となったが、今日までその勢いを持続させているものは少ない。原爆被害者相談員の会（1981 年 6 月 13 日発足）は、希少な事例の一つである。同会の持続の要因には、同会が原爆被害者に寄り添う団体でありつづけたことがあげられるであろう」[注1]。被爆者に「寄り添う」、これは「相談員の会」の発足以来の信条であるが、具体的には、どのような活動をすることなのか、「寄り添う」といっても簡単ではない。被爆者もいろいろで「寄り添う」内容も同じではない。会員たちは先輩のソーシャルワーカーに相談したり、相談員の会で一緒に活動する職場の違うソーシャルワーカーに相談したりする。学校をでたばかりの新人なら、自分の 3 倍以上の年月を生き抜いてきた被爆者を相手に戸惑う

ばかりだが、少しずつ被爆体験を聞きだしながら、その気持ちを理解する努力をつづける。会員は悩みながら「寄り添う」努力をつづけてきたし、法律が変わったり時代が変われば新しい「寄り添い」の方法を求めなければならない。これは、いうほど容易な作業ではないが、ソーシャルワーカーにとって避けられない作業だろう。

宇吹先生のつぎの指摘は、「ｂ　広島のヒロシマ関連団体の今後」の項目。「原爆被害者との深い関係にあった公共機関や団体には、早晩、改変あるいは消滅がせまられることだろう。原爆被害者相談員の会も例外ではない」^{注2}。日本各地の被爆者団体が高齢を理由に組織を閉じる話は最近では珍しいことではないから、このような指摘も当然のことかもしれない。こうした指摘にたいし同じ機関誌35号では、講演者宇吹先生を紹介する記事のなかで、宇吹先生の指摘に「驚愕」しながらも、会としての活動を整理して理論化しておく必要があるのではないかという意見がのべられている^{注3}。「相談員の会」の今後を考えると、会として本気で、これまでの活動を検討しなければならないと思う。

「相談員の会」のソーシャルワーカーたちが、被爆者相談にしか関心がなければ、他の被爆者団体と同じように、いずれは会を閉じることも自然の経緯かもしれない。外からみると「相談員の会」は、そんな見方をされているのかもしれない。

しかしソーシャルワーカーの置かれている現状はかなり違う。それぞれの職場で受ける相談の多くは非被爆者からで、被爆者からの相談は圧倒的に少ない。それは被爆者の人数が年々減少してきていることもあるが、被爆者の背負っている課題はかえって深刻になっている。課題の重さもあるし、超高齢の身体の自由を失った被爆者が、ソーシャルワーカーのもとへ相談に来るだけでも大仕事で容易ではない。

そして圧倒的に多い非被爆者からの相談は、被爆者にも役立つことが多いし、被爆者たちが求めている施策や要望は、一般の高齢者たちにもあてはまるものが多い。宇吹先生が指摘された「寄り添う」という姿勢も、被爆者相談だけに必要なことではなく　高齢者からの相談にも、もっと若い患者からの相談にも必要な姿勢である。このように考えてくると、被爆者

相談の手法は被爆者だけに通用するものではなく、ソーシャル・ワーカーがいつも身につけていなければならない手法である。

　宇吹先生の第3の指摘は、第2の指摘につづいて「b　広島のヒロシマ関連団体の今後」の最後の部分に書かれたもの。「機関誌『ヒバクシャ—ともに生きる』の市内の公共機関の所蔵状況を調べたところ全巻を揃えているところは存在しない。同会をはじめ諸団体の資料が公的機関で閲覧可能となることを切望している」[注4]。「相談員の会」では、かねてから公共機関に所蔵してもらうだけでなく、複数所蔵してもらわないと館外貸し出しが可能にならないと聞き、図書館などの希望を聞いて2冊ないし3冊を寄贈するようにしてきた。とくに公共機関の所蔵状況を丁寧に調べ、一般の人々が外から検索した場合に正確な情報を入手できるかを調べてほしい。ソーシャルワーカーとしての手法を身につける必要はすぐ理解できても文献のことは軽視されやすいが、そうならない努力を期待したい。

　以上の宇吹先生の指摘には、「相談員の会」の現状と今後について、改めて考える必要を感じさせられる。

注記
(1) 原爆被害者相談員の会『ヒバクシャ—ともに生きる—』（2018年8月6日発行）第35号、42ページ。
(2) 同、第35号、43ページ。
(3) 同、第35号、43ページ。
(4) 同、第35号、43ページ。

被爆者支援ソーシャルワークは私たちの実践モデル

山地 恭子

東北大震災、福島第一原発事故

　2011年3月11日、起きてはならない事故が起きた。事故後、筆者は、幼い子どもを抱え、母子避難を決断した母たちに、広島で出会った。彼女たちは、赤い斑点が出た、鼻血が出るなど、体調不良を医師に話しても、原発事故とは関係ないと言われ傷ついていた。また、母子避難ゆえの家庭内の意見の相違に悩み、今後の生活に、大きな不安を抱えていた。健康被害に関しては、決して科学的な証明を求めているわけでなかったが、少なくとも継続的な健康管理に関する支援を求めていた。目の前の生活をどうするのか、今後の生活をどのようにすべきか、明確な答えをもてずにいた。答えを持ち合わせている人は誰もおらず、怒りの感情もあった。しかし、その怒りをどこにぶつけたらよいのかさえわからない、という苛立ちもあった。

　こうした母親たちの訴え、怒り、不安に対峙したとき、筆者は「相談員の会」創設期のソーシャルワーカーの思いを、追体験しているように感じた。

　戦争一般の被災者と同様に、その被害を受忍することを強いられた被爆者の訴えと、福島原発事故を、被災国民一般として受忍することを求められている被災者の訴えが、筆者には重なって見えた。福島だけでなく、全国に避難、転居された人が現在、賠償を求め全国で裁判をおこしている。生活基盤を失い、または生活環境が一変たことは、受忍すべきことなのか。ソーシャルワーカーとしての課題はまだまだこれからだと考える。

被爆者に触れる

　1999年、私がMSWとして第一歩を歩み始めた直後から、原爆症認定の課題と向き合うことになった。2003年から取り組まれた原爆症認定集団訴訟において、陳述書作成などに取り組んだ。「これが原爆のせいでは

ないとは！」と、現行の認定制度のあり方に納得できない被爆者と膝を突き合わせ、その不条理さの根本である基本懇意見書、被爆者援護法の問題性にこだわり、活動を続けてきた「相談員の会」の先輩たちの思いを学んだ。

　裁判が取り組まれた頃、筆者は出産子育てに奮闘していた。十分な裁判支援もできず、これから何が求められるのだろう、と漠然とした思いでニュースを見ていた記憶がある。

　その後、2007年末、原爆症認定が新基準になることを見越し、勤務先の医療機関で「被爆者外来」を医師と共に取り組んだ。地元紙が取り上げたこともあり、連日相談室の電話は鳴り続けた。「どこで相談できるのかわからなかった」と言われることが多く、私たちの役割の大きさを感じた。また、母の被爆証言を初めて聞く娘さんの姿、あの時自分は死んでいればよかったと話される被爆者の言葉が、娘であり、妻であり、子育てに奮闘する母である私自身に、それまで以上に強く突き刺さった。（2011年以降、「被爆者外来」は「被災者相談外来」の顔ももつようになった）

　そして、「川を見ると死体がぎっしりあって」といった証言を聞きすぎたのか、あれから私は平和公園で花見をする気になれなくなり、相生橋から川をみることが怖くなった。

被爆者支援は日常の実践とともに

　この10年ほどは、筆者を含む多くのMSWが、高齢化の進行、地域包括ケアの推進に伴い、退院支援の強化が求められ、医療機関の中では、短期の統合的支援を中心としている。

　筆者も、日々、「早期の退院支援介入」のために、高齢者の一人暮らしや二人暮らし、入退院を繰り返すなど、退院に支援が必要と思われる人のスクリーニングを入院早期に行い、支援につなげている。

　スクリーニング項目にはないが、保険証種別、負担割合、被爆者健康手帳所持者かどうかも確認するようにしている。カルテには、被爆者健康手帳を確認したら、被ばく距離、被爆時年齢などを入力できるようにしてある。各種手当申請などが適切に行われているか、インテーク（初回面接）で声をかける。後々被爆証言を行っていただくきっかけになったこともあ

る。「迷惑をかけたくないから施設に行く」と話される言葉の裏に、被爆後苦労して子育てし、「子供たちにこれ以上迷惑をかけたくない」という強い思いがあることもあった。

　ゆっくりと被爆体験に耳を傾け、一人ひとりの生活史をふまえ、ソーシャルワーカーとして支援方針を一緒に考える、という時間を確保することは容易ではない。しかし、短い時間であっても、面接を通して生活史を聞くことは重要だ。その後の支援に大きく影響する。被爆者支援は過去のものではない。日常の個別援助にこそ、被爆者支援ソーシャルワークの実践があるように思う。

ソーシャルワークの実践モデル

　「相談員の会」結成当時のソーシャルワーカーたちは、若林節美が1章で記したように、「来る日も来る日も」「理不尽な制度説明に苦しみ」続けた。1979年厚生省の私的諮問機関「原爆被害者対策基本問題懇談会」が1年半かけて検討した「意見書」が、被爆者の犠牲の特殊性を「放射線による健康上の被害」に限り、原爆被害は戦争による一般の犠牲として国民すべてが受忍すべきとしたことに、怒り、「相談員の会」を立ち上げる原動力となった。

　被爆者が被爆者として生きることを支援し、「原爆は人間に何をなしたのか、人間は原爆に対して何をなしうるのか」を社会に問うために、相談会の開催、8月6日の証言のつどい、そして12.11シンポジウムの開催など、いくつものソーシャルアクションを展開、実践し継続した。「人類に初めて起きた惨事に、ソーシャルワーカーとしてどう向き合うのか」多くの被爆者、ボランティアとして支援してくださった市民、マスコミや学者、弁護士など専門職との協働は必要不可欠であった。

　私たちソーシャルワーカーは、個別援助支援の過程から、共通する課題を見出し、仲間をつくり、つながり、社会に発信し、来談者（クライエント）と共に、社会にその課題を問い、社会の変革に至るまでの活動までをソーシャルワークと呼ぶ。すべてのはじまりは個別援助支援過程からはじまるが、社会の変革に至るまでの活動につなげることは容易ではない。被

爆者支援の形を創造してきた「相談員の会」の実践は、被爆者支援にとどまらず、ソーシャルワーカーとしての実践モデルであると言える。

変化する環境の中で今日的実践を

　「相談員の会」は結成から 39 年を迎える。創設期のソーシャルワーカー達は、HIV など様々な社会問題分野で活躍したり、ケアマネジャーとなって、高齢となった被爆者の生活支援を行ったり、また、養成機関に身を置き後輩を育成する分野などで、それぞれが活躍している。気が付けば、次の世代のソーシャルワーカーたちが、現在「相談員の会」を支えている。原爆症集団認定訴訟があまりに大きな取り組みであったからか、中には「先輩たちのようにはできない」と「自信をもてない」というソーシャルワーカーもいる。しかし、そうではないと言いたい。

　筆者が入職した頃から、バブル崩壊や社会の経済的後退を背景に、経済的課題を抱え、病気が悪化してから医療機関を受診するというケースが続いた。どうして我慢していたのか、なぜ仕事ができなかったのか。被爆者支援で学んだ生活史の聞き取りは、アセスメントを行う上で最も大切なことだとあらためて気が付いた。貧困問題は個人の問題として語られることがあるが、そうではない。社会の変化、教育の変化なども複雑に影響している。「いのち」「くらし」「こころ」、そして、社会の変化と共に立体的構造的にとらえることが重要だ。

　2000 年代はじめ、国民健康保険の資格証発行をやめてほしいという運動に筆者はも加わった。その後全国各地で結成された「反貧困ネットワーク」が広島でも結成され、現在も多くの専門職や当事者と共に運動を継続している。

　医療機関の垣根を超え、また当事者、市民、多くのボランティア、専門職などと課題を共有し、共に取り組むことの大切さは、「相談員の会」で学んだ。まだ十分なことはできていないが、「相談員の会」が、私たちヒロシマのソーシャルワーク実践に影響を与えたことは間違いない。「相談員の会」は、個別援助からはじまり、様々なソーシャルアクションを生み出し取り組んできた。この実践は私たちソーシャルワーカーのひとつの実

践モデルである。だからこそ、先輩たちは他分野で実践を生かし活躍している。私たち次世代のソーシャルワーカーも、変化する環境の中で、利用者が変わっても、前述のように、日々小さな実践を重ねている。本書をまとめる過程で、次世代ソーシャルワーカーの今日的実践も、価値あるものとして再認識できた。

　何もないところから、被爆者と共に、様々なソーシャルアクションを展開してきた先輩たちの実践に学び、これからも多くの仲間と共に成長していきたい。

参考文献

『放射能汚染はなぜくりかえされるのか──地域の経験をつなぐ』2018 年　藤川賢・除本理史編著　㈱東信堂

『ヒロシマ・パラドクス　戦後日本の反核と人道意識』2018 年　根本雅也著　勉誠出版㈱

『被爆と補償　広島、長崎、そして福島』2011 年　直野章子著　㈱平凡社

『変化を生み出すソーシャルワーク──ヒロシマ MSW の生活史から』 2015 年　村上須賀子著　㈱大学教育出版

『被爆者を援助し続ける医療ソーシャルワーカーたち』2012 年　黒岩晴子著　㈱本の泉社

おわりに

三宅 文枝

　「原爆被害者相談員の会」は、1981年6月13日に発足して今年で38年になる。担い手には発足時には生まれていない者もいる。幅広い世代構成になっている。今回の『ヒロシマのソーシャルワーク』の出版は「相談員の会はなぜ、今も続いているのか？」、それを我々自身がもう一度問い、これからの「相談員の会」の進むべき方向を検証・検討する機会となった。

　私に関しては、気が付けば「相談員の会」に在籍30年あまり。なぜ会員を続けることができたか？の答えの一つ「毎年、定例の行事に取り組んでいたらいつのまにか30年の時が経っていた」というのが正直なところである。「相談員の会」の活動が知らず知らずのうちに生活の一部になっていた。「8.6証言のつどい」「自分史発行」「12.11講演会」「被爆者相談会」「機関誌『ヒバクシャ』発行」「原爆症認定裁判」「福島原発などへの取り組み」など所属勤務の傍ら行ってきた。

　我々一人一人には忘れられない被爆者との出会いがある。原爆症認定申請、自分史のサポーター、証言のつどいの司会、原爆症認定裁判の陳述書作成など、その都度、都度に被爆者に寄り添ってきた。中でも被爆者が証言をするまでのいきさつには感動する。人前で証言をするにはいくつものハードルがあったと推測される。そのハードルを見事に乗り越える。我々は証言を聞き、直接被爆をしたわけではないが、被爆者の声を通してあたかも間接的に被爆者になったような気にさせられた。被爆者の戦後の日々を思うと、我々は何をすべきかを教えられた。「相談員の会」が継続できているのも被爆者の後押しがあるのかもしれない。我々は被爆者に寄り添っていたつもりであったが、結果的には実は我々に被爆者が寄り添ってくれていたと言える。

　「8.6証言のつどい」には全国から決まって証言を聞きに来るグループがある。労働組合や生活協同組合、学校、自治体の行事などで全国から訪れる。「相談員の会」が継続しているから、各グループの「ヒロシマの旅」も継続している。その逆もまた、言える。この関係をこれからも継続できるよ

うに、ひとりでも証言者がいる限り、「8.6証言のつどい」続けていくことをあらためて決意した。

「被爆者問題」は74年前の戦争被害が続いていることであり、さらに現在の「核」はフクシマに見られるように放射線被曝による被害の問題と繋がっている。「被爆者問題」が我々の活動の原点であったが、今や我々の生存に関する重大な問題をはらんでいると言える。原爆被害は決して過去の問題ではない。

振り返って「相談員の会」は多くの被爆者、研究者、ジャーナリスト、弁護士、一般市民、それに多くの民主的団体に支えられてきた。特に、忘れてはいけないのが「生活協同組合ならコープ」の長年に及ぶ支援である。毎年、ならコープの組合員から募金をいただいている。以前、被爆者援護に役立つことを願って募金先として「相談員の会」が選ばれた。ならコープとは毎年8.6に交流する場を設けて報告を行っている。有形無形の大きな支援にあらためてここにお礼を述べたい。

今、出版によって「相談員の会」自体が歴史の証言になるかもしれない。しかし、これはあくまでも通過点である。「相談員の会」の活動が被爆者問題を原点とし、今の時代に生きる我々にこれからの進む道を開いてくれるものと信じたい。

最後に「相談員の会」の活動を評価し、出版社への架け橋となっていただいた共同通信社の太田昌克さんと、それに賛同していただいた、かもがわ出版編集主幹の松竹伸幸さんに心からお礼を申し上げる。

執筆者一覧（50音順）

〈編著者〉

三村 正弘（はじめに、1章3、3章①②）
　原爆被害者相談員の会代表 元福島生協・広島共立病院　医療ソーシャルワーカー
村上 須賀子（1章5、2章2、3章⑤⑥⑦）
　広島文化学園大学人間健康学部教授 元広島市民・安佐市民病院医療ソーシャルワーカー
山地 恭子（1章4、2章3・4・7・8，3章②、終章）
　広島共立病院　医療ソーシャルワーカー

〈著者〉

石橋 京子（3章②）
　岡山大学病院　医療ソーシャルワーカー
胡明 憲二（3章②）
　NPO法人ひだまりの家　理事長
太田 昌克（1章1）
　共同通信編集委員、早稲田大学客員教授、長崎大学客員教授
岡野 恵美（3章⑧）
　福島生協病院　医療ソーシャルワーカー
奥西 栄介（1章7、3章②）
　福井県立大学看護福祉学部教授
河宮 百合恵（3章⑤）
　尾鍋外科病院　医療ソーシャルワーカー
熊谷 睦子（3章⑦）
　平和的生存のためのボランティア講座　OG
黒岩 晴子（3章②）
　佛教大学社会福祉学部
相良 カヨ（3章⑦）
　平和的生存のためのボランティア講座　OG
櫻下 美紀（2章4・6、3章①）
　広島共立病院　医療ソーシャルワーカー
鈴木 勉（3章⑥）
　佛教大学社会福祉学部教授、元広島女子大学教授、元原爆被害者相談員の会代表
田村 和之（3章⑥）
　広島大学名誉教授

222

塚本 弥生（2章1、3章①）
　　いでした内科・神経内科クリニック　医療ソーシャルワーカー

直野 章子（1章6）
　　広島市立大学広島平和研究所教授

中村 有紀子（3章③）
　　呉医療センター　ソーシャルワーカー

仲村 春乃（1章7）
　　特別養護老人ホーム池田幸寿苑

二國 則昭（3章⑥）
　　弁護士法人　広島みらい法律事務所

福原 優子（3章⑧）
　　広島共立病院　医療ソーシャルワーカー

舟橋 喜恵（終章）
　　広島大学名誉教授　元原爆被害者相談員の会代表

古寺 愛子（3章④）
　　広島市民病院　医療ソーシャルワーカー

松本 ソノ（2章9）
　　広島西条公共職業安定所　元広島市民病院医療ソーシャルワーカー

三宅 文枝（3章①②、おわりに）
　　生協ひろしま　ケアマネジャー

村田 朱（3章⑧）
　　医療ソーシャルワーカー

山田 寿美子（3章①）
　　山田居宅介護支援事業所ケアマネージャー、元福島生協病院医療ソーシャルワーカー

吉岡 智子（3章⑧）
　　梶川病院　医療ソーシャルワーカー

米澤 美紀（2章5、3章⑧）
　　広島市民病院　医療ソーシャルワーカー

若林 節美（1章2）
　　介護老人保健施設こぶしの里顧問　元広島赤十字原爆病院　医療ソーシャルワーカー

渡辺 美加（3章①）
　　office M&W（Mind&Welfare）ライフコーチ　元広島赤十字原爆病院医療ソーシャルワーカー

原爆被害者相談員の会

　1980 年 12 月 11 日の原爆被爆者対策基本問題懇談会が「戦争の犠牲は等しく国民が受忍すべき」の意見書を発表した。この意見書に対し広島のソーシャル・ワーカーたちは深刻に受けとめ、翌年 6 月 13 日に専門ボランティアによる被爆者相談と被爆者を支援していくことを目的に原爆被害者相談員の会を結成した。それから 38 年間、被爆者、市民、研究者と協働して、被爆者相談、毎年 8 月 6 日に「被爆者証言のつどい」の開催、12 月には基本懇意見書に対して抗議の意思を示すための講演会やシンポジウムの開催、原爆症認定裁判や在外被爆者裁判の支援、被爆者の自分史づくりのサポート、年 1 回機関誌『ヒバクシャ』の発行などの活動を行っている。

ヒロシマのソーシャルワーク　不条理の是正という本質に迫る

2019 年 8 月 6 日　第 1 刷発行

編著者　　ⓒ原爆被害者相談員の会
発行者　　竹村正治
発行所　　株式会社　かもがわ出版
　　　　　〒 602-8119　京都市上京区堀川通出水西入
　　　　　TEL 075-432-2868 FAX 075-432-2869
　　　　　振替　01010-5-12436
　　　　　ホームページ　http://www.kamogawa.co.jp
印刷所　　シナノ書籍印刷株式会社

ISBN978-4-7803-1039-9　C0036